van den Boom: Unterschätzte Risiken

Vanessa van den Boom

Unterschätzte Risiken

Strukturelle Defizite und politische Herausforderungen der Europäischen Währungsunion

Nomos

edition sigma

Zugleich: Dissertation an der Universität Passau, 2015, unter dem Titel „Die Europäische Wirtschafts- und Währungsunion und ihre strukturellen Defizite: Gründe, politische Herausforderungen und Implikationen für die Entwicklung der Europäischen Union"

Die Deutsche Nationalbibliothek verzeichnet diese Publikation in der Deutschen Nationalbibliografie; detaillierte bibliografische Daten sind im Internet über http://dnb.d-nb.de abrufbar.

ISBN 978-3-8487-2684-4 (Print)
ISBN 978-3-8452-7030-2 (ePDF)

edition sigma in der Nomos Verlagsgesellschaft

1. Auflage 2016

Inhalt

Danksagung

Mein herzlicher Dank gilt meinem Doktorvater, Herrn Professor *Dr. Dr. h.c. Heinrich Oberreuter*. Ohne seine Begleitung und seinen wertvollen akademischen Rat wäre diese Arbeit nicht entstanden. Auch Herrn Professor *Dr. Daniel Göler* bin ich für sein zweites Gutachten und seine Anregungen zu Dank verpflichtet.

Ebenso geht mein Dank an Herrn *Dr. Ingo Friedrich* für die allzeit gewährte Beratung und Unterstützung sowie die Begleitung auf meinem bisherigen Berufsweg.

Eine herausragende Stellung in jeglicher Hinsicht nimmt meine Familie ein. Ohne die Unterstützung und liebevolle Fürsorge meiner Eltern, Großeltern und meines Mannes wäre diese Arbeit nicht zu dem Werk geworden, welches sie heute ist.

TEIL I

1 Einleitung

> „Ich hätte für ganz Europa eine einheitliche Währung, einheitliche Gewichte und Maße und eine einheitliche Gesetzgebung gewollt. Warum hätte mein Code Civil nicht als Basis für einen Europäischen Code dienen können und meine kaiserliche Universität als Vorbild für eine Europäische Universität? Auf diese Weise wären wir in Europa zu einer Familie geworden. Auf Reisen hätte sich jeder wie bei sich zu Hause gefühlt." (Napoleon 2007)

Der Traum einer Europäischen Union ist nicht neu. Ob zur regionalen Friedenssicherung, zur Ausweitung von Hegemonialmacht oder im Sinne der Identitätssuche und der Sicherung wirtschaftlichen Wohlstands, immer wieder gab es Bestrebungen, die europäischen Staaten miteinander zu verbinden.

1.1 Idee Europa

Bereits 1461 hatte der kalixtinische böhmische König Georg von Podiebrad die Idee einer konföderativen Union, in der sich die Reiche des christlichen Europas zur Verteidigung gegen die Türken zusammenschließen sollten (Schäfer 2002, S. 58). Die Vorschläge wurden jedoch von Frankreichs damaligem Herrscher, König Ludwig XI., abgelehnt (Le Goff 2004, S. 253). Im 17. Jahrhundert befürwortete der französische Herzog Maximilien de Bethune Sully den Zusammenschluss europäischer Staaten. In seiner Rolle als Berater und Minister Heinrichs IV. entwarf er in seiner Schrift „Grand Dessin" die Idee eines ausgehandelten Mächtegleichgewichts in Europa, die als Utopie in die europäische Einigungsgeschichte einging. Europa sollte eine föderale christliche Republik werden, in welcher ein Gleichgewicht zwischen den größten 15 Mächten herrsche, um so den Frieden dauerhaft zu bewahren. Als Berater des französischen Königs setzte Sully sich dabei für eine Führungsrolle Frankreichs ein (Pfetch 2005, S. 16). Auch der Philosoph Immanuel Kant vertritt in seiner philosophischen Studie „Zum Ewigen Frieden" aus dem Jahre 1795 das Konzept eines Zusammenschlusses souveräner europäischer Staaten, da seiner Meinung nach der Frieden bereits durch die alleinige Koexistenz mehrerer Staaten nebeneinander gefährdet war. Infolgedessen sollten die Staaten zu ihrer rechtlichen Absicherung in einem föderal organisierten Völkerbund, bestehend aus republikanisch organisierten Staaten, zusammengeschlossen werden (Gerhardt 1999, S. 91ff.).

In der ersten Hälfte des 19. Jahrhunderts, einer Zeit des Umbruchs, die schließlich 1849 in der Märzrevolution gipfelte, setzten sich viele Schriftsteller und Künstler mit der Idee eines geeinten Europas auseinander, wobei es ihnen vorwiegend um die Suche nach einer europäischen Identität und kulturellem Selbstverständnis ging. Der Schriftsteller Victor Hugo prägte zu dieser Zeit den Begriff der „Vereinigten Staaten von Europa", zu dessen Gründung er im Jahre 1849 auf dem Pazifistenkongress in Paris aufgerufen hatte:

> „Der Tag wird kommen, an dem die Kugeln und Bomben ersetzt werden von den Abstimmungen der Völker, von dem allgemeinen Wahlrecht, von dem ehrwürdigen Schiedsgericht eines großen souveränen Senats, der für Europa das sein wird; was heute das Parlament für England, die Nationalversammlung für Deutschland, und die gesetzgebende Versammlung für Frankreich ist. [...] Der Tag wird kommen, an dem die beiden großen Ländergruppen, die Vereinigten Staaten von Amerika und die Vereinigten Staaten von Europa sich von Angesicht zu Angesicht die Hände über die Meere reichen werden." (Schmale 2000, S. 100ff.)

Damit stellte Hugo sich jedoch gegen den damals vorherrschenden Trend zu imperialistischen und unabhängigen Nationen. Seine Vorstellungen hatten daher keinerlei Zukunftsperspektive. Dennoch setzte er sich zeitlebens für seine Idee ein.

Im Laufe des 19. und 20. Jahrhunderts nahm der Wunsch nach einem verbundenen Europa stetig zu. Doch nie wurde der richtige Weg gefunden, eine politische Einigung der kulturell und historisch so verschiedenen Nationen herbeizuführen. Nach den entsetzlichen Erfahrungen des Ersten Weltkriegs schlossen sich Politiker und Intellektuelle schließlich zur Paneuropäischen Bewegung zusammen, um eine europäische Föderation zur Bewahrung des Friedens zu schaffen (Tschubarjan 1998, S. 148). Doch der Nationalismus und der sich verbreitende Faschismus in ganz Europa sowie die Weltwirtschaftskrise dämmten die Einigungsversuche ein bis die Bewegung schließlich von den Nationalsozialisten in Deutschland verboten wurde und infolge Hitlers Imperialismus im Zweiten Weltkrieg endete.

Um nach den konfliktreichen Jahren die langwierige Rivalität zwischen Deutschland und Frankreich zu beenden, entwickelte sich in den folgenden Jahrzehnten die Europäische Gemeinschaft unter der Idee, die Nationen wirtschaftlich und politisch so stark miteinander zu verknüpfen und in gegenseitige Abhängigkeiten zu stellen, dass eine weitere kriegerische Auseinandersetzung unmöglich würde. Die politischen Kräfte, traumatisiert von den Kriegsjahren, hatten das große Ziel, den europäischen Kontinent neu zu gestalten, ihm zu neuer

Geltung und zu Wohlstand zu verhelfen und gegen den kommunistischen Einfluss der Sowjetunion zu schützen. Auch die Paneuropäische Bewegung hatte sich wiedergegründet und setzt sich bis heute für den Fortschritt der Europäischen Integration ein.

Ein außergewöhnlicher Plan war es jedoch, die politische Einigung mit Hilfe einer gemeinsamen Währung durchzusetzen. Weder durch Kriege noch durch das Geschick der Regierungen gelang es in der Vergangenheit, eine politische Einheit in Europa zu schaffen. Auf einer Gipfelkonferenz der europäischen Staats- und Regierungschefs forderte Willy Brandt erstmals 1969 die Schaffung einer Europäischen Währungsunion (Brandt 1969) und so setzten die Befürworter Europas alle ihre Hoffnungen in die Europäische Währungsunion, aus der mit der Zeit eine politische Gemeinschaft hervorgehen sollte. Dies war ein sehr kühner Plan, da in der Vergangenheit eine Währungsunion stets die politische Union zur Voraussetzung hatte. Nur selten konnten in der Geschichte Europas Währungsunionen über nationale politische Grenzen hinweg andauern. Lediglich Währungsunionen zwischen einem Flächenstaat und einem kleinen kulturell ähnlichen Nachbarland konnten ohne eine politische Union über die Zeit bestehen, wie beispielsweise die Schweiz und Lichtenstein, die seit 1924 den Schweizer Franken als gemeinsame Währung nutzen, oder die ehemalige Währungsunion zwischen Belgien und Luxemburg, die von 1922 bis zur Einführung des Euros bestand.

Mit der Krisensituation in Europa, die mit der in den USA ausgelösten Immobilienkrise 2007 ihren Anfang nahm und schließlich in eine europaweite Finanz-, Wirtschafts- und Schuldenkrise mündete, musste sich die Währungsunion zahlreichen Kritikern stellen. Hätte sie jemals in dieser Form gegründet werden dürfen? Ist die fehlende politische Union die Ursache für die europaweite Krise? Wird die Währungsunion scheitern? Oder führt die Krise gar zu mehr Integration und ist die gegenwärtige Situation sogar erforderlich, um die Regierungen davon zu überzeugen, dass eine politische Einheit unvermeidlich ist?

Andererseits ist Europa mit Hilfe der Währungsunion in hohem Maße zusammengewachsen. Die Währungsunion hat das Reisen vereinfacht, Arbeit mobiler und durch den Wegfall des Wechselkursrisikos den gesamten Handel kalkulierbarer gemacht. Zudem hat sich der Euro zu einer weltweit anerkannten Referenzwährung entwickelt, welche in nur wenigen Jahren nach dem US Dollar zur zweitwichtigsten Reservewährung aufgestiegen ist. Doch in der europäischen Bevölkerung nahm der Unmut während der Krise stetig zu und die Unterstützung für Europa drohte mit jedem weiteren Rettungspaket, das zur Unterstützung maroder Haushalte der Euroländer Portugal, Italien, Irland, Griechenland und Spanien (PIIGS) geschnürt wurde, abzunehmen. Die deutschen Bürger fühlten sich besonders im Nachteil, da sie als wirtschaftlich stärkste Nation in der Union den größten Beitrag zur Finanzierung der europäischen Staatsschulden leisten mussten.

1.2 Fragestellung

Die vorliegende Arbeit erarbeitet Antworten auf die Probleme der Europäischen Währungsunion. Ausgehend von der Annahme, dass der Europäischen Währungsunion strukturelle Fehler zugrunde liegen, sollen Lösungsansätze zu deren Korrektur aufgezeigt werden. Demnach wird angenommen, dass für ein langfristiges Bestehen der gemeinsamen europäischen Währung eine Intensivierung der politischen und wirtschaftlichen Zusammenarbeit zwischen den Staaten der Eurozone und der EU als Ganzes unabdingbar sind. Nach Überprüfung dieser Annahme folgt im zweiten Teil der Arbeit eine detaillierte Analyse der institutionellen Durchsetzbarkeit einer verstärkten politischen Harmonisierung innerhalb der EU. So werden zunächst die Strukturen und die Arbeitsweise der europäischen Institutionen und der nationalen Regierungen untersucht, um aufzuzeigen, welche Bedingungen für eine weitere politische Koordinierung nationaler Politik auf europäischer Ebene erfüllt sein müssten und welche Schritte hierzu von den politischen Akteuren unternommen werden sollten. Neben der institutionellen Durchsetzbarkeit spielt jedoch auch die Akzeptanz von strukturellen politischen Veränderungen in der Bevölkerung eine zentrale Rolle. Die Frage nach der Entwicklung der politischen Kultur in Europa bildet daher einen weiteren Schwerpunkt der Analyse. Hier widmet sich die Untersuchung Fragen demokratischer Legitimität, europäischer Identität und deren Bedeutung für eine erfolgreiche Umsetzung der empfohlenen Maßnahmen zur Harmonisierung der nationalen Politikfelder. So wird analysiert, wie sich die politische Kultur in Europa in den vergangenen Jahren verändert hat und in welcher Form sie heute besteht. Im Anschluss daran wird untersucht, wie die politische Kultur innerhalb der EU in Zukunft idealerweise beschaffen sein sollte, um zum Erfolg der Wirtschafts- und Währungsunion beizutragen. Die leitende Forschungsfrage lautet:

> Unter welchen Bedingungen und in welchem Maße ist eine weitere Harmonisierung nationaler Politik in der Europäischen Wirtschafts- und Währungsunion institutionell und gesellschaftlich durchsetzbar?

2 Wissenschaftliche und thematische Einordnung

Um die politischen Prozesse der Europäischen Integration erklären zu können und um die Diskussion über die Hintergründe der Europäischen Wirtschafts- und Finanzkrise politikwissenschaftlich zu verorten, wird die vorliegende Forschungsfrage in einen theoretischen Rahmen gebettet.

2.1 Integrationstheorien und der Begriff „Integration"

Parallel zur fortschreitenden Integration in Europa und dem Entstehen der Europäischen Union hat sich die politikwissenschaftliche Integrationsforschung entfaltet. Denn mit der Kooperation der europäischen Staaten, die seit Ende des Zweiten Weltkriegs zugenommen hat, veränderte sich das gesamte politische System Europas. Es wurden neue grenzüberschreitende Regelungen für die wirtschaftliche Zusammenarbeit der Länder entworfen und mit der fortwährenden Integration, die schließlich in der Gründung der Europäischen Union gipfelte, begannen Forscher aus den verschiedensten sozialwissenschaftlichen Disziplinen, diese Entwicklungen zu untersuchen, um eine Erklärung für die Antriebskräfte und Mechanismen der Integration in Europa zu finden.

Es entstanden die „Integrationstheorien", die im Fachgebiet der Internationalen Beziehungen ihren Ursprung nahmen und vorwiegend auf die Europäische Integration zugeschnitten wurden. Die Integrationstheorien befassen sich mit der ökonomischen, sozialen und politischen Verflechtung der Staaten, die, bedingt durch die fortschreitende Globalisierung, zunehmend an Intensität gewann. Dabei versuchten Forscher mit Hilfe der Theorien, Erklärungen für Dynamik und Stillstand im europäischen Integrationsprozess zu finden. Nicht nur die Politikwissenschaft, sondern auch die Rechts-, Sozial-, Wirtschafts- und Geschichtswissenschaften haben sich seit den 1960er Jahren intensiv mit dem Thema auseinander gesetzt, dabei jedoch unterschiedliche Fragestellungen behandelt.

Während sich die Wirtschaftswissenschaften vorwiegend mit den Mechanismen und Auswirkungen der wachsenden ökonomischen Verflechtung europäischer Volkswirtschaften befassen, wie dem Wegfall von Handelsbarrieren oder den makroökonomischen Implikationen der Veränderungen auf dem Arbeitsmarkt, konzentriert sich die Politikwissenschaft verstärkt auf die politische Ordnung in Europa und auf die Auswirkungen der Integration hinsichtlich der Demokratie, der Souveränität europäischer Staaten sowie auf damit einhergehende Veränderungen im europäischen Machtgefüge. Im Bereich der Soziologie interessieren Forscher sich insbesondere für die gesellschaftlichen Entwicklungsprozesse der europäischen Bevölkerung, die sich aufgrund der zunehmenden Europäisierung nicht mehr nur in den Nationalstaaten niederschlagen, sondern verstärkt grenzüberschreitend stattfinden. Zunehmend erkennen die unterschiedlichen Wissenschaften die Vorteile einer gegenseitigen Kooperation und arbeiten mehr und mehr interdisziplinär, um sich gegenseitig zu befruchten und auf neue Denkansätze zu stoßen.

Auch die hier zu behandelnde Fragestellung soll interdisziplinär beantwortet werden. Dazu werden vorwiegend politikwissenschaftliche Theorien aufgegriffen. Des Weiteren sollen Ansätze und Theorien sowohl aus den Wirtschaftswissenschaften als auch aus der Soziologie Anwendung finden. Dies hat mehrere Gründe. Zum einen schneidet das zu untersuchende Thema – die Eurokrise und die Probleme innerhalb der Europäischen Währungsunion – Bereiche aus den genannten Disziplinen an. Für das Verständnis der ökonomischen Integration in Europa und der Funktionsmechanismen der Währungsunion sowie zur Analyse ihrer Probleme insbesondere im Licht der Finanz- und Eurokrise ist die Hinzunahme volks- und finanzwirtschaftswissenschaftlicher Erklärungen unabdingbar.

Politikwissenschaftliche Ansätze sind wiederum notwendig, um die neue politische Ordnung innerhalb der Europäischen Union nachzuvollziehen und um die Auswirkungen der Defizite der Wirtschafts- und Währungsunion auf die EU sowie auf die einzelnen Staaten und deren politische Gemeinschaft zu untersuchen. Zur Erklärung der sozialen und der gesellschaftlichen Folgen, welche die fortschreitende Europäische Integration mit sich bringt, das heißt zur Analyse der Europäischen politischen Kultur sowie der demokratischen Unterstützung der europäischen Bevölkerung werden Ansätze der politischen Soziologie verwandt. Ein weiterer Grund für das interdisziplinäre Herangehen an die Fragestellung ist, dass jede Disziplin angesichts ihres Hintergrunds sowohl verschiedene Instrumente anwendet als auch differierende Herangehensweisen hat. Probleme werden aus unterschiedlichen Blickwinkeln betrachtet, was aufgrund der spezifischen Erfahrungen zu divergierenden Ergebnissen und Lösungsansätzen führen kann. So ist es möglich, unter Zuhilfenahme sämtlicher Wissenschaften, ein Gesamtbild zu schaffen, das die Sachlage mit einem erhöhten Erklärungswert darstellt.

Der Begriff „Integration“ wird je nach Fachrichtung, aber auch innerhalb der Wissenschaftsdisziplinen, verschieden definiert. In den Politikwissenschaften wird Integration zum einen als ein fortlaufender „Prozess“ beschrieben, womit der dynamische Charakter des Begriffs beschrieben wird. Zum anderen wird Integration als ein „Ergebnis“ oder „Zustand“ beschrieben, was wiederum den statischen Charakter der Integration hervorhebt.

Ernst Haas, einer der Begründer der neofunktionalistischen Integrationstheorie, definierte Integration als einen Prozess,

> „whereby political actors in several, distinct national settings are persuaded to shift their loyalties, expectations and political activities toward a new centre, whose institutions possess or demand jurisdiction over the preexisting national states." (de Wilde 2007, S. 38)

Er beschreibt Integration damit sowohl als einen sozialen Prozess, in dem die Verschiebung von Loyalität auf eine andere Ebene erfolgt, als auch als einen politischen Prozess mit der Bildung neuer Institutionen unter stückweiser Abtretung staatlicher Souveränität an die neuen Einrichtungen. Andere Integrationstheorien wiederum, wie etwa die Theorie des Intergouvernementalismus, definieren den Begriff Integration etwas schmaler als die „Schaffung politischer Institutionen, denen sich Mitgliedsstaaten anschließen bzw. unterordnen" und fokussieren sich damit ausschließlich auf den politischen Prozess der Integration (Wiener/Diez 2009, S. 2f.).

Bei den Theorien, die Integration als Prozess betrachten, handelt es sich um die frühen klassischen Integrationstheorien. Dazu können der Föderalismus, der Neofunktionalismus, der Intergouvernementalismus und die marxistische politische Ökonomie gezählt werden. Mit der Zeit hat sich der Schwerpunkt der Integrationsforschung jedoch zunehmend auf die Untersuchung von Integration als Ergebnis oder Zustand verschoben. Die klassischen Theorien wurden modifiziert und die europäische Integration wurde aus anderen Perspektiven betrachtet. So entwickelte sich unter anderem der Supranationalismus, der liberale Intergouvernementalismus, der Multi-Level-Governance-Ansatz und der historische Institutionalismus (Bieling/Lerch 2006, S. 27). Überdies arbeiten seit den 1990er Jahren europäische Integrationsforscher interdisziplinär mit den verschiedenen Fachrichtungen der Geisteswissenschaften zusammen, um eine Perspektivenerweiterung zu erfahren und zu neuen Erkenntnissen zu gelangen.

2.2 Theorie des Neofunktionalismus

Zur Bearbeitung der gegebenen Fragestellung soll die Theorie des Neofunktionalismus aufgegriffen werden. Sie eignet sich besonders, da sich mit ihr der Integrationsprozess bis hin zur Europäischen Währungsunion gut beschreiben lässt und die Ursachen der Schuldenkrise in Europa mit Hilfe der Theorie untersucht werden können.

Die Theorie des Neofunktionalismus lässt sich den Großtheorien des Liberalismus bzw. des Idealismus zuordnen und baut auf der Theorie des Funktionalismus auf (Schieder/Spindler 2006, S. 145). Der Begründer des Funktionalismus, David Mitrany, befasste sich noch während des Zweiten Weltkrieges mit dem Gedanken der Friedenssicherung in Europa und verband somit die Friedensforschung mit der Integrationsforschung. Ausgehend von dem Wunsch nach dauerhaftem Frieden in Europa entwickelte Mitrany die Theorie, dass funktionale Zusammenarbeit in internationalen Organisationen zur Welteinheit führe. Die Sicherung von Frieden könne also nicht durch politische Entscheidungen „von oben" erlangt werden, sondern nur aus einer wachsenden Zusammenarbeit „von unten" hervorgehen (Schieder/Spindler 2006, S. 146). So forderte Mitrany die Gründung internationaler Organisationen, in welchen spezifische funktionale, das heißt nichtpolitische, Aufgabenbereiche staatenübergreifend bearbeitet werden.[1] Die erfolgreiche Bewältigung dieser Aufgaben würde schließlich auch eine friedliche Zusammenarbeit in politischen Aufgabenkreisen ermöglichen und Konflikte der staatenübergreifenden Kooperation zunehmend verringern (Lehmkuhl 2001, S. 162).

Die insbesondere von Ernst Haas und Leon Lindberg geprägte Theorie des Neofunktionalismus greift Mitranys Überlegungen auf, konzentriert sich jedoch vorwiegend auf regionale Integrationsprozesse. Sie ist damit vorwiegend eine Theorie, welche die Dynamik der Europäischen Integration zu beschreiben versucht. Eine weitere Abweichung zu Mitranys Theorie ist, dass der Neofunktionalismus die Bedeutung von Verhaltensänderungen der politischen Elite hervorhebt, während im Funktionalismus die Zustimmung des Volkes von großem Belang ist. Neofunktionalisten gehen davon aus, dass die europäische Gemeinschaft vorwiegend ein Konstrukt der politischen Elite ist. Integration wird hier nicht als ein Ergebnis, sondern vielmehr als ein Prozess definiert, der die Schaffung und die zunehmende Wichtigkeit regionaler Institutionen beinhaltet. Zudem stellt die Theorie des Neofunktionalismus die funktionale Kooperation lediglich an den Anfang des Integrationsprozesses, dem schließlich eine weitere politische Zusammenarbeit folgen müsse (Wiener/Diez 2009, S. 46ff.). Die zentrale Fragestellung der Theorie lautet daher, wie der Zusammenhang zwischen politischer und funktionaler Kooperation hergestellt wird. Jean Monnet, welcher als Gründervater der Europäischen Einigung gilt, lieferte in seinem Konzept eine Antwort und nahm damit den Spillover-Effekt vorweg. Die sogenannte „Monnet-Methode" einer Integration mittels einer „Dynamik in kleinen Schritten von nachhaltiger Bedeutung" beschrieb nichts anderes als den Effekt des Spillover (Wessels 2001) und erhielt durch Haas und Lindberg das akademische Etikett. Zugrunde liegt die Annahme, dass eine begonnene Zusammenarbeit zwischen Staaten eine gewisse Eigendynamik entfaltet und weitere Integration zur Konsequenz hat. Der „Spillover"-Effekt bezeichnet somit einen Prozess, in dem auf die erfolgreiche Zusammenarbeit in Teilbereichen eine Ausweitung der

1 Beispielhaft zu nennen sind die Entstehung der Europäischen Gemeinschaft für Stahl und Kohle oder die weltweite Zusammenarbeit im Bereich des Umweltschutzes.

Kooperation auf weitere Bereiche folgt, da gewisse Vorteile sichtbar werden (Lehmkuhl 2001, S. 163).

Dies beginnt beispielsweise mit einer steigenden Kooperation in selektierten Wirtschaftssektoren, die sich stetig weiter ausdehnt und schließlich ganze Ökonomien und damit ganze Politikbereiche umfasst. Die zunehmende Kooperation führt zu wachsenden Interdependenzen von anfänglichen Teilgebieten bis schließlich hin zu übergreifenden Interessensverflechtungen ganzer Staaten. Auf diese Weise wird eine automatisierte Kette von Integrationsprozessen in Gang gesetzt.

Fünf Annahmen werden innerhalb der Theorie aufgestellt (Wiener/Diez 2009, S. 48f.). Zum einen werden rationale und eigennützige Akteure vorausgesetzt, welche die Fähigkeit haben zu lernen und ihre Präferenzen anzupassen. Zum anderen entwickeln sich Institutionen, sind sie erst einmal etabliert, zu eigenständigen Unternehmungen und deren Mitarbeiter zu Agenten weiterer Integration. Die dritte Annahme umfasst das kurzsichtige Agieren politischer Akteure, deren Entscheidungen oft ungeahnte Konsequenzen nach sich ziehen. Die vierte Annahme beschreibt Spiele, welche zwischen Akteuren ausgetragen werden, generell als Positivsummenspiele, womit das übliche realistische Axiom, welches Nullsummenspiele voraussetzt, verworfen wird. Denn es wird angenommen, dass Spieler beharrlich versuchen, einen Kompromiss zu finden, der die gemeinsamen Interessen verfolgt und peu à peu erfolgreich durchsetzt. Aus der fünften neofunktionalistischen Annahme ging schließlich die Idee des Spillover hervor. Sie besagt, dass wachsende funktionale Abhängigkeiten zwischen ganzen Ökonomien und ihren produktiven Sektoren weitere Integrationsschritte unaufhaltsam hervorrufen.

Bestätigung fand die Theorie des Neofunktionalismus insbesondere in den 1960er Jahren, da mit ihr die Entstehung der Europäischen Gemeinschaft für Kohle und Stahl sowie der „Spillover" hin zur Gründung der Europäischen Atomgemeinschaft und der Europäischen Wirtschaftsgemeinschaft (EWG) erklärt werden konnte. Innerhalb der Integrationstheorien ist der Neofunktionalismus jedoch auch starker Kritik ausgesetzt. Insbesondere in den späten 1960er und den 1970er Jahren war der Neofunktionalismus aufgrund stockender Fortschritte in der Europäischen Integration stark angegriffen worden und wurde schließlich von Ernst Haas selbst als überholt bezeichnet (Haas 1976). Erst mit der Einführung des Europäischen Währungssystems im Jahre 1979, mit dem Schengen-Abkommen 1985 sowie mit der Verabschiedung der Einheitlichen Europäischen Akte (EEA)[2] 1987, mit welcher die Integration Europas einen er-

2 Die EEA beinhaltete erste umfassende Ergänzungen und Überarbeitungen der EG-Gründungsverträge. Unter anderem wurde die Vollendung des gemeinsamen Binnenmarktes bis 1992 beschlossen. In zwei weiteren Schritten sollte außerdem eine Währungsunion

neuten Aufschwung erlebte, erfuhr auch die neofunktionalistische Theorie weitergehende Anerkennung. Dennoch bleibt festzuhalten, dass die Theorie häufig überarbeitet und modifiziert wurde, um Kritiken auszuräumen.[3]

Europäische Integration im Sinne des Neofunktionalismus

Die Europäische Integration, angefangen bei der Gründung der Gemeinschaft für Kohle und Stahl (EGKS/Montanunion) über die Europäische Atomgemeinschaft (EUROATOM) und die Europäische Wirtschaftsgemeinschaft (EWG) bis hin zur Gründung der Europäischen Union, der Verabschiedung der Einheitlichen Europäischen Akte und schließlich des Vertrags von Maastricht, kann anhand der Konzeption des „Spillover" erklärt werden. Die Montanunion wurde 1951 als erste supranationale Organisation Europas gegründet und ermöglichte den Mitgliedsstaaten den zollfreien Zugang zu Kohle und Stahl. Die Gründerstaaten, die später auch als das „Kerneuropa" bezeichnet werden, umfassten Deutschland, Frankreich, die Benelux-Staaten sowie Italien. Jean Monnet und Robert Schuman erstrebten eine künftige Friedenssicherung in Europa durch die Verflechtung gemeinsamer Interessen und die gegenseitige Kontrolle kriegswichtiger Wirtschaftssektoren. Außerdem sollte der Europäische Kontinent gegenüber anderen globalen Wirtschaftsräumen gestärkt werden. Frankreich beabsichtigte zudem, mit der Einbindung Deutschlands in gemeinsame Institutionen, eine erneute Vormachtstellung des wirtschaftlich erstarkenden Landes zu unterbinden (Wessels 2008, S. 64). Vordergründig handelte es sich bei der EGKS um eine vorwiegend funktionalistische industriebezogene Kooperation zur Förderung des wirtschaftlichen Wohlstands, die von der politischen Elite, angeführt von Jean Monnet, Robert Schuman und Konrad Adenauer, eingeleitet wurde. Es wurde eine institutionelle Architektur bestehend aus einer „Hohen Behörde", einem Gerichtshof, einem Ministerrat sowie einer gemeinsamen Versammlung geschaffen, aus welcher das institutionelle Gefüge der späteren Europäischen Union hervorging. Der funktionalistische Spillover zu weiteren Integrationsschritten wird mit der Gründung der EUROATOM einige Jahre später sichtbar, die nach dem Vorbild der EGKS organisiert wurde, um die zivile Nutzung der Atomenergie auf europäischer Ebene zu ermöglichen. Ein weiterer Spillover führte 1957 zur Schaffung der europäischen Wirtschaftsgemeinschaft. Sie verknüpfte die wirtschaftlichen Interessen Deutschlands, eine Zollunion zu errich-

geschaffen werden und eine zunehmende wirtschaftliche und politische Konvergenz erreicht werden. Des Weiteren wurden den europäischen Organen weitere Rechte zugesprochen sowie Regelungen zur weiteren europäischen Zusammenarbeit festgelegt (Wessels 2008).

3 Überarbeitet wurde die Theorie des Neofunktionalismus unter anderem von Alec Stone Sweet & Wayne, Sandholtz, Philippe Schmitter und Arne Niemann.

ten und einen gemeinsamen Markt für Industriegüter zu bilden, mit französischen Wünschen nach einer koordinierten Agrar- und Entwicklungspolitik. In den Folgejahren erkannten auch andere Staaten die Vorteile der EWG und so folgten weitere Spillover-Mechanismen, wobei die Union fortlaufend in Ihrer Mitgliederzahl und in Ihren Kompetenzen erweitert wurde.

Auch die Währungsunion schien sich zunächst aufgrund eines weiteren Spillovers zu entwickeln. Aus neofunktionalistischer Sicht wurde die Errichtung der Europäischen Währungsunion als ein weiterer Integrationsfortschritt in Richtung einer politischen Union gesehen. Denn durch die wachsende Gemeinschaftsverantwortung in den Bereichen der Europäischen Wirtschafts- und Geldpolitik würde eine nachhaltigere demokratische Kontrolle benötigt werden und demzufolge auch institutionalisiert werden. Bereits 1987 wurden dementsprechend in der Einheitlichen Europäischen Akte Pläne zur Vollendung des Binnenmarktes festgehalten, gefolgt von der Schaffung einer Währungsunion und in einem dritten Schritt die „politische Finalität", das heißt die Vollendung der politischen Union (Wessels 2008, S. 84). Als schließlich Anzeichen einer deutschen Wiedervereinigung und ein Zusammenbruch der Sowjetunion gegen Ende der 1980er Jahre sichtbar wurden, drang insbesondere die französische Regierung auf ein intensiviertes Vorantreiben der Schaffung einer gemeinsamen Währung, um Deutschland noch stärker an die restlichen europäischen Staaten zu binden und einer Abkehr von Europa, hin zur Sowjetunion, zu verhindern. Frankreichs Präsident Francois Mitterand setzte Helmut Kohl deshalb so lange unter Druck, bis dieser schließlich den Kommissionspräsidenten Jacques Delors beauftragte, ein konkretes Konzept zur Schaffung einer Währungsunion auszuarbeiten.[4]

Zu diesem Zeitpunkt existierte noch keine aufeinander abgestimmte Wirtschaftspolitik zwischen den europäischen Mitgliedsstaaten und so handelte Deutschland entgegen seiner ökonomisch geleiteten Auffassung, dass eine Währungsunion erst dann entstehen könne, wenn die nationale Wirtschaftspolitik ausreichend harmonisiert sei. Um den deutschen Forderungen nach wirtschaftlicher Konvergenz und Stabilität entgegenzukommen, wurden jedoch im Vertrag von Maastricht zusätzliche ökonomische und fiskalische Konvergenzkriterien aufgestellt. Diese mussten von den Staaten als Voraussetzung eines Beitritts zur Währungsunion eingehalten werden. Doch nur ein Teil der Beitrittsländer erfüllte 1997 die vorgegebenen Kriterien, so dass der „natürliche" Integrationsfortschritt in Form von neofunktionalistischen Spillover-Mechanismen auslief.

Regierungen ergriffen einmalige Maßnahmen oder nahmen kosmetische Korrekturen ihrer Staatshaushalte vor, um die Konvergenzrichtlinien noch recht-

4 Delors argumentiert in seinem Bericht, dass ein funktionierender Binnenmarkt freien Kapitalverkehr und Wechselkursstabilität benötige, um den Handel zu begünstigen. Dementsprechend war die Einführung einer gemeinsamen Währung die nötige Konsequenz aus der Vollendung des Europäischen Binnenmarktes (Nello 2009, S. 233).

zeitig zur Entscheidung über die Zulassung zur Währungsunion im folgenden Jahr zu erfüllen. Italien erhob eine rückzahlbare Euro-Steuer, welche die Staatsneuverschuldung von 3,6 Prozent kurzfristig auf die geforderten drei Prozent senkte. Frankreich sanierte seinen Staatshaushalt durch eine Finanzspritze der France Télécom (Wagener/Eger 2009, S. 623) und sogar Deutschland versuchte seine Zahlen mit Hilfe einer Neubewertung seiner Goldreserven aufzubessern, da auch die Bundesregierung aufgrund der hohen Kosten durch die deutsche Wiedervereinigung Schwierigkeiten hatte, die Kriterien zu erfüllen. Als die Entscheidung schließlich anstand, konnten – für den Moment – alle Beitrittsstaaten mit Ausnahme von Griechenland[5] die geforderten Zahlen mehr oder weniger vorweisen. Dennoch wurde bei den finalen Genehmigungen relativ großzügig verfahren. Denn bei der Einführung des Euros lag die Gesamtverschuldung sowohl in Italien als auch in Belgien über den verlangten 60 Prozent des BIP (EZB 1998). Eine Sonderklausel des Vertrags von Maastricht erlaubte den Regierungen, die sich der Zielgröße bereits erfolgreich annäherten, unter Zustimmung des Europäischen Rates den Beitritt zur Währungsunion (Chang 2009, S. 57).

Letzten Endes startete die Europäische Währungsunion mit einer Gruppe von elf heterogenen Staaten mit heterogenen Wirtschaftspolitiken, unterschiedlichen Staatsfinanzen, Inflationstendenzen und Arbeitsmarktsituationen. Die Erweiterung der Eurozone um sechs weitere osteuropäische Länder in den folgenden Jahren steigerte die Heterogenität der Eurozone insbesondere hinsichtlich der Preisstabilität.

Im Sinne der Theorie des Neofunktionalismus hätte dies nicht in dieser Form geschehen dürfen. Wichtige Schritte zur Schaffung einer geeigneten Basis für eine Währungsunion, wie etwa eine harmonisierte Wirtschaftspolitik, wurden übersprungen. Somit kann die Entstehung der Währungsunion nur teilweise mit dem Konzept des Spillover-Effekts erklärt werden. Aus neofunktionalistischer Sichtweise scheint die Zeit für eine Währungsunion in diesem Umfang noch nicht reif gewesen zu sein. Sie entstand vorwiegend aus politischen Motiven. Breit gefasst war das Projekt „Währungsunion“ Teil der Idee einer europäischen politischen Union, von welcher sich die Staaten große Vorteile erhofften. Trotz defizitärer Erfüllung der Konvergenzrichtlinien und Mahnungen seitens der Wissenschaft wurde die Währungsunion aus Angst vor einer erneuten Währungskrise vorangetrieben. Beitritte, wie der Italiens, wurden mit politischem Druck durchgesetzt. Die italienische Regierung befürchtete, zu einem späteren Zeitpunkt noch höheren Anforderungen ausgesetzt zu sein und als Außenseiter benachteiligt zu werden.

---

5 Griechenland trat der Eurozone erst im Jahr 2001 bei, nachdem es aufgrund gefälschter Zahlen die Konvergenzkriterien formell erfüllt hatte.

2.3 Politische-Kultur-Forschung

Der dritte Teil der Fallanalyse wird sich mit der politischen Kultur der Europäischen Union beschäftigen. Dies stellt sich jedoch als neuartiges Unterfangen dar, denn die gesamte politikwissenschaftliche Forschung stützte sich bisher auf ein Weltbild, das auf dem Westfälischen System aufgebaut ist, das heißt, in welchem ausschließlich die Existenz souveräner Territorialstaaten angenommen wird. Grund dafür ist die Erkenntnis, dass die Bevölkerung einer Nation, welche durch eine gemeinsame Geschichte und Kultur miteinander verbunden ist, auch über die gleiche politische Kultur, das heißt über ähnliche Wertvorstellungen auf gesellschaftlicher und politischer Ebene verfügt (Westle/Gabriel 2009, S. 539). So wurden nicht etwa künstlich geschaffene supranationale Einheiten, sondern stets die einzelnen Staaten vergleichend untersucht, da diese für die Entwicklung politischer Kultur verantwortlich waren beziehungsweise noch immer sind.

Die nationalen politischen Kulturen haben sich über viele Jahrzehnte entwickelt. Mit der Globalisierung und der Gründung der Europäischen Union wird dieses politische Ordnungssystem in Frage gestellt. Die EU ist ein künstlicher Zusammenschluss souveräner Staaten, welcher von politischen Eliten angetrieben wurde und nun für sein Funktionieren die zunehmende Aufgabe nationaler Souveränität beansprucht.

Die Idee der Europäischen Union entstammte der Idee, alle europäischen Staaten miteinander zu vereinen, um langfristigen Frieden auf dem Kontinent zu schaffen und um als starke Kraft in der restlichen Welt auftreten zu können. Die Menschen sollten Bürger Europas werden und nicht nur auf wirtschaftlicher und politischer, sondern auch auf sozialer und gesellschaftlicher, Ebene miteinander verbunden sein. Damit einher ginge schließlich auch die Etablierung einer gemeinsamen europäischen politischen Kultur, welche sich – nach den Vorstellungen der europäischen Gründerväter – mit der Zeit ganz von selbst entwickeln würde. Wie etwa Westles Untersuchung zeigt, fühlt sich der Großteil der europäischen Bevölkerung jedoch noch lange nicht als europäischer Bürger mit europäischen Orientierungen, sondern ist noch immer vorwiegend seinem Heimatort und Land verbunden (Westle/Gabriel 2009, S. 260-290). Es besteht zwar bereits eine europäische Identität mit einem gemeinsamen Wertekodex als Basis, doch existieren in den politischen Kulturen der EU-Staaten erhebliche Unterschiede, die aus historischen Erfahrungen und Traditionen heraus entstanden sind.

Die Euroschuldenkrise hat gezeigt, dass ein langfristiges Überleben der europäischen Währungsunion und der Europäischen Union als Ganzes nur mit der Unterstützung der Bevölkerung und ihrer festen Überzeugung von den europäischen Institutionen und ihren Vertretern gewährleistet werden kann. Untersuchungen der politischen Bevölkerungsorientierung Ost- und Westeuropas dienen jedoch bereits als anschauliches Beispiel dafür, dass die Stabilität der Unterstützung auf jahrlanger Erfahrung und Kenntnis baut. In den noch jungen Demokratien Osteuropas besteht noch immer die Gefahr einer Abkehr der Unterstützung der demokratischen Ordnung.

Die Politische-Kultur-Forschung ist sich darin einig, dass eine Kongruenz zwischen politischer Struktur und politischer Kultur in einem politischen System notwendig ist und den politischen Ordnungsrahmen stützt. Eine Inkongruenz führt langfristig zu einem Zusammenbruch des Systems (Almond/Verba 1963, S. 22; Patrick Dias 1971; Linz/Stepan 1996, S. 25).

Umfragen des Eurobarometers aus dem Jahr 2011 zur Unterstützung der EU-Mitgliedschaft sanken mit 47 Prozent auf den tiefsten Wert der vergangenen zehn Jahre (Eurobarometer 2011). Auch das Vertrauen in die EU hat im Frühling 2012 ein Allzeittief von 31 Prozent erreicht. Am stärksten war das Vertrauen in die EU im Herbst 2012 bei den Befragten in Bulgarien, Litauen, Polen und Dänemark, am geringsten dagegen in Griechenland, wo 81 Prozent der Griechen der EU ihr Misstrauen aussprachen (Eurobarometer 78 2012, S. 81f.).

Als wichtigste Voraussetzung für die Überwindung dieser Vertrauenskrise scheint der Abbau des Demokratiedefizits durch die Schaffung einer „ever closer union" in Verbindung mit der weiteren Abgabe von Staatssouveränität in den EU-Ländern sowie dem Aufbau einer gemeinsamen europäischen politischen Kultur zu sein.

Im Folgenden soll der Frage nachgegangen werden, ob die bereits bestehende europäische Identität nicht ausreichend dafür ist, eine Fiskalunion zu schaffen und die Stabilität in der Europäischen Währungsunion wiederherzustellen oder ob die Unterschiede in den institutionellen, historisch begründeten, Ausprägungen der politischen Kulturen einer aktuellen Problemlösung entgegen stehen.

2.3.1 Begrifflichkeit

Der Begriff „Politische Kultur" stammt aus der Empirischen Sozialforschung und bezeichnet „das spezifische Verteilungsmuster der politischen Orientierungen der Bevölkerung" (Westle/Gabriel 2009).[6] Die politische Kultur gilt als Verbindung zwischen den einzelnen Bürgern und den politischen Institutionen und grenzt sich dabei streng von den politischen Eliten und deren Orientierungen ab. Eine Gegenüberstellung von politischer Kultur und politischer Struktur, das heißt der Anordnung der politischen Institutionen, führt zu der zentralen Hypo-

6 „... I defined political culture as consisting of cognitive, affective, and evaluative orientations to political phenomena, distributed in national populations or in subgroups..." (Almond/Verba 1980, S. 26).

these der klassischen Politischen-Kultur-Forschung, welche besagt, dass das Überleben eines politischen Systems nur dann gewährleistet werden kann, wenn zwischen politischer Struktur und politischer Kultur eine Kongruenz besteht (Pickel/Pickel 2006, S. 66; Almond/Verba 1965, S. 439).

Bereits Plato und Aristoteles untersuchten die Bedeutung von bürgerlichen Einstellungen für die Funktionsweise von Verfassungen. Jean Jacques Rousseau folgte mit liberalen Theorien des Herrschaftsvertrags und im 19. Jahrhundert widmeten sich die Kulturanthropologie und die Nationalcharakterforschung den politischen Implikationen der politischen Einstellungen in der Bevölkerung. In die politikwissenschaftliche Forschung führten Gabriel Almond und Sidney Verba in den 1950er Jahren erstmals den Begriff der „Politischen Kultur" ein. Zur Bestimmung der politischen Orientierungen eines Bevölkerungsraums nutzten sie das sogenannte dreidimensionale Modell der Einstellung. Es stammt aus der Sozialpsychologie und unterscheidet drei Orientierungsmuster: Die kognitive Orientierung bezeichnet das individuelle Wissen und die Vorstellungen hinsichtlich der politischen Objekte. Die affektive Orientierung meint individuelle Emotionen gegenüber politischen Objekten und die evaluative Orientierung beschreibt das individuelle Urteil und die Meinung über politische Objekte.

Als politische Objekte bezeichnen Almond und Verba dabei zum einen das System als Ganzes sowie das „Selbst als politischer Akteur". Außerdem zählen der Input-Prozess, das heißt die Forderungen der Gesellschaft an den politischen Entscheidungsträger und seine Institutionen sowie der Output-Prozess hinzu, womit der Prozess der Politikimplementation gemeint ist (Schildberg 2010, S. 69; Pickel/Pickel 2006, S. 62).

Darüber hinaus unterscheiden sie drei Typen der Politischen Kultur. Die *Parochial-Kultur* bezeichnet Gruppen, in welchen annähernd keine politische Orientierung vorhanden ist und die Bevölkerung sich über die Existenz eines politischen Systems nicht bewusst ist (z.B. afrikanische Stammesvölker). Die *Subjekt-Kultur* beschreibt dahingegen eine Gesellschaft, in der Orientierungen gegenüber dem System als Ganzes und dem Output bestehen, eine Wahrnehmung des Selbst als politischen Akteur sowie des Input-Prozesses besteht hier jedoch ebenso wenig (Almond/Verba 1965, S. 13). Als dritten Typus definierten sie die *Partizipations-Kultur*, in welcher Orientierungen gegenüber allen politischen Objekten existent sind. Die in demokratischen Gesellschaften vorherrschende Politische Kultur wäre demnach der Partizipations-Kultur zuzuordnen.

Die Orientierungen der Gesellschaften werden in der Regel von Generation zu Generation weitergegeben beziehungsweise durch die Rahmenbedingungen des Gesellschaftsraums bestimmt. So ist eine Änderung der Politischen Kultur möglich, wenn diese über verschiedene Subkulturen verfügt. Erfolgen zwischen den Subkulturen Machtverschiebungen, kommt es zu einer Veränderung der gesamten Politischen Kultur der Gesellschaft (Westle/Gabriel 2009, S. 28). Darüber hinaus orientieren sich Gesellschaften im Zuge der Globalisierung vermehrt an Vorbildern außerhalb ihres politischen Systems und ändern durch politisches Lernen ihre Politische Kultur.

Das klassische Konzept der Politischen Kultur gilt in der empirischen Sozialforschung als umstritten. So existieren heute zahlreiche differierende Ansätze zur Politischen Kultur, die in Konkurrenz zueinander stehen.

Aus normativ-ideologischer Perspektive wird der klassischen Politischen-Kultur-Forschung nach Almond und Verba Ethnozentrismus vorgeworfen, wobei die eigene anglo-amerikanische Politische Kultur sowie die demokratische Staatsform als Vorbild angesehen werden (Westle/Gabriel 2009, S. 26). Ein weiterer viel diskutierter Vorwurf, welcher jedoch auch für andere Bereiche der Mainstream-Forschung besteht, gilt der Trennung von Regierung und Regierten sowie der Trennung von Politischem und Privatem.

Karl Rohe wirft den Vertretern des klassischen Ansatzes ferner vor, den Begriff der Politischen Kultur zu oberflächlich zu definieren und entwickelte das Konzept weiter. Nicht die politischen Orientierungen, sondern vielmehr nicht wahrgenommene Grundannahmen über die politische Wirklichkeit sind entscheidend für die Erforschung der Politischen Kultur. Werte und Normen wurden im Ansatz nach Almond/Verba vernachlässigt (Rohe 1990).

Darüber hinaus erfolgten Hinweise auf methodische Schwächen des Konzepts, wobei der gravierendste Vorwurf darin liegt, dass die Politische-Kultur-Forschung unfähig sei, die Bedeutung der politischen Orientierungen in der Bevölkerung für die Funktionsweise und den Bestand politischer Systeme nachzuweisen (Westle/Gabriel 2009, S. 34). Dies wurde mit der Zeit jedoch mehrfach, wie etwa von Robert Putnam widerlegt (Putnam et al. 1993).

2.3.2 Europäische Identität und Europäischer Demos

Das Bestehen starker nationaler Identitäten wird in der Literatur häufig als Argument für die schwach ausgeprägte Europäische Identität und den andauernden Euroskeptizismus angeführt. Auch die Empirie scheint auf Spannungen zwischen der europäischen und den nationalen Identitäten hinzudeuten. Die europäischen Bürger identifizieren sich noch immer vorwiegend mit ihrer Nation und nicht mit der EU. Denn trotz der Einführung demokratischer Elemente und Reformen zur Behebung des Demokratiedefizits ist die EU zu weit entfernt von seinen Bürgern, die Mechanismen der politischen Entscheidungsfindung auf EU-Ebene sind zu technokratisch und zu verschieden von den nationalen Systemen, sodass den Bürgern das Verständnis für das Funktionieren der EU fehlt (Ruchet 2011, S. 9). Solange sie die EU jedoch nicht verstehen, werden die Bürger sie auch nicht als demokratisches System anerkennen und sich mit ihr identifizieren (u.a. Hix/Føllesdal 2006, S. 536; Kalina 2009, S. 109).

Zahlreiche Forscher beteiligten sich seit dem Ende der 1990er Jahre an einer kontroversen akademischen Debatte darüber, ob und inwieweit eine Europäische Identität jedoch notwendig ist, um die Institutionen der EU und ihre Politikgestaltung hinreichend demokratisch zu legitimieren (vgl. u.a. Kielmansegg 1996; Höreth 1999; Scharpf 1999; Habermas 2001; Habermas 2004; Habermas 2008; Kraus 2006; Kraus 2008; Kaina 2009). Die europäische Identität, welche aus einem europäischen „Demos“[7] hervorgeht, wird demnach von zahlreichen Wissenschaftlern als gesellschaftliche Grundlage für eine Demokratisierung der EU erachtet. Dieser Demos existiert jedoch aufgrund einer unzureichenden europäischen Öffentlichkeit sowie der Heterogenität und der Vielzahl der europäischen Völker nicht (u.a. Grimm 1995; Kalina 2009, S. 121f.). In Verbindung mit den sprachlichen und kulturellen Unterschieden, welche die politische Kommunikation nur erschweren, zieht dies gravierende demokratische Legitimationsprobleme nach sich. Die fehlende rationale Identifikation mit der Europäischen Union führt zu einer Politikverdrossenheit in der Bevölkerung, die sich auf die europäische Meinungsbildung auswirkt und abnehmende Akzeptanzwerte zur Folge hat. Die EU-Verdrossenheit mündet schließlich in einer Manipulationsanfälligkeit der Bürger durch nationale, populistische Parteien und Interessensgruppen (Kalina 2009, S. 113). Die Länderanalyse in Kapitel 6.2 wird zeigen, wie instabil das bisher geschaffene Gemeinschaftsgefühl für Europa ist, denn im Zuge der andauernden Eurokrise hat das Vertrauen der europäischen Bevölkerung in die EU und ihre Institutionen massiv abgenommen und antieuropäische Bewegungen sind verbreiteter denn je. In einer zunehmenden Vielzahl europäischer Länder gewinnen nationalistische Parteien und deren Vorschläge zur Desintegration an Zustimmung.

Zahlreiche Studien zeigen, dass die Existenz von nationalen und europäischen Identitätsebenen gleichzeitig möglich ist (u.a. Duchesne/Frognier 2002; Marks 1999; Bruter 2003). Doch scheint es, dass multiple Identitäten nur dann bestehen können, wenn sie sich nicht bedrohen oder gegenseitig ausschließen, sondern vielmehr ergänzen (Turner et al. 1987, S. 67). So sind diverse Identitätsforscher der Auffassung, dass nationale Identitäten die Bildung einer europäischen Identität behindern (u.a. McLaren 2002, S. 555). Traditionelle und grundlegende Elemente einer Identität, wie die Muttersprache oder die Abstammung, implizieren den Ausschluss und die strikte Abgrenzung von anderen Gruppen. Folgt man der Sozialisationshypothese von McLaren, so würde die Einbindung

7 Unter *Demos* versteht man „eine auf Solidarität basierte Gemeinschaft mit einem Grad des Zugehörigkeitsgefühls, der soviel Vertrauen hervorruft, dass man sich dem Mehrheitsvotum der anderen unterwirft und sogar die Umverteilung von Eigentum akzeptiert.“ Der *Demos* ist demnach als politische Bezugsebene des „staatstragenden Volkes“ aufzufassen (Kalina 2009, S. 20; Eder 2000, S. 87; Fuchs 2000, S. 216ff).

der nationalen Identität in eine breiter gefasste Gemeinschaft wie die der Europäischen Union bedeuten, sich mit Individuen identifizieren zu müssen, die auf nationaler Ebene stets ausgeschlossen wurden. Die Europäische Integration könnte demnach als kulturelle Bedrohung erachtet werden. Darüber hinaus wird die Souveränitätsübertragung von der nationalen auf die europäische Ebene von den Bürgern als politische Bedrohung angesehen, insofern die Europäische Integration als Einmischung in nationale Angelegenheiten wahrgenommen wird und die europäischen politischen Orientierungen nicht mit den nationalen Einstellungen übereinstimmen (Turner et al. 1987, S. 67).

Die Europaforschung erkannte überdies, dass die Wahrnehmung der Demokratie in der EU durch die Bevölkerung aufgrund ihrer fehlenden Europa-Kompetenz häufig nicht mit den Realitätsbeständen übereinstimmt. Die Bürger nehmen aufgrund einer ungenügenden medienvermittelnden europäischen Öffentlichkeit eine Intransparenz der EU-Governance wahr, die in dieser Form nicht besteht. Das fehlende Wissen der Bürger über die EU und ihre Politikgestaltung aufgrund unzureichender Information hat zur Folge, dass Unverständnis darüber herrscht, warum die EU-Politik anderen Spielregeln als auf nationaler Ebene folgt (Kantner 2004). Eine Mitschuld trägt dabei nach Kalina (Kalina 2009, S. 110) die EU selbst, denn sie hat jahrelang ein Institution-building nach nationalem Vorbild vorangetrieben ohne die soziostrukturellen Voraussetzungen zu erfüllen, um als Bürgerprojekt wahrgenommen zu werden und suggerierte dabei, dass die EU sich nach nationalstaatlichen Maßnahmen entwickeln wolle.

Darüber hinaus konstatiert Kalina, dass die Bürger der EU über ein idealisiertes Demokratieverständnis verfügen, das übersteigerte Erwartungen an die Demokratie in der EU zur Folge hat (Kalina 2009, S. 111f.). Um eine ausreichende Legitimation der EU-Politik herbeizuführen, muss daher die Divergenz zwischen ebendieser Operations- und der Perzeptionswirklichkeit behoben werden, „denn wo kein Wissen, da keine rationale Identifikation, und wo keine rationale Bindung, da kein europäischer Citoyen“ (Sebaldt 2004, S. 53).

3 Forschungsdesign

Im Folgenden wird die Methodik des Forschungsvorhabens vorgestellt. Dabei werden Teilfragen der zu beantwortenden Forschungsfrage entworfen und eine Länderauswahl zur Fallanalyse getroffen.

3.1 Methodik der Arbeit

Zur Bearbeitung der Forschungsfrage wird der empirisch-analytische Theorieansatz verfolgt. Denn um die Problematik einer weiteren Harmonisierung analysieren zu können, ist zunächst eine „möglichst exakte wissenschaftliche Erfassung der Realität“ notwendig (Schubert/Bandelow 2003, S. 206). Mit Hilfe des induktiven Verfahrens, das heißt mit der „systematischen und nachprüfbaren Beschreibung, Erklärung und Vorhersage der Wirklichkeit“, sollen schließlich die Voraussetzungen zur Überwindung der institutionellen und strukturellen Defizite des politischen Systems der Wirtschafts- und Währungsunion analysiert werden.

Um die Analyse in einem angemessenen Rahmen zu halten, soll eine Einzelfallstudie durchgeführt werden, wobei sich die Untersuchung auf ein Politikfeld konzentrieren wird. Die Betrachtung des Politikfeldes „Wirtschaft und Finanzen“ eignet sich hierzu am besten, da es die politische Situation innerhalb der Europäischen Union gegenwärtig entscheidend prägt. Zudem handelt es sich bei dem Politikfeld um einen äußerst sensiblen Bereich, da er zum größten Teil noch immer nationaler Souveränität unterstellt ist. Die Staaten sind bis heute nur beschränkt dazu bereit, Kompetenzen aus diesem Gebiet an die EU zu übertragen. Doch die Schulden- und Finanzkrise innerhalb der EU zeigt, dass gerade im Bereich der Wirtschaftspolitik strukturelle Veränderungen hin zu mehr Koordination nötig sind, um das dauerhafte Funktionieren der Währungsunion zu gewährleisten.

So soll erfasst werden, welche Schritte von den jeweiligen politischen Akteuren und Institutionen zur verstärkten Koordinierung europäischer Politik notwendigerweise gegangen werden müssen. Konkret wird dabei auf die Arbeitsprozesse des Europäischen Rats, des Rats der Europäischen Union, der Europäischen Kommission, des Europaparlaments und der Europäischen Zentralbank sowie auf eine Auswahl europäischer Mitgliedsstaaten eingegangen.

Im ersten Schritt werden die politischen Objekte sowie ihre Beziehungen zueinander analysiert. So sollen Stärken und Schwächen sowie Chancen und Risiken innerhalb der Institutionen und der Mitgliedsstaaten hinsichtlich möglicher Maßnahmen zur verstärkten politischen Koordinierung der europäischen Wirtschafts- und Finanzpolitik aufgezeigt werden. In einem nächsten Schritt wird versucht, die Europapolitik der Staaten und die Koordinierungstätigkeit innerhalb der EU-Institutionen mit Hilfe des neofunktionalistischen Theorieansatzes zu erklären, um – wenn möglich – Prognosen für die Zukunft zu erstellen. Dabei soll geprüft werden, ob mögliche Maßnahmen zur Harmonisierung in den Institutionen durchsetzungsfähig und langfristig erfolgreich sein könnten.

Im Anschluss an die Konstellationsanalyse wird die Politische Kultur in Europa als eine weitere Komponente hinzugezogen. Wie bereits erwähnt, ist die Gesellschaft und ihre Zustimmung zur Europäischen Integration sowie ihre Beteiligung an der europäischen Politik für den Erfolg der Europäischen Union zunehmend von Bedeutung. So soll die Analyse des politischen Systems der EU stets vor dem Hintergrund der europäischen Politischen Kultur stehen. Dabei wird untersucht, inwieweit bereits eine europäische Gesellschaft besteht und was unternommen werden kann, um die Entstehung einer europäischen Identität zu fördern. Zudem wird analysiert, ob die europäische Bevölkerung jemals die Voraussetzungen für eine politische Union erfüllen wird.

Schließlich werden die Untersuchungsergebnisse mit den Ergebnissen aus der Konstellationsanalyse verknüpft und Fragen nach der Legitimation und dem häufig diskutierten Demokratiedefizit diskutiert.

Konkret sollen im Rahmen der Forschungsfrage folgende Teilfragen beantwortet werden:

1. Integrale und intergouvernementale Koordinationsfähigkeit innerhalb der EU: Befruchten oder konterkarieren sich diese zwei Perspektiven?
2. Ist „Mehr Europa“ notwendig zur Überwindung der Eurokrise?
3. Welche institutionellen Voraussetzungen müssen für weitere Harmonisierungsschritte in der EU erfüllt sein?
4. Hat die Theorie des Neofunktionalismus versagt?
5. Welche gesellschaftlichen Voraussetzungen müssen für weitere Integrationsschritte erfüllt sein?
6. Politische Kultur in Europa: Erfolgt eine Kongruenz der Politischen Kulturen? Stehen die nationalen Unterschiede der Problemlösung entgegen?
7. Ist die Schaffung einer europäischen Identität möglich?

3.2 Länderauswahl

Zur Beantwortung der Teilfragen sollen nicht nur Staaten untersucht werden, die der Eurozone angehören, sondern auch Mitgliedsstaaten der EU, die nicht Teil der Währungsunion sind. Denn alle 28 EU-Staaten haben den Vereinbarungen zur Europäischen Wirtschafts- und Währungsunion (EWWU) vom 1. Juli 1990 zugestimmt. Sie verpflichteten sich dazu, einen dreistufigen Prozess zu durchlaufen, in welchem sie sich durch eine zunehmende wirtschaftspolitische Koordination mehr und mehr aneinander binden. Dieser Prozess sollte für alle Staaten – sobald die Konvergenzkriterien erfüllt werden – in der Einführung des Euro gipfeln. Somit ist zumindest vertraglich vorgesehen, dass auch die restlichen EU-Staaten in der Zukunft der Währungsunion beitreten werden. Entscheidungen zur europäischen Wirtschafts- und Währungspolitik tangieren demnach alle Staaten der Europäischen Union. Ausnahmen von der Vereinbarung gelten lediglich für Großbritannien und Dänemark, welche über eine Ausstiegsoption verfügen. Doch diese Länder sollten bei der Analyse nicht außer Acht gelassen werden, da auch sie von wirtschaftspolitischen Entscheidungen betroffen sein können. Besonders Großbritannien, mit dem Finanzplatz London, legte in der jüngsten Vergangenheit ein großes Augenmerk auf finanzpolitische Überlegungen der Euro-Gruppe, wie etwa die Diskussion um die Europäische Finanztransaktionssteuer gezeigt hat.

Um für die Analyse Staaten zu wählen, welche möglichst repräsentativ für die gesamte EU stehen, erfolgt die Auswahl der Mitgliedsstaaten nach dem Prinzip der Differenz, wobei Staaten ausgesucht werden, die möglichst verschieden voneinander sind. So lassen sich die Mitgliedsstaaten grob in drei Gruppen einteilen (Sturm/Dieringer 2010, S. 353):

a) *Föderale Staaten* (Deutschland, Belgien, Österreich), in welchen die jeweiligen „Bundesländer" autonom für ihre Verwaltung zuständig sind;
b) *Regionalisierte Staaten* (Spanien, Italien, Großbritannien), in welchen die Regionen gewisse Autonomien haben, jedoch nicht völlig föderalistisch organisiert sind;
c) *Unitarische Staaten* (alle restlichen 21 EU-Staaten), welche über dezentrale Gebietskörperschaften verfügen, die jedoch zentral beaufsichtigt werden.

Für die folgende Analyse werden zum einen Deutschland als föderaler Bundesstaat und Frankreich als unitarischer Staat ausgewählt. Die EU-Gründerstaaten gelten als Motoren der Europäischen Integration und gehören zu den größten Nettozahlern der EU. In der Krise seit 2009 nahmen beide Länder eine zentrale Rolle in der europäischen Rettungspolitik ein. Zudem steht Deutschland als Exportnation stellvertretend für die Länder mit hohen Leistungsbilanzüberschüssen. Repräsentativ sowohl für die Gruppe der regionalisierten Länder als auch für die Länder mit sehr hohen Leistungsbilanzdefiziten soll Spanien zur Analyse herangezogen werden. Als von der Krise stark betroffenes Land steht es zudem stellvertretend für die Krisenländer der EU. Interessant ist Spanien darüber hinaus, da es zu den jüngsten Demokratien Westeuropas gehört. Repräsentativ für die EU-Staaten außerhalb der Europäischen Währungsunion sollen Schweden, als eines der demokratischsten Ländern der Welt, und Großbritannien, als eine der am stärksten deregulierten und privatisierten Volkswirtschaften der Welt, näher betrachtet werden. Insbesondere in den Diskussionen um die Finalität der EU und zukünftige Integrationsbemühungen spielen die beiden Staaten eine wichtige Rolle.

Die 2004 beigetretenen osteuropäischen EU-Staaten werden in der Fallanalyse nicht berücksichtigt, da sie sich in einem noch nicht abgeschlossenen institutionellen Konvergenzprozess befinden. Die zur Analyse verwendeten Daten zwischen 1999 und 2013 können bei den jungen EU-Staaten noch keine aussagekräftigen Prognosen über die zukünftigen nationalen Orientierungen der Staaten liefern.

4 Zustandsbericht zur Europäischen Währungsunion

Um die Situation innerhalb der Europäischen Währungsunion seit Beginn der Finanzkrise im Jahr 2007 verstehen zu können, soll kurz auf die Hintergründe und die Entwicklung der Währungsunion eingegangen werden. Im Anschluss daran werden die Geschehnisse auf den Finanzmärkten zwischen 2007 und 2009 sowie die Konsequenzen auf Wirtschaft und Politik in den EU-Staaten zusammengefasst, um die Defizite der Europäischen Währungsunion und ihre Folgen herauszuarbeiten.

4.1 Kurze Geschichte der Europäischen Währungsunion

Die Geschichte der Europäischen Währungsunion beginnt mit dem von Großbritannien initiierten Goldstandard von 1821. Er galt als erstes internationales Währungsregime, in welchem große Handelsnationen, angeführt von England, Frankreich, Deutschland und den USA, ihre Währung an Gold gebunden hatten.

Durch den Anpassungsmechanismus[1], welcher sowohl in der Münzunion als auch im Goldstandard herrschte, hatten die Länder häufig mit starken Schwankungen in Beschäftigung und Produktion zu kämpfen. Zu Beginn des Ersten Weltkrieges gaben die Nationen die Goldbindung schließlich auf. Nach dem Krieg kam es zu einer erneuten Belebung des Goldstandards bis er nach der großen Depression von 1929 schließlich zusammenbrach.

Ein weiterer Vorläufer eines gemeinsamen europäischen Währungssystems war die lateinische Münzunion, welche sich parallel zum Goldstandard um 1865 entwickelte. Die Münzunion war ein System des Bimetallismus (Gold- und Silbermünzen), an welchem Frankreich, Italien, Belgien, die Schweiz und Griechenland bis in das 20. Jahrhundert teilnahmen. Doch auch diese Union funktio-

1 Gold führte zu automatischen Anpassungen bei Ländern, die mehr importierten als sie exportierten, wodurch ein Zahlungsbilanzdefizit entstand. Gold floss aus dem Defizitland ab, um auf diese Weise das Zahlungsgleichgewicht gegenüber Ländern mit einem Überschuss zu finanzieren. Dies hatte wiederum zur Folge, dass die Geldmenge im Defizitland sank. Die Konsequenz war Deflation, die Binnennachfrage sank und die Wettbewerbsfähigkeit des Landes wurde wieder hergestellt, indem die Ursache des Goldabflusses beseitigt wurde. Umgekehrt wuchs bei Überschussländern die Geldmenge durch den Import von Gold, wodurch hier wiederum die Nachfrage angeheizt wurde und Inflation entstand. Dadurch wurde die Wettbewerbsfähigkeit gemindert und damit die Ursache des Zuflusses beseitigt und das Gleichgewicht wieder hergestellt.

nierte nur bedingt, denn hier beeinträchtigten die ungleichen Volkswirtschaften sowie die fehlende Haushaltsdisziplin der Mitgliedsländer die Stabilität der Währung (Knauß 2012). In Krisenzeiten blieb die Währungs- und Haushaltspolitik immer nationales Thema, weshalb die Union im Zuge des Ersten Weltkrieges schließlich scheiterte. Griechenland war schon damals das schwächste Glied und war gezwungen nach einer Manipulationen der Währung und einem Staatsbankrott die Union im Jahr 1909 zu verlassen. Überdies löste die Einführung des Goldstandards in Deutschland 1871 in der Währungsunion eine Krise aus. Die Silbermünzen verloren zunehmend ihre monetäre Bedeutung und damit drastisch an Wert, weshalb die Münzunion sich schließlich dazu gezwungen sah, den Goldstandard 1885 unionsübergreifend einzuführen. Aufgrund des hohen Geldbedarfs im Ersten Weltkrieg wurden Geldscheine in massivem Umfang gedruckt. Mit Ausnahme der Schweiz kündigten sämtliche Mitgliedsstaaten ihre Mitgliedschaft in der Münzunion (Theurl 1992, S. 175-213).

Nach zwei zerstörerischen Weltkriegen hatte Großbritannien seine Vormachtstellung eingebüßt. Die Vereinigten Staaten von Amerika wurden zur neuen weltweiten Hegemonialmacht. Dies machte sich besonders in der Entstehung des neuen internationalen Währungssystems mit festen Wechselkursen, dem Bretton-Woods-System, bemerkbar. Insgesamt 45 Länder knüpften ihre Währungen an den Dollar. Dieser war wiederum an Gold gebunden, was für langfristige Stabilität und Berechenbarkeit sorgte und für den Wiederaufbau Europas und insbesondere Deutschlands von großem Wert war. Im Laufe der Zeit kam es zwischen den Nationen jedoch zu Auseinandersetzungen über die Gerechtigkeit des Systems, da schwächere Länder bei schwankender Währung mit einschneidenden Adjustierungsphasen zu kämpfen hatten. Diese brachten hohe Arbeitslosigkeit und wirtschaftliche Rezessionen mit sich, während die Vereinigten Staaten ihren wachsenden Schuldenberg durch den Druck neuen Geldes finanzieren konnten. Die zunehmende Verschuldung der USA war dabei nur zum Teil durch die immensen Kosten des Vietnam- und des Jom-Kipur-Kriegs in den 1960er und 1970er Jahren verschuldet. Dem Bretton-Woods-System lag von Beginn an ein gravierender Konstruktionsfehler zugrunde, welcher als das sogenannte Triffin-Dilemma bezeichnet wird. Aufgrund der damaligen Zunahme des weltweiten Handelsvolumens nahm auch die benötigte Höhe an Devisenreserven zu. Die Reservewährung war im Bretton-Woods-System jedoch vorwiegend der Dollar. Ein wachsender Ankauf der amerikanischen Währung hatte damit zur Folge, dass die Vereinigten Staaten anschwellende Defizite in ihrer Zahlungsbilanz aufwiesen, die Verschuldung der USA nahm somit auch durch diesen Faktor rasant zu (Rübel 2009, S. 171). Infolgedessen ließ die amerikanische Notenbank die Druckmaschinen laufen, was mit der Zeit steigende Stabilitäts- und Vertrauensverluste des Dollars zur Konsequenz hatte. 1971 schaffte Nixon die Konvertierbarkeit von Dollar in Gold ab. Der Übergang zu flexiblen Wechselkursen ließ das Bretton-Woods-System 1973 schließlich endgültig zusammenbrechen (Marsh 2009).

Mit der wachsenden Instabilität des Dollars begannen europäische Politiker sich zunehmend mit der Möglichkeit einer Europäischen Währungsunion auseinanderzusetzen. Doch im Hinblick auf die richtige Vorgehensweise entflammte ein leidenschaftlicher Streit zwischen zwei Strömungen, den Monetaristen und den Ökonomisten. Die ökonomistische Strömung, zu welcher insbesondere Deutschland, die Niederlande und Italien zählten, vertrat die Theorie, dass zunächst die nationalen Wirtschaftspolitiken harmonisiert werden müssten, bevor die Wechselkurse fixiert werden und eine Währungsunion entstehen könnte. Im Gegenzug dazu vertraten die Monetaristen die Meinung, dass eine gemeinsame Haltung in Währungsfragen automatisch zu einer Konvergenz der Wirtschaft führen würde. Deshalb waren sich die Anhänger dieser Theorie, zu denen Frankreich, Belgien, Luxemburg und auch die Europäische Kommission zählten, einig, dass eine frühe Wechselkursfixierung mit einer anschließend folgenden Währungsunion das optimale Vorgehen wäre (Marsh 2009; Brunn 2009).

Die Uneinigkeit Deutschlands und Frankreichs in diesem Streit trug dazu bei, dass 1971 der Werner-Plan, welcher als erstes fundiertes Konzept zur Gründung einer Währungsunion gilt, scheiterte (Marsh 2009). Weitere Ursachen für das Scheitern des Plans waren die schwierigen Umstände der Zeit. Durch die Destabilisierung des Dollars und durch den ersten Ölpreisschock 1973 befand sich Europa in einer Umbruchphase. Die Länder waren wirtschaftlich geschwächt und noch nicht bereit für eine Währungsunion. Lediglich ein Europäischer Wechselkursverbund, die sogenannte Währungsschlange, überlebte die 1970er Jahre, aus welcher nach und nach jedoch zahlreiche Staaten austraten, da sie mit hoher Inflation zu kämpfen hatten und ihre Währung nicht innerhalb der vorgegebenen Bandbreite stabilisieren konnten (Ohr 2007; Weidenfeld 2001).

Erst im Jahr 1979 gelang es Valery Giscard d'Estaing und Helmut Schmidt das Europäische Währungssystem (EWS) zu schaffen, welches den Grundstein für die Europäische Währungsunion legte. Das EWS begründete einen Wechselkurs- und Interventionsmechanismus mit dem Ziel, die Wechselkurse der Mitgliedsstaaten nun verlässlich innerhalb einer Bandbreite zu halten. Diese Bandbreite wurde mit Hilfe der Europäischen Währungseinheit (Ecu) bestimmt, deren Wert mit Hilfe eines Währungskorbs aus europäischen Währungen berechnet wurde. Der Ecu war ein Vorläufer des Euro und sollte die Länder auf eine gemeinsame Währung vorbereiten (McCormick 1999, S. 75). Doch wie bereits im Bretton-Woods-System waren Adjustierungen von Wechselkursen, welche die Bandbreite über- oder unterschritten, äußerst kostspielig (Clemens et al. 2008, S. 268).

Die Staaten orientierten ihre Geldpolitik zunehmend an der, auf Geldwertstabilität ausgerichteten, Politik der Deutschen Bundesbank, die somit bald eine inoffizielle Führungsrolle innerhalb der EWG einnahm. Deutschland hatte in den 1970er Jahren bereits einen glanzvollen wirtschaftlichen Aufschwung erreicht. Die Wirtschaft florierte und so übernahm die Deutsche Mark nach dem Zusammenbruch des Bretton-Woods-Systems die Rolle der Europäischen Leitwährung. Dies schürte insbesondere in Frankreich und Italien jedoch die Angst eines erneuten deutschen Expansionismus (Clemens et al. 2008, S. 268). Als sich schließlich die deutsche Wiedervereinigung abzeichnete, drohte das innereuropäische Mächtegleichgewicht aus den Fugen zu geraten. Mit dem Ende des Kalten Krieges und dem Zerfall der Sowjetunion stand erneut eine Neuordnung des Kontinents bevor. Dies war ein ausschlaggebender Faktor, insbesondere für Frankreich, die Integration Europas intensiver denn je voranzutreiben. Das vereinte Deutschland sollte mit einer gemeinsamen Währung enger an die restlichen europäischen Staaten gebunden werden. Frankreich wollte neben Deutschland eine führende Rolle übernehmen, um so für eine gewisse Balance zu sorgen. Aus einem Bericht des Nachrichtenmagazins Spiegel geht hervor, dass der französische Präsident Francois Mitterand Helmut Kohl stark unter Druck setzte, im Falle einer deutschen Wiedervereinigung den Prozess zur Gründung einer europäischen Währungsunion zu beschleunigen (Spiegel Online 2010). In einem Gespräch mit Margaret Thatcher erklärte Mitterand:

> „Ohne eine gemeinsame Währung sind wir alle – Sie und wir – dem Willen der Deutschen unterworfen. Wenn sie ihre Zinsen anheben, müssen wir folgen, und Sie, die Sie nicht dem Währungssystem angehören, tun dasselbe. Mitreden können wir nur, wenn es eine europäische Zentralbank gibt, wo gemeinsam entschieden wird." (Guigou 2000, S. 76)

Helmut Kohl gab dem Druck Mitterands nach und billigte im Europäischen Rat die Einsetzung einer Arbeitsgruppe zur Ausarbeitung einer Europäischen Währungsunion unter dem Vorsitz des Kommissionspräsidenten Jacques Delors (Brunn 2009, S. 262f.). Im Jahr 1989 präsentierte Delors einen dreistufigen Plan zur Koordination der Wirtschafts- und Geldpolitik. Der Delors-Bericht sah die Integration aller Währungen in das Europäische Währungssystem vor, des Weiteren die Gründung einer Europäischen Zentralbank, die Fixierung der Wechselkurse und schließlich die Einführung einer einheitlichen Währung (McCormick 1999, S. 76). Parallel dazu wurde begonnen, ausgelöst durch die neuen Rahmenbedingungen eines vereinten Deutschlands und des Zusammenbruchs der Sowjetunion, über die Gründung einer politischen Union zu verhandeln. Dabei brachen jedoch die alten Konflikte zwischen dem monetaristisch eingestellten Frankreich und den Vertretern der ökonomistischen Sichtweise, das heißt Deutschland, Luxemburg, Niederlande, Großbritannien und Dänemark, erneut auf (Kohler-Koch et al. 2004, S. 95). Ein Kompromiss wurde schließlich auf dem Gipfel in Maastricht im Dezember 1991 gefunden. Der Vertrag von Maastricht, oder auch „Vertrag über die Europäische Union", markiert einen Meilenstein in der Europäischen Integration. Neben der Gründung der „Europäischen Union" stand die Schaffung der Europäischen Währungsunion im Zentrum. Der Vertrag beinhaltete sowohl einen genauen Zeitplan als auch die Voraussetzungen für einen Beitritt zur Währungsunion, die wirtschaftlichen Konvergenzkriterien. Die Kriterien umfassten die Inflationsrate, das Haushaltsdefizit, die Zinsentwicklung und den öffentlichen Schuldenstand der Länder, welche innerhalb einer festgelegten Bandbreite liegen mussten, um eine gesamtwirtschaftliche Stabilität zu gewährleisten.

Im Folgejahr schlitterte das europäische Währungssystem jedoch in eine Krise, die das Projekt einer gemeinsamen Währung beinahe zum Scheitern brachte. Deutschland litt nach der Wiedervereinigung und der Einführung der Deutschen Mark in Ostdeutschland an konjunktureller Überhitzung, der die Bundesbank mit starken Zinserhöhungen Einhalt zu gebieten versuchte. Dies führte zu starken Turbulenzen auf den Devisenmärkten der Mitgliedsstaaten und hatte letzten Endes, aufgrund ausbleibender Stützungskäufe durch die deutsche Bundesbank, Abwertungen und den Austritt Großbritanniens und Italiens aus dem EWS zur Folge. Als im Herbst 1992 immense Spekulationen auf dem französischen Devisenmarkt folgten, leistete Deutschland Beistand. Dies und die letztlich ungehinderte währungspolitische Übereinstimmung zwischen Mitterand und Kohl verhinderte den Zusammenbruch des gesamten Währungssystems (Marsh 2009, S. 222ff.). Jedoch wurde während dieser Jahre der Rezession und der Turbulenzen die Aufteilung der Mitgliedstaaten in zwei Blöcke sichtbar. Bis zum heutigen Tag existiert eine Spaltung zwischen den Nord- und Südländern, zwischen Ökonomisten und Monetaristen, zwischen wirtschaftlicher Stärke und wirtschaftlicher Schwäche, zwischen Deutschland, Belgien, der Niederlande, Luxemburg und Österreich auf der einen und Spanien, Italien, Griechenland und Portugal auf der anderen Seite. Frankreich hat vorwiegend die unangenehme Rolle, zwischen diesen Blöcken zu stehen.

Dies führte auch zu Auseinandersetzungen um die Auswahl der Beitrittsländer zum Euro. Vor allem die schwächeren Südländer hatten große Schwierigkeiten, die Konvergenzkriterien zu erfüllen und versuchten durch Manipulation ihrer Zahlen Zutritt zur Währungsunion zu erhalten. Bis zum Jahre 1997, in welchem es laut des Maastrichter Vertrags zur Vollendung der Wirtschafts- und Währungsunion kommen sollte, hatten ein Großteil der Staaten die Konvergenzkriterien nicht erfüllt. Dennoch wurden aufgrund der anhaltenden Phase von Abwertungen im Laufe der 1990er Jahre die Stimmen der Ökonomisten, die sich für eine der Währungsunion vorhergehende politische Union einsetzten, um langfristige Stabilität zu gewährleisten, zunehmend leiser. Die sich verbreitende Angst, dass die Gemeinschaft eine erneute Währungskrise nicht mehr verkraften würde, drängte zu einer rascheren Einführung der gemeinsamen Währung und so sorgten die Regierungen in den verbleibenden zwei Jahren bis zur geplanten Einführung des Euro im Jahre 1999 mit teilweise einmaligen Maßnahmen dafür, dass die Wirtschaftszahlen den Konvergenzkriterien genügten. Auch Italien, das die Kriterien immer noch nicht erfüllen konnte, wurde schließlich aus politischen Gründen in die Währungsunion aufgenommen.

Am 1. Januar 1999 traten elf Länder der Europäischen Währungsunion bei. Der Euro wurde offiziell, zunächst als Buchgeld, eingeführt. Am 1. Januar 2002 wurden schließlich auch Papiergeld und Münzen in Umlauf gebracht. Von den vier verbleibenden Mitgliedstaaten trat Griechenland erst 2002 dem Euro bei, da es zuvor die Maastricht-Kriterien nicht erfüllt hatte. Großbritannien, Dänemark und Schweden blieben der Währungsunion aus eigenem Willen fern. Für die zwölf Länder aus der ehemaligen Sowjetunion, die 2004 bzw. 2007 der EU beitraten, galten die gleichen Voraussetzungen eines Euro-Beitritts wie für die alten Länder. Werden die Maastricht-Kriterien erfüllt, steht es ihnen frei, Teil der Währungsunion zu werden. Dies geschah 2007 in Slowenien, 2008 in Malta und Zypern, 2010 in Estland und 2014 in Lettland.

In den Jahren nach der Einführung des Euros kam es zu Konjunktureinbrüchen in ganz Europa, insbesondere in Deutschland. So neigten die Regierungen zunehmend dazu, den Europäischen Stabilitäts- und Wachstumspakt außer Acht zu lassen. Ende 2003 setzten sich schließlich Frankreich und Deutschland für die Aussetzung des Sanktionsmechanismus ein und verärgerten damit kleinere Länder wie Österreich, die weiterhin darauf bestanden, den Stabilitäts- und Wachstumspakt aufrecht zu erhalten. Doch die EU-Länder machten weiter Schulden und folgten damit einem Trend, der sich auch in den Vereinigten Staaten zeigte. Die USA erhöhten im ersten Jahrzehnt des 21. Jahrhunderts ihr Leistungsbilanzdefizit um das Dreifache. Damit nahmen die Ungleichgewichte auf den weltweiten Finanzmärkten zu. Asien und der Nahe Osten konnten immense Zahlungsbilanzüberschüsse vorweisen und finanzierten die Schulden der USA und Europas. Diese Überschüsse und die gleichzeitig wachsende amerikanische Nachfrage nach Geld führten zu einer steigenden Anzahl von Kreditinstrumenten, die zunehmend riskanter wurden. Daraus ging letztlich die Subprimekrise 2007 hervor.

4.2 Krise in Europa – Eurokrise

Die durch die Finanzkrise von 2007 ausgelöste Euroschuldenkrise hat die politische Lage der Europäischen Union verändert und die Diskussion um die Zukunft der EU und ihre Währungsunion auf eine neue Plattform gestellt. Im Folgenden sollen die Ereignisse sowie die Ursachen der Krise näher beleuchtet werden, um die Ausgangsbasis der Fallanalyse festzulegen.

4.2.1 US-Hypothekenkrise, Banken- und Wirtschaftskrise

Am Ausgangspunkt einer der größten Weltwirtschaftskrisen der Nachkriegszeit steht die im Jahre 2007 ausgelöste Subprimekrise in den USA. „Subprime-Kredite" bezeichnen Hypotheken, welche von Schuldnern geringer Bonität zum Erwerb von Immobilien aufgenommen werden. Mit zunehmenden Zahlungsausfällen kam es zu einem Zusammenbruch des gesamten amerikanischen Subprime-Marktes, dessen Auswirkungen sich rasch auf den weltweiten Finanzmärkten bemerkbar machten.

Die Immobilienblase, die mit dem Zusammenbruch der Märkte platzte, nahm einige Jahre zuvor ihren Ursprung. Nach dem Terroranschlag vom 11. September 2001 und dem Ende der Dotcom-Blase im Frühjahr 2000 drohten die Vereinigten Staaten in eine Rezession abzugleiten. Mit dem Ziel, die Wirtschaft anzukurbeln, führte die amerikanische Regierung deshalb teure Konjunkturprogramme durch, die vorwiegend mit geliehenem Geld finanziert wurden. Die Politik des geförderten Wohnungseigentums, welche jedem Bürger in den USA ermöglichen sollte, sich ein Haus zu kaufen, um den „amerikanischen Traum" zu leben, wurde jahrelang praktiziert. Es existierte ein sehr nachlässiges Kreditvergabesystem, in welchem Kredite zu sehr niedrigen Zinsen auch an Kreditnehmer vergeben wurden, die das Geld mit hoher Wahrscheinlichkeit nicht würden zurückzahlen können. Dieses System funktionierte, solange die Preise am Häusermarkt stiegen, sodass die Kredite durch die Immobilien gesichert zu sein schienen. Neben den Immobilienmaklern profitierten auch die Hypothekenbanken von jedem zusätzlich verkauften Haus, da sie die Hypothek lukrativ weiterverkaufen konnten. Mit der Zeit begannen die Finanzmärkte, auf der Suche nach höheren Renditen, die Kredite in immer komplexere und undurchschaubarere Finanzpakete zu verpacken. Es bildete sich eine Spekulationsblase[2], die 2007 schließlich platzte. Die US-Immobilien waren aufgrund von Annahmen des Marktes, dass die Häuserpreise zunehmend steigen würden, immens überbewertet. Das Risiko eines kreditfinanzierten Lebens hielt den US-Konsum nicht zurück. Die Blase wurde mit Liquidität gefüttert und konnte erhalten werden, solange der Markt an weiter steigende Preise glaubte, ganz im Sinne einer „self fulfilling prophecy". Als schließlich eine wachsende Anzahl von Immobilienbesitzern ihren Kredit aufgrund steigender Zinssätze nicht mehr tilgen konnten, setzten Zwangsversteigerungen eine Preisabwärtsspirale in Gang. Es folgten massive Wertverluste von Immobilien und Panikverkäufe durch die Immobilienmakler zu Niedrigstpreisen. Investmentbanken, die den Hypothekenbanken die

2 Als Spekulationsblase wird ein Zustand definiert, in welchem die Preise eines Gutes dem realen Wert nicht mehr entsprechen, sondern zunehmend aufgewertet werden (Gehardt 2010, S. 41).

faulen Kredite abgekauft hatten, um sie zu neuen Anlageinstrumenten umzuwandeln und weiterzuverkaufen, saßen nun auf einem Berg von Krediten, der, als der Markt schließlich erkannte, dass ein Großteil wertlos und illiquide war, rasend an Wert verlor (Jubin 2008, S. 8ff.). Auch Pensionskassen, Versicherungen, Hedgefonds und Investmentfonds, die in sogenannte Collateralised Mortgage Obligations (CMO)[3] investiert hatten, mussten hohe Abschreibungen in ihren Bilanzen vornehmen.

Auch den Ratingagenturen wird eine Teilschuld an der „Subprimekrise" gegeben, da diese die Risiken zunächst falsch eingeschätzt hatten, was unter anderem auf die Undurchschaubarkeit der Wertpapiere zurückzuführen ist. Papiere mit riskanten Hypotheken wurden mit der Bonität „AAA" bewertet, also als nahezu risikofrei eingestuft. Als das Risiko schließlich sichtbar wurde, haben die Ratingagenturen wiederum zu spät reagiert. Gründe hierfür sind unter anderem Interessenskonflikte der Agenturen, da sie von den Emittenten der Wertpapiere für die Bewertung bezahlt wurden. Zudem scheint eine inkorrekte Anwendung der Messinstrumente zur Bewertung der Anlagen für die fehlerhafte Einschätzung der Agenturen verantwortlich gewesen zu sein.

Makroökonomisch können die Ursachen der Subprimekrise mit der „Zirkulationskredittheorie der Konjunktur" des österreichischen Ökonomen und Opponenten John Maynard Keynes und Friedrich August von Hayek, erklärt werden (vgl. u.a. Starbatty 2008). Auch wenn dabei berücksichtigt werden muss, dass Hayeks Modell auf Daten und Konjunkturzyklen der 1920er Jahre beruht (Bloss et al. 2008), lassen sich Erkenntnisse für die europäische Währungsunion ableiten:

> „Es hat sich gezeigt, dass als Ursache der Konjunkturschwankungen in erster Linie Veränderungen der Geldmenge in Frage kommen, die zweifellos immer wieder stattfinden und wenn sie stattfinden, immer eine ‚Fälschung' der Preisbildung und damit eine Fehlleitung der Produktion bedingen müssen." (von Hayek 1929, S. 76)

Die verzerrte Zinsbildung und damit einhergehende falsche Produktionsbildung führe laut Hayek letztlich nur zu einer Verschärfung der Konjunkturkrise. Seine Konjunkturtheorie, welche er 1933 in seinem Werk „Geldtheorie und Konjunkturtheorie" veröffentlichte, lässt sich in fünf Phasen des Konjunkturverlaufs untergliedern. Die erste Phase des Zyklus wird ausgelöst durch eine zunehmende Investitionsbereitschaft dynamischer Unternehmen, welche die Nachfrage nach Kapital erhöht. Die zweite Phase bezeichnet Hayek als die „perverse Elastizität des Kreditangebots" (von Hayek 1929, S. 95ff.). Hier befriedigen Banken die

3 CMOs bezeichnen die in Fonds umgewandelten verbrieften Subprime-Hypotheken, die von Investmentbanken gewinnbringend verkauft wurden.

erhöhte Nachfrage, ohne den Zinssatz zu verändern. „Der Bankier bemerkt es eben nicht, dass durch diesen Prozess die Geldmenge vergrößert wird“ (von Hayek 1929, S. 93). Die dritte Phase der Theorie beschreibt einen falschen Produktionsaufbau, der durch das zu billige Kapital ermöglicht wird. In der vierten Phase kommt es in Folge des Konjunkturaufschwungs zu Zinserhöhungen, welche nun den fehlgeleiteten Produktionsaufbau sichtbar machen. Die anschließende fünfte Phase beschreibt schließlich die Bereinigung der Produktionsstruktur mit einer verschärften Konjunkturkrise als Konsequenz.

> „Die entscheidende Ursache der Konjunkturschwankungen ist also, dass infolge der Veränderlichkeit der Umlaufsmittelmenge der Zins, den die Banken fordern, nicht notwendig immer gleich dem Gleichgewichtszins ist, sondern in der Bewegung über kurze Fristen tatsächlich von den Liquiditätserwägungen der Banken bestimmt wird.“ (von Hayek 1929, S. 103)

Überträgt man die Theorie auf die Subprimekrise, beginnt Hayeks erste Phase mit der Senkung der Leitzinsen durch die Zentralbanken im Jahr 2000, als die Wirtschaft nach dem Platzen der Dotcom-Blase abzuflauen drohte. Die amerikanische Notenbank verfolgte die Theorie der expansiven Geldpolitik nach Keynes, um die Konjunktur zu stimulieren. In der zweiten Phase folgte auf die Flutung des Marktes mit Liquidität eine zunehmende Nachfrage nach dem billigen Geld. Insbesondere der Immobilienmarkt profitierte von den niedrigen Zinsen, da diese, in Verbindung mit steigenden Häuserpreisen, als renditeversprechende Kapitalanlage gesehen wurden. Für günstige Kredite konnten so Immobilien erworben werden. Immobilienmakler und Banken lockten die Käufer mit dem Versprechen, die Objekte in der Zukunft aufgrund anhaltender Wertsteigerungen zu einem weit höheren Preis wieder verkaufen zu können. Die US-Hypothekenbanken lockten zudem mit Zinsen, die zu Beginn des Vertrags noch unter dem Marktzins lagen, und erst mit der Zeit, den Gehaltssteigerungen folgend, variabel angehoben werden würden. In der dritten Phase kam es zu einem übersteigerten Konsum. Häuser wurden mit Hypotheken belastet und die Schulden in die Zukunft verschoben. Abbildung 1 zeigt den rasanten Anstieg der US-Subprime-Hypotheken. Von 1994 bis 2006 zeigt sich eine Zunahme des Volumens von etwa 50 Mrd. USD auf fast 700 Mrd. USD. Damit einher ging schließlich eine inflationäre Überbewertung der Objekte. Es bildete sich die Spekulationsblase.

Die Kehrtwende kam schließlich in Hayeks vierter Phase, jener Phase, in welcher der fehlerhafte Produktionsaufbau, das heißt der verzerrte übermäßige Konsum auf Grund endogener Zinserhöhungen, sichtbar wird. Die Notenbanken begannen, Anpassungen vorzunehmen und die Leitzinsen Schritt für Schritt zu erhöhen, um den Aufschwung zu dämpfen. Die letzte Zinserhöhung der Federal

Abb. 1: Jährliches Volumen an US-Subprime-Hypotheken in Mrd. USD und prozentualer Anteil am gesamten Hypothekenmarkt

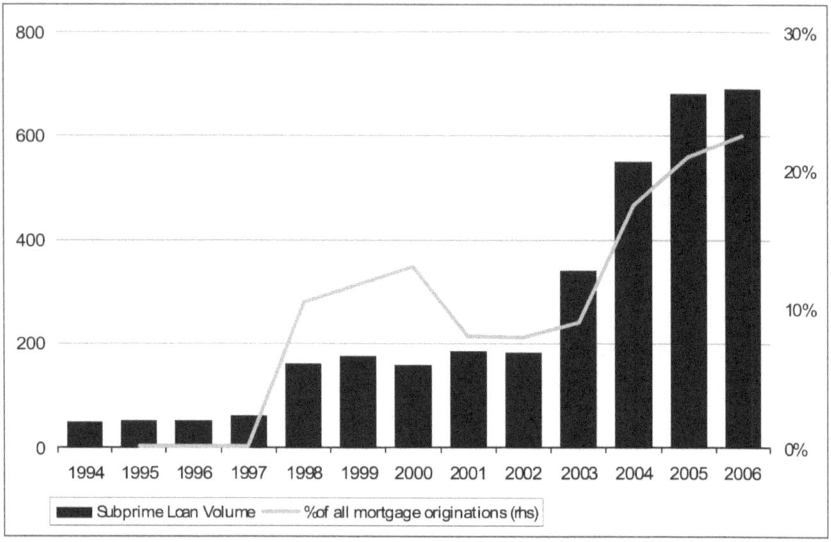

Quelle: LBBW Credit Research, 2007

Reserve erfolgte Ende Juni 2006 auf 5,25 Prozent. Auf dem US-Subprimemarkt hatte dies gerade für Hypotheken mit variablen Zinsen starke Zinsanpassungen zur Folge. Damit setzte eine Kehrtwende ein und die Immobilienpreisdynamik begann, sich zunehmend zu verringern; ab Anfang 2007 fielen die Immobilenpreise schließlich immer rascher (vgl. Abb. 2).

Mit den steigenden Leitzinsen und den fallenden Immobilienpreisen stieg die Anzahl leistungsgestörter Kredite. Infolgedessen häuften sich die tatsächlichen Ausfälle. Mit der zunehmenden Anzahl zahlungsunfähiger Schuldner sank schließlich die Bereitschaft, für die verbrieften Hypotheken Liquidität bereitzustellen, was sofortige Steigerungen der Interbankenzinsen nach sich zog. Banken begannen, einander zu misstrauen und liehen sich gegenseitig kein Geld mehr. Im August 2007 kam es schließlich zu einer Kreditklemme, dem sogenannten „Credit Crunch", als die Aufschläge für Interbankenkredite im Vergleich zum Zentralbankleitzins weltweit massiv anstiegen (SNB 2008). Die Krise spitzte sich im Frühjahr 2008 zu, als sich die US-Investmentbank Bear Stearns nahe der Zahlungsunfähigkeit befand und in Deutschland die größte Hypothekenbank, die Hypo Real Estate, in Schwierigkeiten geriet. Als schließlich am 15. September 2008 die Investmentbank Lehman Brothers Insolvenz anmelden musste, da die amerikanische Regierung Rettungsmaßnahmen verweigerte, kam der Interbankenmarkt vollständig zum Erliegen. So zeigten sich, ganz nach Hayeks Theorie, in der fünften Konjunkturphase die Auswirkungen des Zusammenbruchs der Immobilienblase auf die Realwirtschaft in Form einer Finanz- und Konjunkturkrise. Im Vereinigten Königreich konnte im September 2007 beobachtet werden, dass Gläubiger ihre Forderungen gegenüber der Northern Rock Bank kurzfristig geltend machen wollten. In den USA und in Europa sahen sich die Regierungen dazu gezwungen, zahlreichen „systemrelevanten" Banken Staatshilfen zukommen zu lassen. Diverse Finanzinstitute wurden verstaatlicht oder abgewickelt. Den Anfang in Deutschland machte die Hypo Real Estate. Sie musste mit Staatshilfen in Höhe von 100 Mrd. Euro gestützt werden und ist seit dem Jahr 2009 Staatseigentum. Weitere Hilfen erhielten unter anderem die IKB und die SachsenLB, da sie die zusätzlich nötige Refinanzierung nicht selbst bewerkstelligen konnten (LBBW Credit Research 2007, S. 9) sowie die Commerzbank, die im Frühjahr 2009 teilverstaatlicht wurde (Focus 2011).

Viel Geschick zeigte die EZB in der Handhabung der Krise. Sie reagierte in der Anfangsphase schneller und wirksamer, als die amerikanische und die englische Notenbank, indem sie den Markt früh mit Liquidität flutete. Zudem senkten die EZB, die Schweizerische Nationalbank, die Federal Reserve und die Bank of England in einer gemeinsamen Aktion im Oktober 2008 die Leitzinsen. Sie fuhren damit in den Folgemonaten fort, sodass die Zinsen bald historische Tiefststände erreichten. Auch die Vergabe langfristiger Refinanzierungsmittel durch die EZB wurde in mehreren Schritten erleichtert.

Abb. 2: S&P/Case-Shiller Home Price Index und Fed Funds

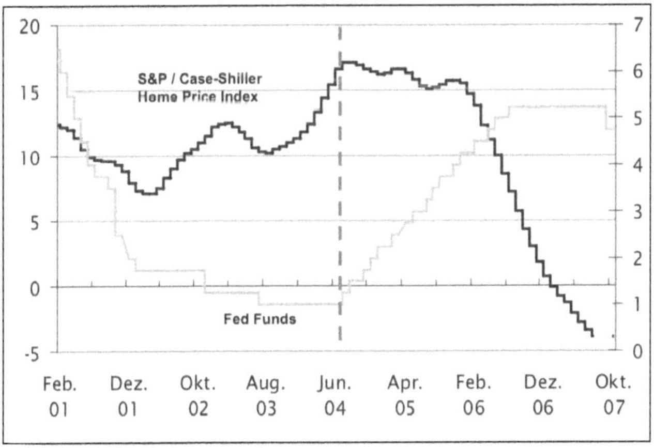

Quelle: LBBW Credit Research, 2007

Um das Finanzsystem wieder zu stabilisieren, wurde außerdem von den Regierungen die Errichtung sogenannter „Bad Banks“ ermöglicht, das heißt Zweckgesellschaften, in welche die Banken ihre risikobehafteten Wertpapiere zu 90 Prozent ihres Buchwertes auslagern und mit Hilfe staatlicher Garantien abwickeln konnten. Des Weiteren wurde im Oktober 2008 die Gründung eines Finanzmarktstabilisierungsfonds beschlossen, welcher Garantien bis zu einer Höhe von 400 Mrd. Euro anbieten sollte sowie zusätzliche 80 Mrd. Euro, die den Banken direkt zur Rekapitalisierung zur Verfügung gestellt wurden.

Im November 2008 folgte ein Weltfinanzgipfel der G20-Länder, auf dem Maßnahmen zur Reformierung der Finanzmärkte beschlossen wurden, um eine neuerliche Finanzkrise in diesem Ausmaß zu vermeiden.

Nach der Finanzkrise folgte schließlich eine globale Wirtschaftskrise. Die Konsumnachfrage und die Industrieproduktion ließen dramatisch nach. Um die Konjunktur zu stärken und der Rezession entgegenzuwirken, umfasste deshalb das von den G20-Ländern im April 2009 in London beschlossene Paket unter anderem die Bereitstellung von 1,1 Billionen US-Dollar zur Wiederbelebung der Weltkonjunktur. Außerdem sollten die Mittel des Internationalen Währungsfonds um 750 Mrd. US-Dollar erhöht und zusätzliche 250 Mrd. US-Dollar an Sonderziehungsrechten bereitgestellt werden.

Erste Hochrechnungen des Internationalen Währungsfonds im April 2009 bezifferten die weltweiten Verluste der Finanzkrise auf etwa 4 Billionen US-Dollar. Im August 2009 revidierte der IWF seine Berechnungen jedoch und sprach von weltweiten Verlusten in Höhe von insgesamt 11,9 Billionen US-Dollar (The Telegraph 2009).

Mit der „Zirkulationskredittheorie der Konjunktur“ versuchte Hayek, die große Weltwirtschaftskrise während der 1920er Jahre zu erklären. Er gelangte zu dem Schluss, dass fehlerhafte Investitionen durch die Banken und Unternehmen, die wiederum durch falsche Impulse der staatlichen Geldpolitik in Gang gebracht wurden, eine große Schuld an der damaligen Entwicklung trugen. Nun übertragen auf die Geschehnisse seit 2007, lässt sich eine ähnliche Schlussfolgerung bilden. Mit der Ausweitung der Geldmenge durch die Federal Reserve wurden Unternehmen und Banken dazu verleitet, Investitionen auf dem Hypothekenmarkt unter zunehmenden Risiken zu tätigen, was schließlich den Zusammenbruch des gesamten Marktes zur Folge hatte.

4.2.2 Von der Finanzkrise zur Schuldenkrise

Die hohen Ausgaben der Regierungen zur Stärkung der Konjunktur und zur Stabilisierung des Finanzsystems während der Finanzkrise in den Jahren 2007 bis 2009 hatten eine erhebliche Steigerung der Budgetdefizite der Staaten zur Folge, in denen am Hypothekenmarkt beteiligte Banken ansässig waren.

Doch die Geschichte der Schuldenkrise, die auf die Finanzkrise folgte, nahm ihren Anfang nicht in dem durch die Rettungspakete gewachsenen Schuldenberg europäischer Staaten, sondern vielmehr in der Offenlegung des griechischen Staatshaushalts durch den neu gewählten griechischen Ministerpräsidenten Giorgos Papandreou im Oktober 2009. Griechenland verzeichnete ein weit höheres Staatsdefizit, als von der vorherigen Regierung in der Vergangenheit ausgewiesen wurde. Nach Berechnungen der EU-Kommission im März 2010 wurde die Verschuldung Griechenlands für Ende des Jahres 2010 nicht wie prognostiziert auf 3,7 Prozent, sondern auf 12,7 Prozent des Bruttoinlandsprodukts geschätzt (Ifo Institut 2010). Erneute Berechnungen im Jahr 2011 ergaben sogar eine Verschuldung von 15,4 Prozent des BIP (Eurostat 2011). Auch die Daten, die Griechenland zum Nachweis seiner Erfüllung der Konvergenzkriterien eingereicht hatte, entsprachen nicht der Realität, sondern waren nur kurzfristig auf das erforderliche Niveau gedrückt worden. Die griechische Regierung meldete im Jahr 1999 zunächst ein Finanzierungsdefizit von 1,6 Prozent (EZB 2000, S. 19), welches sich unmittelbar nach dem Beitritt zur Währungsunion im Jahr 2000 auf 4,1 Prozent erhöht hatte (Eurostat 2006). Mit dieser Bekanntmachung nahm das griechische und auch bald das europäische Drama seinen Lauf.

Im Dezember 2009 stuften innerhalb einer Woche die beiden Ratingagenturen Fitch und Standard & Poors die Bonität griechischer Staatsanleihen herab (Spiegel online 2009). Moodys folgte kurz darauf und im Laufe des Jahres 2010 wurden die Staatspapiere in weiteren Schritten abgewertet. Die schlechten Bewertungen hatten eine rasante Verteuerung der Kreditaufnahme Griechenlands zur Folge, da die Risikoaufschläge auf griechische Anleihen in die Höhe schossen. Da sich in der Folge die Staatsfinanzen zunehmend verschlechterten, kündigte die Europäische Kommission im Februar 2010 die Einleitung eines Defizitverfahrens gegen Griechenland und gegen fünf weitere Länder an und stellte den griechischen Haushalt unter EU-Kontrolle (dpa, 2010). Auch wenn Griechenland wirtschaftlich am weitesten abgeschlagen war, erfüllten zu diesem Zeitpunkt 20 der 27 EU-Mitglieder die Kriterien des Stabilitäts- und Wachstumspakts nicht oder nicht mehr (Europaparlament 2011). Insbesondere die Defizitländer Portugal, Italien, Irland und Spanien (PIIGS-Staaten) gerieten neben Griechenland zunehmend in den Fokus der Ratingagenturen und hatten mit Herabstufungen und höheren Risikoaufschlägen zu kämpfen. Anfang April 2010 folgte der erste von vielen Krisengipfeln, bei welchem sich die EU, der Internationale Währungsfonds sowie die Europäische Zentralbank auf ein Rettungspaket für Griechenland in Höhe von 110 Mrd. Euro einigten. Ergänzend akzeptierte die EZB trotz der schlechten Bonität weiterhin griechische Staatsanleihen als Sicherheiten und begann zudem mit massiven Aufkäufen der Wertpapiere, um Griechenland zu stützen. Doch die Turbulenzen auf den Finanzmärkten brachen nicht ab und als das Statistische Amt der Europäischen Union am 22. April

2010 die Angaben zum griechischen Staatsdefizit nach oben korrigierte, stiegen die Risikoaufschläge so stark an, dass Griechenland vor der Zahlungsunfähigkeit stand.

Am 23. April 2010 beantragte Ministerpräsident Papandreou schließlich offiziell die Aufnahme in ein internationales Hilfsprogramm. Da sich in den darauffolgenden Wochen die Lage im restlichen Europa zusehends anspannte und auch die anderen PIIGS-Staaten mit immensen Risikoaufschlägen konfrontiert wurden, folgte Anfang Mai 2010 ein weiterer Sondergipfel. Am 9. Mai 2010 beschlossen die EU-Finanzminister in einer Sondersitzung des Rats für Wirtschaft und Finanzen (EcoFin) die Schaffung eines „Europäischen Rettungsschirms" zur Unterstützung der in Zahlungsschwierigkeiten geratenen Staaten. Dieser bestand aus dem Europäischen Finanzstabilisierungsmechanismus (EFSM) sowie einer zwischenstaatlichen Zweckgesellschaft, der sogenannten Europäischen Finanzstabilisierungsfazilität (EFSF) (Bundesfinanzministerium 2011). Die EFSF bezeichnet einen Fonds, der Eurostaaten, die sich nicht mehr refinanzieren können, mit günstigen Krediten versorgt. Im Gegenzug dazu müssen die gestützten Länder einschneidende Sparprogramme in Angriff nehmen. Das Geld leiht sich der Fonds, welcher mit einer Bonität von AAA bewertet ist, direkt am Kapitalmarkt. Die Mitgliedsstaaten stellten hierzu anteilig Garantien bereit.

Da sich herausstellte, dass das ursprüngliche Kreditvolumen des EFSF in Höhe von 250 Mrd. Euro, das durch die Eurostaaten mit Garantien in Höhe von 440 Mrd. Euro abgesichert war, zu gering für die Stabilisierung der Eurozone war, wurde das Volumen auf 440 Mrd. Euro erhöht. Um weiterhin mit einer Bonität von AAA bewertet zu werden, wurde der Garantierahmen der Länder auf insgesamt 780 Mrd. Euro aufgestockt. Da die EU-Politiker jedoch weiterhin befürchteten, dass die Mittel nicht ausreichen könnten, um die Schuldenkrise nachhaltig zu lösen, einigten sie sich im Oktober 2010 auf die Einführung von Kredithebeln, wodurch auch Investoren aus dem EU-Ausland angezogen werden sollen.

In den folgenden Monaten beschlossen die europäischen Staats- und Regierungschefs außerdem zahlreiche Maßnahmen zur Konjunkturstützung und zur Vermeidung zukünftiger Finanzkrisen. Dazu gehörten unter anderem die „Neue Strategie für Beschäftigung und Wachstum" (Europa 2020) und die Schaffung des „Europäischen Semesters" sowie Basel III, eine Erweiterung der bisherigen Empfehlungen des Baseler Ausschusses für Bankenaufsicht.

Doch die Krise hatte ihren Höhepunkt noch nicht erreicht. Als nächstes Opfer der nervösen Finanzmärkte geriet Irland im Oktober 2010 in den Fokus. Während der Subprimekrise war auch in dem kleinen Inselstaat eine Immobilienblase geplatzt, was 2008 zum Einbruch der gesamten irischen Wirtschaft führte und mit der Verstaatlichung seiner größten Banken ein rasantes Anwachsen des Staatsdefizits zur Konsequenz hatte. Doch hier hatten es die Retter leichter. Ende Oktober einigten sich die Eurostaaten auf ein Paket von 85 Mrd. Euro, wovon Irland jedoch 17,5 Mrd. selbst aufbringen konnte. Das Geld wurde sowohl vom IWF, dem EFSF und dem EFSM als auch mittels bilateraler Kredite von Großbritannien, Schweden und Dänemark bereitgestellt. Im Jahr 2011 erfolgte ein Rückgang des irischen Staatsdefizits von 32,4 Prozent im Jahr 2010 auf 13,5 Prozent und Ende 2013 konnte das Land als erster Krisenstaat den Euro-Rettungsschirm wieder verlassen.

Abb. 3: Das Support-Schema in Europa

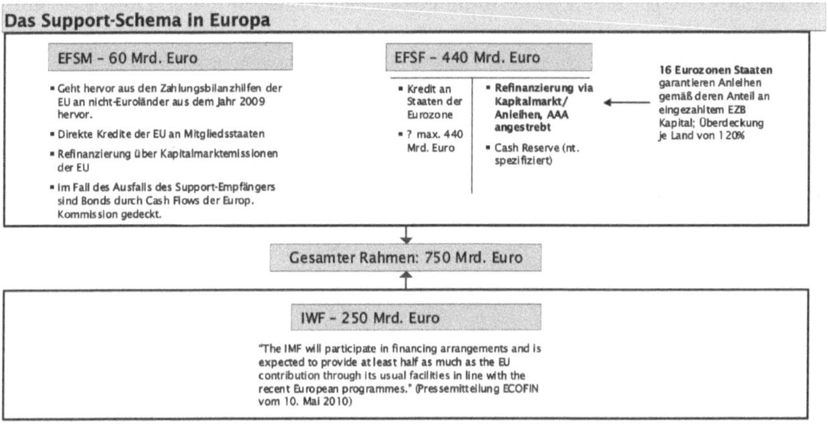

Quelle: LBBW Research, 2010

Zeitgleich zur Schnürung des irischen Rettungspakets einigten sich die Eurostaaten auf einen dauerhaften Mechanismus zur Erhaltung der Stabilität innerhalb der Eurozone, um auch in Zukunft Ländern, die in Zahlungsschwierigkeiten geraten, den Zugang zu vergünstigten Krediten zu ermöglichen. Dieser Mechanismus sollte den provisorischen EFSF, der 2013 auslief, ablösen. Um dies gesetzlich zu legitimieren, wurde Artikel 136 des Vertrags über die Arbeitsweise der EU (AEUV) um einen Absatz ergänzt.[4] Im Oktober 2012 trat der dauerhafte Europäische Stabilisierungsmechanismus (ESM) in Kraft. Ein Ausstieg einzelner Mitgliedsstaaten aus dem ESM ist nicht vorgesehen (Deutscher Bundestag 2011).

4 „Die Mitgliedsstaaten, deren Währung der Euro ist, können einen Stabilitätsmechanismus einrichten, der aktiviert wird, wenn dies unabdingbar ist, um die Stabilität des Euro-Währungsgebiets insgesamt zu wahren. Die Gewährung aller erforderlichen Finanzhilfen im Rahmen des Mechanismus wird strengen Auflagen unterliegen."

Fünf Möglichkeiten stehen durch den ESM zur Stabilisierung zur Verfügung: Neben einer direkten Kredithilfe werden für die Euroländer Kreditlinien bereitgestellt, in deren Höhe bei Bedarf Geld abgerufen werden kann. Dadurch soll insbesondere das Vertrauen der Investoren zurückgewonnen werden. Des Weiteren kann der ESM Banken direkt rekapitalisieren. Der Staat erhält ein ESM-Darlehen, mit dessen Hilfe er den Kreditinstituten Kredite zur Verfügung stellen kann. Dies steht im Zusammenhang mit den neuen Vorgaben zur Kernkapitalquote von Kreditinstituten innerhalb der Eurozone. Deutschland machte für die Möglichkeit einer Rekapitalisierung den Aufbau einer gemeinsamen Bankenaufsicht zur Bedingung, die im März 2013 schließlich von den EU-Staaten und dem EU-Parlament beschlossen wurde. Die zwei letzten Möglichkeiten der Stabilisierungshilfe durch den ESM betreffen den Ankauf von Staatsanleihen der Eurostaaten, sowohl auf dem Primär- als auch auf dem Sekundärmarkt. Hilfen aus dem ESM können alle Mitglieder der Eurozone erhalten. Die Bundesregierung setzte zudem durch, dass ab März 2013 nur diejenigen Staaten Hilfe erhalten können, die den „Vertrag über Stabilität, Koordinierung und Steuerung in der Wirtschafts- und Währungsunion" (Fiskalpakt) ratifiziert haben. Deutschland hat nach vorausgegangenen verfassungsrechtlichen Bedenken den Vertrag als 17. Land im September 2012 ratifiziert.

Der ESM verfügt über ein Stammkapital von insgesamt 700 Mrd. Euro. In den ersten beiden Jahren soll hierzu durch die Mitgliedsstaaten ein Kapitalstock von 80 Mrd. Euro in mehreren Raten einbezahlt werden. Dieser dient als Garantie zur Refinanzierung des ESM auf dem Kapitalmarkt, wodurch dieser die beste Ratingnote von AAA erhält. Dies ist eine Erneuerung im Vergleich zu dem provisorischen EFSF, der über keine eigenen finanziellen Mittel verfügte, sondern lediglich durch Garantien der Euroländer gestützt wurde. Weitere 620 Mrd. Euro müssen nur auf Abruf von den Euroländern bereitgestellt werden. Sie sind eine Art „zurückgehaltene Reserve". Ursprünglich hatten sich die Finanzminister der Euroländer darauf verständigt, dass der ESM von den 700 Mrd. Euro nur maximal 500 Mrd. Euro an Kredithilfen vergeben darf und dass die bisher bereitgestellten Hilfen aus dem EFSF an Griechenland, Portugal und Irland in Höhe von 200 Mrd. Euro damit verrechnet würden. Im März 2012 einigten sich die Länder jedoch über eine Erweiterung des ESM, um das Vertrauen der Investoren zu erhöhen und die Situation zu entschärfen. Die bereits gezahlten Hilfen wurden nun nicht mit den ESM-Mitteln verrechnet, was die Summe möglicher Hilfen auf 700 Mrd. Euro erhöhte. Hinzu kamen weitere 49 Mrd. Euro, welche die EU mit Hilfe des EFSM aus dem eigenen Budget bereitstellte und zusätzliche 53 Mrd. Euro, die noch vor der Schaffung der Rettungsschirme als erstes Rettungspaket für Griechenland gezahlt wurden. Dementsprechend standen rund 800 Mrd. Euro an Krisenhilfen zur Verfügung. Der IWF stellte überdies weitere 250 Mrd. Euro bereit.

Da auch die restlichen PIIGS-Staaten Italien, Spanien und Portugal extrem defizitäre Haushalte aufwiesen und immer höhere Zinsen am Kapitalmarkt zahlen mussten, wurden von den Regierungen auf Drängen der Europäischen Kommission drastische Sparprogramme eingeleitet, um das Vertrauen am Kapitalmarkt wiederherzustellen. Im April 2011 musste sich Portugal nach anfänglichem Widerstand schließlich doch eingestehen, seine Probleme nicht alleine stemmen zu können und beantragte, wie zuvor Griechenland und Irland, Finanzhilfen. Im Mai einigten sich die EU und der IWF auf ein Rettungspaket für das nun dritte Land. Portugal konnte innerhalb der folgenden drei Jahre (Mai 2011 bis Mai 2014) mit Unterstützungen von bis zu 78 Mrd. Euro rechnen, musste im Gegenzug jedoch tiefgreifende Reformen durchführen und sein Staatsdefizit durch effiziente Sparmaßnahmen reduzieren.

Die Krise in Europa war damit jedoch noch lange nicht überwunden. In Griechenland hat sich die Lage zwischen 2009 und 2011 zunehmend verschlechtert. Die griechische Regierung konnte die Auflagen der EU nur knapp erreichen, um jeweils die nächste Tranche der zugesagten Zahlungen zu erhalten. Zudem protestierte die Bevölkerung wiederholt massiv gegen die Sparpläne. Die Sparmaßnahmen führten zu einem schweren Einbruch der Wirtschaftskraft, was eine kräftige Steigerung der Schuldenquote sowie eine zunehmende Steigerung der Arbeitslosigkeit nach sich zog. Dies und wachsende Sorgen um die Schulden Italiens ließen die Gemeinschaftswährung weiter abrutschen und machten eine Beruhigung der nervösen Finanzmärkte unmöglich. Am 21. Juli 2011 wurde ein zweites Rettungspaket für Griechenland geschnürt. Weitere Kredite in Höhe von 109 Mrd. Euro wurden dem maroden Staat zu Verfügung gestellt und erstmals beteiligte sich neben den Ländern und dem IWF auch der private Sektor (Banken und Versicherungen) mit einem Nettovolumen von 37 Mrd. Euro. Zudem wurde die Laufzeit der Kredite um 1,5 Jahre verlängert und die Zinsen von 4,5 Prozent auf 3,5 Prozent gesenkt. Außergewöhnlich an dem Beschluss ist, dass die Länder erstmals eine vorübergehende Zahlungsunfähigkeit eines Landes akzeptierten. Denn durch eine Beteiligung des Privatsektors war damit zu rechnen, dass die Ratingagenturen Griechenland für teilweise zahlungsunfähig erklären würden, da die Banken und Versicherungen zum Teil auf ihre Forderungen verzichteten (dpa, 2011).

Im August 2011 begann die EZB erstmals seit Beginn der Krise auch italienische und spanische Anleihen auf dem Sekundärmarkt aufzukaufen, um den Druck auf die Länder aufgrund weiterer Zinssteigerungen abzuschwächen. Gleichzeitig kündigte Italien ein erneutes Sparpaket an und auch Frankreich beschloss weitere Sparmaßnahmen, da dem Land der Verlust seines AAA-Ratings drohte. Dennoch wurde das Land im Sommer 2013 herabgestuft.

Im September 2011 nahmen die Spekulationen einer Insolvenz Griechenlands schließlich wieder zu und ein Auseinanderbrechen der Europäischen Währungsunion wurde erstmals für möglich gehalten. Doch die Regierungschefs setzen sich entschlossen für die Rettung des Euros ein. Im Zuge der Abstimmungen zum erweiterten Rettungsschirm im deutschen Bundestag bekräftigte Bundeskanzlerin Angela Merkel die Brisanz der Rettung: „Scheitert der Euro, scheitert Europa" (Focus online 2011).

Als weiteres Sorgenkind entpuppte sich ab 2011 Zypern, welches durch seine engen wirtschaftlichen Verflechtungen mit Griechenland zunehmend Vertrauen auf den Finanzmärkten verlor. Ab April 2012 begann die EZB, das Land mit Zahlungen in Milliardenhöhe zu stützen, dennoch musste Zypern im Juni 2012, als fünftes Land, Hilfe aus den Krisenfonds beantragen. Im März 2013 einigte sich die Eurogruppe auf ein Rettungspaket in Höhe von 9 Milliarden Euro, welche in Tranchen aus dem ESM ausbezahlt wurden.

Zwischenfazit

Mit der Finanz-, Wirtschafts- und Schuldenkrise in Europa wurde eine Entwicklung deutlich: Europa ist zweigeteilt. In der Europäischen Union herrschen große Ungleichgewichte in den Zahlungsbilanzen der Länder. Griechenland, Portugal, Spanien und auch Irland weisen seit der Einführung des Euros zunehmend hohe Zahlungsbilanzdefizite auf. Das Gegenteil ist in Deutschland, Luxemburg und den Niederlanden der Fall (Favaro et al. 2011, S. 222). Dies resultiert aus den sehr niedrigen privaten Sparquoten der „PIIGS-Staaten" verglichen mit den weit höheren privaten Sparquoten der nördlicheren Länder. Diese hohen Zahlungsbilanzdefizite haben zu der Finanznotlage der betroffenen Länder beigetragen.

4.2.3 Zusammenhang zwischen Immobilienkrise, Schuldenkrise, Eurokrise

Die in den USA ausgelöste Immobilienkrise hatte eine weltweite Finanzkrise zu Folge und ging nahezu nahtlos in die europäische Schuldenkrise über. Mit der Offenlegung der griechischen Finanzlage durch den griechischen Ministerpräsidenten Papandreou, zwei Jahre nach Beginn der US-Subprimekrise, geriet zunächst Griechenland in immense Zahlungsschwierigkeiten, was infolge eines aufgeschreckten verängstigten Finanzmarkts bald auch zu Bonitätsverlusten und Zahlungsschwierigkeiten bei anderen europäischen Staaten führte. Dabei stellt sich zweifellos die Frage, ob die Ereignisse der Immobilienkrise mitverantwortlich für die europäische Schuldenkrise gemacht werden können.

Wie zuvor angeführt, hatte der Zusammenbruch des amerikanischen Subprimemarktes im Jahr 2007 Auswirkungen auf den europäischen Subprimemarkt und erschütterte die europäischen Finanzmärkte. In der Folge gerieten auch in Europa sogenannte „systemrelevante" Banken in Zahlungsschwierigkeiten. Um den Bankrott der Banken, welcher Auswirkungen auf die gesamte Wirtschaft haben würde, zu verhindern, eilten die europäischen Staaten mit Finanzspritzen zu Hilfe. Die Rettungszahlungen rissen jedoch tiefe Löcher in die bereits verschuldeten Staatshaushalte. Zudem wuchs die Staatsverschuldung aufgrund des weltweiten Einbruchs der Realwirtschaft, als weitere Folge der Finanzkrise, weiter an.

Die zusätzlich entstandenen Passiva in den Haushalten der europäischen Staaten trugen zu der Ausweitung der griechischen Schuldenkrise auf andere europäische Staaten bei. Denn das rasant abnehmende Vertrauen in Griechenlands Zahlungsfähigkeit schwappte auf die gesamte Eurozone über. Ratingagenturen, die den Fehler einer zu positiven Einschätzung der Banken und Institute vor der Immobilienkrise nicht wiederholen wollten, nahmen die Staatsfinanzen kritisch ins Visier. Staatsanleihen schuldenbehafteter Länder galten bald als zu riskant und wurden von Anlegern abgestoßen. Infolgedessen bekamen Länder wie Irland, Spanien, Portugal und schließlich Zypern große Probleme, sich mit frischem Kapital zu versorgen. Die durch das schwindende Vertrauen gestiegenen Refinanzierungskosten der Staaten führten zudem zu einer weiteren Verschärfung der Haushaltslage.

Selbstverständlich kann die Immobilien- und Finanzkrise nicht vollkommen für die andauernde Staatsschuldenkrise in Europa verantwortlich gemacht werden. Wären die Staatshaushalte gesünder und weniger verschuldet gewesen, dann hätten die Rettungszahlungen und die damit einhergehende Verschlechterung der staatlichen Finanzlage nicht zu derart hohen Vertrauensverlusten geführt. Vielmehr hat die Finanzkrise das Fass zum Überlaufen gebracht und die bereits verängstigten Finanzmärkte so sensibel werden lassen, dass sie die Haushaltsverschuldungen der Länder hart bestraften.

All diese Ereignisse hatten durchaus auch ihr Positives. Denn mit der Krise wurden die Haushaltsverschuldungen erstmals ernst genommen. Probleme, Ursachen und Defizite innerhalb der nationalen und europäischen Systeme, die zu der Eskalation geführt hatten, wurden öffentlich wahrgenommen und untersucht. So ergab sich die einmalige Chance, das europäische Finanzsystem, die Staaten und Institutionen in Europa durch die Behebung der Defizite und der fehlerhaften Politiken gesunden zu lassen, um die Basis für die Europäische Wirtschafts- und Währungsunion zu verbessern und zu festigen.

4.3 EWU – Keine optimale Währungsunion

Die Initiative hin zu einer einheitlichen Währung innerhalb der Europäischen Gemeinschaft ging insbesondere von Vertretern der Politik aus. Ökonomen und Politikwissenschaftler warnten vor den Folgen der übereilten Schaffung eines Währungsverbunds. Dem entgegenzuwirken wurden die Konvergenzkriterien in den Vertrag von Maastricht aufgenommen, welche sich jedoch deutlicher Kritik stellen mussten, da sie als nicht optimal im Sinne der Theorie optimaler Währungsräume betrachtet wurden.

Im folgenden Kapitel sollen zunächst die Vorteile sowie die möglichen Kosten der Europäischen Währungsunion diskutiert werden. Im Anschluss daran werden die vorwiegend ökonomischen Theorien, welche sich mit der idealen Gestaltung einer Währungsunion auseinander setzen, ausführlicher betrachtet. Die volkswirtschaftliche Analyse der Währungsunion ist von Bedeutung, da sie Erkenntnisse über die möglichen Defizite in ihrer Struktur liefert und bei der Erklärung der Krisensituation, in der sich Europa seit 2008/2009 befindet, hilfreich sein kann.

4.3.1 Vorteile und Kosten gemeinsamer Währungsräume

Die Schaffung eines staatenübergreifenden Währungsraumes bedeutet ein intensives Zusammenwachsen von Volkswirtschaften. Die Einführung einer einheitlichen Währung in mehreren Ländern hat auf den ersten Blick vorwiegend positive Effekte. Das Reisen sowie Importe und Exporte werden erleichtert, da kein Geld mehr gewechselt werden muss. Das Risiko schwankender Wechselkurse entfällt, wodurch ein finanziell sicherer Handel über die Grenzen hinweg ermöglicht wird. Monetäre Transaktionen werden einfacher und günstiger. Doch eine Währungsunion bringt auch Kosten mit sich, die sich insbesondere im Verlust der Staatssouveränität über die Geldpolitik widerspiegeln. Diese Kosten nehmen mit der Zunahme der Mitgliederzahl innerhalb eines Währungsraums zu. Denn je größer eine Währungsunion wird, desto heterogener wird sie. Die Länder unterscheiden sich zunehmend in Mentalität und Lebensstandard, was infolgedessen zu einer Heterogenität in ökonomischen sowie in politischen Bereichen führt. Solch eine Divergenz ist kostspielig, da es innerhalb einer Währungsunion eine gemeinsame Zentralbank und eine zentrale Währungsbehörde gibt, die nicht jede einzelne Besonderheit der Mitgliedsstaaten berücksichtigen kann. So führt die Verschiedenheit der Länder zu asymmetrischen Schocks, sobald sich beispielsweise die Produktivität in einem Land ändert oder sich die Nachfrage nach bestimmten Gütern von einem Staat in einen anderen verschiebt. In einem Land kann dies eine Rezession mit deflationären Tendenzen nach sich ziehen, in einem anderen, welches von dem Schock profitiert, einen Boom mit begleitender Inflation auslösen. Im Normalfall kann darauf mithilfe einer Anpassung der Wechselkurse reagiert werden, doch in einer Währungsunion entfällt dieser Mechanismus.

Daher sollten Währungsräume gewisse Übereinstimmungen in ihren Wirtschaftssystemen haben und über koordinierte politische Strategien verfügen, um derartigen Schocks entgegenzuwirken. Die Theorie optimaler Währungsräume setzte sich erstmals mit diesen Problemen auseinander und löste eine Welle von Forschungsarbeiten (u.a. Kenen 1969; McKinnon 1963; Ingram 1969; Corden 1972; Ishiyama 1975; Tower/Willett 1976; De Grauwe 2009) aus, in welchen Ökonomen Kriterien entwickelten, anhand derer die Eignung einer Region für eine Währungsunion gemessen werden kann.

4.3.2 Theorie Optimaler Währungsräume

Die Geschichte der Theorie optimaler Währungsräume (OCT)[5] begann mit der bahnbrechenden Forschungsarbeit Robert Mundells, „A Theory of Optimum Currency Areas“, die 1961 im American Economic Review veröffentlicht wurde und 1999 mit dem Nobelpreis ausgezeichnet wurde. Die Theorie gilt heute als Grundgerüst für Kosten-Nutzen-Untersuchungen von Währungsunionen. Auch im Hinblick auf die Entstehung der Europäischen Währungsunion spielte sie eine entscheidende Rolle. Dabei lässt sich ein optimaler Währungsraum definieren als ein geografisch ideales Gebiet, in welchem die Währungen unwiederbringlich aneinander gekoppelt oder in einer gemeinsamen Währung vereinheitlicht sind. Zahlreiche Wissenschaftler entwickelten auf der Grundlage dieser Theorie diverse Kriterien, mit deren Hilfe die Optimalität einer erfolgreichen Währungsunion bestimmt werden kann. Heute werden innerhalb der OCT meist sechs Kriterien zur Untersuchung der Optimalität eines Währungsraumes herangezogen, wovon drei Kriterien ökonomischer Natur sind und die drei weiteren Kriterien politische Komponenten berücksichtigen (Baldwin/Wyplosz 2006, S. 356).

Das erste Kriterium wurde von Robert Mundell entwickelt. Es bezieht sich auf die Arbeitsmobilität innerhalb eines gemeinsamen Währungsraums. Mundell argumentierte, dass die Kosten einer gemeinsamen Währung eliminiert würden, sobald die Faktoren Kapital, Arbeit und Produktion über die Grenzen hinweg vollkommen mobil wären. Herrscht in Land A aufgrund eines adversen Schocks Arbeitslosigkeit und ist das davon nicht betroffene Land B inflationärem Druck ausgesetzt, könnte man dem entgegenwirken, indem Arbeitskräfte von Land A nach Land B ziehen, um dort zu arbeiten. Die Arbeitslosigkeit in Land A würde eingedämmt werden und durch die gesteigerte Arbeitsnachfrage in Land B würde die Inflation zurückgehen. Das Gleichgewicht wäre wieder hergestellt, ohne dass Preise oder Gehälter angepasst werden müssten (Mundell 1961, S. 661f.). Doch eine solche vollkommene Arbeitsmobilität ist in staatenübergreifenden Währungsräumen meist einigen Hindernissen, wie sprachlichen und kulturellen Differenzen, aber auch staatlichen Regelungen zur Migration ausgesetzt

5 OCT steht für die englische Bezeichnung der Theorie optimaler Währungsräume: *Optimum Currency Theory*.

und daher in der Regel nur bis zu einem gewissen Grad gegeben. Hinzu kommt, dass die Arbeitsmechanismen und Maschinen in den Ländern oftmals verschieden funktionieren und immigrierte Arbeitnehmer zunächst umgeschult und eingearbeitet werden müssen.

Auch in der Europäischen Währungsunion herrscht keine vollkommene Arbeitsmobilität. Insbesondere die sprachliche Vielfalt ist ein Hemmnis für viele Arbeitnehmer. Aber auch divergierende legislative Vorgaben erschweren die Migration innerhalb der EU. Mit der EU-Osterweiterung nahmen die Befürchtungen in den westeuropäischen Staaten zu, von Immigranten aus Osteuropa überrannt zu werden, was wiederum zu hohen Belastungen der Sozialsysteme führen würde. Deutschland und Österreich haben sich deshalb während der Übergangsfrist im Zuge der EU-Osterweiterung geweigert, ihre Zuwanderungsbarrieren zu verringern (Europäische Kommission 2009).

Ein zweites ökonomisches Kriterium stammt von Peter Kenen. Der Ökonom untersuchte die möglichen Ursachen für asymmetrische Schocks in Währungsunionen und erkannte, dass Schocks meist durch Veränderungen des Konsumverhaltens aufgrund von Nachfrageverschiebungen oder durch neu aufkommende Technologien entstehen (Kenen 1969). Damit ein solcher Schock jedoch zu einem Problem einer ganzen Währungsunion wird, muss er sehr groß und asymmetrisch sein. Von diesen großen Schocks sind deshalb vorwiegend Staaten betroffen, die sich auf die Produktion einer kleinen Anzahl von Gütern spezialisiert haben. Demgemäß forderte Kenen, dass Länder einer Währungsunion stets ausreichend diversifiziert sein sollten und sich auf ähnliche Industriebereiche und Güter wie die restlichen Mitgliedsstaaten spezialisieren sollten. Denn dann sind güterspezifische Schocks seltener oder symmetrisch. Symmetrische Schocks hätten schließlich ähnliche Auswirkungen in allen Mitgliedsstaaten der Währungsunion, weshalb nationale Anpassungen der Wechselkurse nicht mehr nötig wären (Kenen 1969, S. 44).

Die OECD ermittelte in einem Bericht von 1999 den Grad der Gleichartigkeit in der Konsumstruktur der EU-Staaten. Die Ergebnisse zeigen eine sehr hohe Ähnlichkeit in den meisten Ländern, mit Ausnahme von Spanien. Des Weiteren wurde eine Konvergenz im Konsumverhalten in allen EU-Staaten über die Zeit erkannt (OECD 1999). Dem Ergebnis zufolge sollte die Eurozone seltener mit asymmetrischen Schocks konfrontiert sein.

Das dritte Wirtschaftskriterium zur Abgrenzung optimaler Währungsräume misst den Offenheitsgrad einer Volkswirtschaft. Es wurde von Ronald McKinnon 1963 entwickelt, der sich mit der Frage beschäftigte, wie effizient Wechselkursanpassungen zur Bekämpfung asymmetrischer Schocks sind (McKinnon 1963). Er ging davon aus, dass eine Volkswirtschaft, die relativ klein und offen ist, auch im Verhältnis zu den restlichen Ländern ökonomisch klein ist und sich daher wie ein Mengenanpasser verhält. So hat das Land nur geringe Möglichkeiten, die Preise ihrer international gehandelten Güter auf dem Markt zu ändern, da die Preise vergleichbarer Güter automatisch über den Handelswettbewerb festgelegt werden. In solchen Fällen hat die Nutzung von Wechselkursen, als Instrument zur Preisanpassung, einen Anstieg der Inflation zur Folge (McKinnon 1963, S. 722f.). Denn wertet eine solche kleine offene Volkswirtschaft ihre Währung aufgrund eines asymmetrischen Schocks ab, kommt es lediglich im Inland, nicht aber im Ausland, zu einem Preisrückgang. Dieser Inflationseffekt nimmt mit der zunehmenden Offenheit einer Ökonomie zu und macht Wechselkurse als Instrumente zunehmend problematisch. Je offener eine Volkswirtschaft ist, desto größer sind die direkten und indirekten Auswirkungen von Veränderungen internationaler Preise auf die heimischen Preise vergleichbarer Güter. Die Abschaffung der flexiblen Wechselkurse durch die Einführung einer Währungsunion würde in Ländern mit einem hohen Offenheitsgrad dementsprechend positive Auswirkungen haben. Das Kriterium besagt daher, dass die Mitglieder eines optimalen Währungsraums einen relativ hohen Offenheitsgrad aufweisen und auf dem internationalen Markt sehr verflochten miteinander sein sollten (McKinnon 1963, S. 724f.). Der Offenheitsgrad kann auf mehreren Ebenen gemessen werden. Das Ausmaß der Handelsintegration eines Landes in seinen Partnerländern, das Verhältnis handelbarer und nicht-handelbarer (das heißt ausschließlich für den Binnenmarkt produzierter) Güter und Dienstleistungen sowie die Importneigung einer Ökonomie geben Auskunft über die Offenheit einer Volkswirtschaft. Als weitere messbare Größe zur Bestimmung von Offenheit gilt die internationale Kapitalmobilität eines Landes (Mongelli 2002).

Die Staaten der Europäischen Währungsunion gelten grundsätzlich als relativ offen. Gemessen am Verhältnis aus den gesamten Exporten und Importen von Gütern und Dienstleistungen und dem BIP liegt der Offenheitsgrad der europäischen Länder im Durchschnitt bei etwa 40 Prozent des BIP. Jedoch wird das Kriterium häufig bezüglich seiner Nützlichkeit in Frage gestellt, da es keine Aussage darüber geben kann, warum kleine offene Volkswirtschaften, wie Schweden oder Dänemark, der Währungsunion bis heute ferngeblieben sind und funktionierende flexible Wechselkurssysteme haben, während umgekehrt dazu Deutschland und Frankreich, also relativ große Volkswirtschaften, Mitglieder der Währungsunion sind.

Die wirtschaftlichen Kriterien der Theorie optimaler Währungsräume reichen nicht aus, um die idealen Voraussetzungen für eine gemeinsame Währung zu bemessen. Denn betrachtet man die Geschichte der bisherigen Währungsunionen, so gab es Zusammenschlüsse, bei welchen alle ökonomischen Kriterien der Theorie erfüllt wurden, die aber dennoch zusammenbrachen, wie etwa die skandinavische Münzunion (1872–1931) oder die Deutsch-Österreichische Münzunion (1857–1867). Auf der anderen Seite existieren heute noch immer Währungsverbunde, welche der Theorie nach nicht die optimalen Voraussetzungen besitzen, so etwa die Währungsunion der Vereinigten Staaten (Görmez/Heise 2010, S. 7f.).

Infolgedessen wurde die Theorie optimaler Währungsräume um weitere politische Kriterien ergänzt. Eines der politischen Kriterien zur Bestimmung eines optimalen Währungsraums ist die fiskalische Integration, bezeichnet als Transfer-Kriterium. Ist Land A von einem adversen Schock betroffen, so leidet auch Land B unter den Folgen des Schocks, wenn beide Teil einer Währungsunion sind. Um dem Schock entgegenzuwirken, könnte Land B Land A durch finanzielle Transferzahlungen unterstützen. So wird eine Rezession in Land A und eine wirtschaftliche Überhitzung in Land B verhindert. Länder optimaler Währungsräume sollten daher zustimmen, sich gegenseitig bei adversen Schocks zu helfen, um die negativen Folgen zu kompensieren (Mongelli 2002, S. 10). Ein anschauliches Beispiel für Kompensationszahlungen ist der Länderfinanzausgleich in Deutschland, bei welchem finanzielle Mittel des Bundes und der Länder so zwischen den Ländern umverteilt werden, dass jedes Bundesland ausreichende Mittel zur Verfügung haben sollte. Auch in der EU existieren Systeme von Transferzahlungen. Eine Form des finanziellen Transfers ist der Strukturfonds der EU. Dieser fördert ärmere Regionen beispielsweise in Italien, Spanien oder in osteuropäischen Staaten mit der Finanzierung von Infrastrukturprojekten, der Unterstützung von Unternehmen zum Ausbau von Arbeitsplätzen oder der Verbesserung der Bildungssysteme, um eine wirtschaftliche Konvergenz innerhalb der EU sowie eine Stärkung der regionalen Wettbewerbsfähigkeit zu erreichen. Zudem ist im Zuge der Eurokrise trotz der langanhaltenden Widerstände der europäischen Politik ein Schritt in Richtung einer Europäischen Transferunion gemacht worden. Der neu gebildete Europäische Stabilisierungsmechanismus ESM versorgt Staaten, die sich am Markt nicht mehr selbstständig refinanzieren können, mit günstigen Krediten. Die dafür benötigten Mittel werden von allen EU-Staaten anteilig bereitgestellt. Doch sowohl bezüglich des Länderfinanzausgleichs als auch hinsichtlich der Transferzahlungen in der EU herrschen permanente Streitigkeiten zwischen Geber- und Nehmerländern, da sich die Geberländer im Nachteil sehen und den Nehmerländern oftmals eine fehlende Haushaltsdisziplin und einen Mangel an Reformwillen vorwerfen. Damit die fiskalische Integration gänzlich vollendet werden kann, ist eine intensivere politische Integration nötig. Da diese jedoch noch am Anfang steht, scheint das Transfer-Kriterium innerhalb der Europäischen Währungsunion nur zum Teil erfüllt werden zu können.

Ein zweites politisches Kriterium setzt die Homogenität von Präferenzen für einen optimalen Währungsraum voraus (Baldwin/Wyplosz 2006, S. 358; Mongelli 2002, S. 10). Symmetrische Schocks stellen kein großes Problem für eine Währungsunion dar, solange alle betroffenen Staaten gleich darauf reagieren. Dazu müssen jedoch die Präferenzen und Interessen der Länder übereinstimmen. Stimmen nicht alle Staaten in der Vorgehensweise überein, werden sie bei der Zentralbank versuchen, ihre Kriterien durchzusetzen, was letztendlich zu Unzufriedenheit bei den meisten Staaten führt, da die Zentralbank nicht auf die Begehrlichkeiten aller Staaten eingehen kann. In der Realität ist es häufig der Fall, dass sich die Länder nicht auf eine Strategie einigen können. Denn die Bekämpfung eines Schocks hat meist redistributive Effekte, das heißt eine Gruppe kann ihre Interessen besser durchsetzen, als eine andere.

In der Europäischen Währungsunion führt dies häufig zu Konflikten. Aufgrund der Heterogenität der Mitgliedsstaaten verfügen die Länder über divergierende Konjunkturzyklen und wirtschaftliche Produktivität. Aufgrund dessen müsste etwa der Leitzins für gewisse Staaten, wie Spanien oder Italien, stets höher liegen, als für Deutschland oder Luxemburg. So stehen die EU-Staaten häufig vor der schwierigen Aufgabe, in den EU-Institutionen geschlossen zu einer Entscheidung zu gelangen und diese auch so nach außen zu tragen. Insbesondere während der Euroschuldenkrise fiel dies schwer, so dass der EU mangelnde Entschlossenheit vorgeworfen wurde.

Bei dem sechsten Kriterium zur Bestimmung einer optimalen Währungsunion handelt es sich um das Solidaritäts-Kriterium. Dieses besagt, dass die Mitglieder eines Währungsraums bereit sein müssen, solidarisch zusammenzuhalten, sich in Fällen von Uneinigkeit in Bereichen der Geldpolitik kompromissbereit zu verhalten und auch mögliche Kosten der Gemeinschaft wegen mitzutragen. Innerhalb der Europäischen Währungsunion erkennt man eine solche Solidarität in der gemeinschaftlichen Unterstützung der PIIGS-Staaten, für welche während der Krise milliardenschwere Rettungspakete geschnürt wurden. Die Unterstützung ging jedoch mit zahlreichen Protesten in den Geberländern einher.

Die genannten drei politischen Kriterien zur Messung der Optimalität von Währungsräumen benötigen alle zu ihrer vollständigen Erfüllung den Willen der Mitgliedsstaaten, um zu einer politischen Integration in Richtung einer politischen Union zu gelangen. Im Laufe des europäischen Integrationsprozesses gab es immer wieder Diskussionen um die Zusammenhänge zwischen der wirtschaftlichen, der monetären und der politischen Integration (Mongelli 2002, S. 11). Seit der Unterzeichnung der Römischen Verträge (1957) wurde vorwiegend die wirtschaftliche Integration mit der Schaffung einer Freihandelszone, der Vollendung des europäischen Binnenmarktes und der Zollunion vorangetrieben. So kann man in Europa einen funktionalistischen Prozess beobachten, der mit der Schaffung einer Wirtschaftsunion begann und als Motor für die monetäre Integration fungiert, welche gleichzeitig die politische Integration fördert (vgl. Abb. 4).

Die Theorie optimaler Währungsräume war von Beginn an deutlicher Kritik ausgesetzt. Sie wurde von zahlreichen Wissenschaftlern überarbeitet und erweitert. So wurden zahlreiche weitere Kriterien zur Abgrenzung eines optimalen

Währungsraums vorgeschlagen, wie etwa eine einheitliche Inflationsrate (Bofinger 1994), stabile Wechselkurse oder der Grad der Finanzmarktintegration eines Landes (Imbs 2004; Schiavo 2008).

Lange wurde der Theorie vorgeworfen, dass es ihr an empirischen Inhalten fehle. Sie hätte zu Beginn zwar wichtige Erkenntnisse gebracht, jedoch könne sie lediglich ein überholtes und schwaches analytisches Gerüst liefern, mit dessen Hilfe die optimalen wirtschaftlichen und monetären Rahmenbedingungen für eine Region, wie etwa die Europäische Union, bemessen werden können. In den 1990er Jahren wurde die Theorie schließlich komplett überarbeitet und modifiziert. Die „alte" OCA-Theorie wandelte sich zu einer „neuen" Theorie optimaler Währungsräume, in welcher unter anderem erstmals die positiven Effekte einer niedrigen Inflation, Konsequenzen einer Währungsunion für die Arbeitsmärkte und Ansichten zur geringen Wirksamkeit von Wechselkursanpassungen behandelt wurden (Mongelli 2002, S. 17).

Abb. 4: „Funktionaler" Integrationsprozess

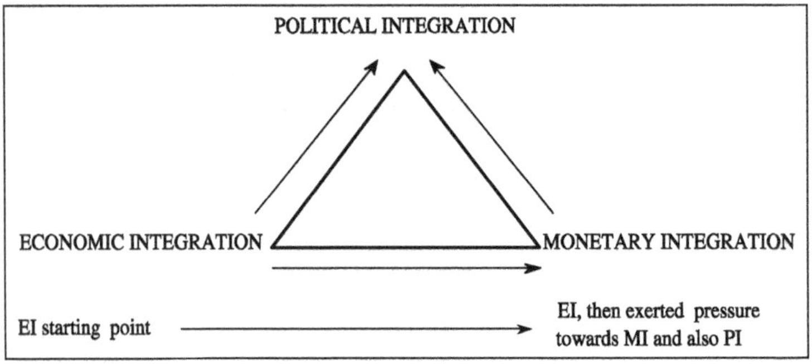

Quelle: Mongelli, ECB Working Paper Nr. 138, 2002, S. 11

4.3.3 Suboptima der Europäischen Währungsunion

Mit den zunehmend konkreteren Überlegungen zur Schaffung einer europäischen Währungsunion ab den 1960er Jahren wurde die Theorie optimaler Währungsräume häufig von Wissenschaftlern und Politikern angewandt. Untersucht wurde, ob Europa bereit für eine gemeinsame Währung sei und welche Länder sich explizit für eine Mitgliedschaft in einer Währungsunion eigneten. Unter Anwendung der ursprünglichen Theorie wurde schon früh deutlich, dass eine große Währungsunion mit den sogenannten Kernstaaten (Deutschland, Benelux und Frankreich) und der Peripherie (Spanien, Portugal, Griechenland, Irland) problematisch und nicht optimal wäre, da zu große Asymmetrien zwischen den

Ländern bestanden, die sich auch durch alternative Anpassungsinstrumente nicht ausgleichen ließen. Dementsprechend sind sich Ökonomen bis heute darüber einig, dass weder die EU(15) noch die EU(28) die idealen Voraussetzungen für die Bildung einer Währungsunion erfüllen.

Barry Eichengreen und Tamim Bayoumi untersuchten 1996 unter Anwendung der Theorie optimaler Währungsräume die wirtschaftliche Konvergenz der europäischen Staaten und ihre Eignung für eine Währungsunion (Eichengreen/ Bayoumi 1996). Dabei unterschieden sie die Staaten in drei Kategorien: Erstklassige Kandidaten für die EWU, Länder welche zur EWU konvergieren und Länder, welche eine geringe wirtschaftliche Konvergenz aufweisen und deshalb weniger geeignet sind. Der hierfür erstellte Index wurde auf Basis von Daten zu den Wechselkursanpassungen der Staaten an die deutsche D-Mark berechnet. Die Koppelung oder regelmäßige Anpassung der europäischen Währungen an die deutsche Währung wurde zur Verhinderung asymmetrischer Schocks durchgeführt.

Zur ersten Gruppe der erstklassigen Kandidaten zählten Österreich, Belgien, die Niederlande, die Schweiz und Irland. Der zweiten Kategorie wurden Spanien, Griechenland, Italien und Portugal zugeordnet und die dritte Gruppe bestand aus den Ländern Frankreich, Großbritannien, Dänemark, Finnland und Norwegen. Bis auf Frankreich sind alle Staaten der dritten Gruppe der Eurozone bisher nicht beigetreten. Das schlechte Ergebnis Frankreichs wird von den Autoren auf seine Größe und die relativ geringe Offenheit der Ökonomie des Landes zurückgeführt, da die unterschiedlichen Ergebnisse der Staaten größtenteils auf ihrer Größe und ihrem Engagement im bilateralen Handel beruhen. Das überraschend schlechte Abschneiden Frankreichs zeigt, dass der Wunsch des Landes, eine europäische Währungsunion zu schaffen, vorwiegend auf politischen Motiven basierte. Eine weitere Erkenntnis der Studie ist, dass die Staaten, welche nach der Vollendung des europäischen Binnenmarktes den höchsten Zuwachs des bilateralen Handelsvolumens vorwiesen, gleichzeitig die besten Ergebnisse bezüglich ihrer Optimalität für eine Mitgliedschaft in der EWU erzielten.

In Bezug auf die EU-Osterweiterung und die Beitrittsgesuche der neuen Länder zur Währungsunion erschien 2001 eine Studie von Jarko Fidrmuc und Iikka Korhonen (Fidrmuc/Korhonen 2001). Sie untersuchte die Korrelation von Angebots- und Nachfrageschocks zwischen den neuen osteuropäischen Staaten und der Eurozone während der 1990er Jahre. Die größte Korrelation und damit die beste Eignung für einen Beitritt zur EWU wiesen Ungarn und Estland auf. Ein weiteres Ergebnis der Studie war, dass die Größe der Schocks, mit Ausnahme von Polen und Slowenien, in den neuen Ländern während der 1990er Jahre sehr klein war. Zum Teil war die Größe sogar geringer als in den meisten Kern-Euroländern, weshalb es für die Autoren in der Schlussfolgerung kein großes Problem darstellen sollte, die neuen EU-Länder in die Währungsunion aufzunehmen.

Zusammenfassend wird deutlich, dass die Europäische Währungsunion einige Defizite hinsichtlich der Voraussetzungen für ein langfristiges Bestehen des Währungsraums aufweist. Die OCT-Kriterien werden nur zum Teil von der EWU erfüllt. Die Offenheit der EU-Staaten variiert sehr stark von Land zu Land. Alternative Anpassungsinstrumente, wie etwa eine vollständige Arbeitsmobilität oder finanzielle Transfermechanismen zwischen den Staaten, sind noch nicht optimal gegeben. Zudem herrschen noch immer heterogene Präferenzen, etwa in Bezug auf die Geldpolitik innerhalb der Eurozone, was gerade in der Eurokrise zu langwierigen Verhandlungen über die korrekte Vorgehensweise zur Überwindung der Krise führte und ein schnelles Reagieren problematisch gemacht hat.

4.4 Notwendigkeit einer politischen Union für die EWWU

Die Diskussion um die Notwendigkeit einer politischen Union in Verbindung mit der Europäischen Währungsunion hatte seit Gründung der Europäischen Union fortwährend Bestand und ist im Hinblick auf die europaweite Staatsschuldenkrise erneut von besonderem Interesse. Schon zur Einführung der gemeinsamen Währung betonte Helmut Kohl:

> „Man kann die Wirtschafts- und Währungsunion nicht ohne die politische Union bekommen, und man kann die politische Union nicht ohne die Wirtschafts- und Währungsunion bekommen." (Kohl 1991)

Französische Politiker und Ökonomen, allen voran Nicolas Sarkozy, plädieren seit Gründung der Währungsunion für die Schaffung einer europäischen Wirtschaftsregierung mit einem eigenen Generalsekretariat anstelle der vorherrschenden rein intergouvernementalen europäischen Wirtschaftspolitik (Görmez/Heise 2010). Dieses „Gouvernement Économique" solle eine gemeinsame europäische Fiskalpolitik sowie Konjunkturpolitik beinhalten, wobei unter anderem eine europäische Arbeitslosenversicherung oder die Emission von Eurobonds vorgesehen ist. Argumente für die Notwendigkeit einer europäischen Wirtschaftsregierung und einer politischen Union werden, verstärkt durch die Staatsschuldenkrise in Europa, zahlreich angeführt. Als Hauptargument dienen die Beispiele hochverschuldeter Staaten, wie etwa Griechenland oder Spanien, die aufgrund einer unzureichenden europäischen finanzpolitischen Regulierung einen immensen Schuldenberg aufbauen konnten, welcher nun von allen Mitgliedsstaaten getragen werden muss. Gäbe es in der EU ein System festgeschriebener

Entscheidungs- und Durchführungshierarchien anstelle der intergouvernementalen Verhandlungs- und Koordinationsmechanismen, so das Argument, wäre Europa nicht in eine solche Schuldenkrise geraten.

Auch zahlreiche Wissenschaftler haben sich in der Vergangenheit mit der Frage nach einer politischen Union in Europa auseinander gesetzt. Einige vertreten die Position, dass eine Währungsunion langfristig nur funktionieren kann, wenn sie in eine politische Union eingebettet ist (u.a. De Grauwe 2009, S. 106; Hasse 1997; Hornung 2013; Sinn 2013). Andere Wissenschaftler wiederum sind davon überzeugt, dass der derzeitige Grad der politischen Integration vollkommen ausreiche, um ein langfristiges Überleben der Währung zu gewährleisten.

4.4.1 Politische Union

Eine Auseinandersetzung um das Thema ist problematisch, da der Begriff der „politischen Union" aufgrund seines mehrdimensionalen Charakters häufig verschieden definiert wird (vgl. De Grauwe 2009, Schneider 1992).

De Grauwe unterscheidet dabei zwischen zwei Dimensionen:

- *Institutionelle Dimension:* Zum einen wird die *institutionelle Dimension* des Begriffs der politischen Union betrachtet. Hier können die regierenden europäischen Institutionen auf ihre Beschaffenheit hin analysiert werden. Bezogen auf die Europäische Union kann hier auf ein relativ weit fortgeschrittenes Stadium der Integration geschlossen werden. Seit ihrer Entstehung wurde eine ganze Reihe von Institutionen geschaffen, auf welche die Mitgliedsstaaten einen Teil ihrer Souveränität übertragen haben. Dennoch stellt sich die Frage, ob das existierende Niveau der politischen Integration ausreicht, um den Erfolg der Europäischen Währungsunion zu garantieren.
- *Funktionelle Dimension:* Zum anderen kann die politische Union auf der *funktionellen* Ebene betrachtet werden. Diese Dimension geht etwas tiefer, wobei die einzelnen Bereiche, in denen die Staaten Souveränität an die EU abgetreten haben, genauer untersucht werden. Hier weist die EU ein sehr heterogenes Bild auf. In Teilbereichen, wie der Agrarpolitik oder der Wettbewerbspolitik haben die Mitglieder bereits in hohem Umfang Verantwortung abgegeben. Auf anderen zentralen Politikfeldern wiederum, wie etwa der Steuerpolitik oder der Sozialpolitik, hat bisher nur ein geringer Transfer von Souveränität stattgefunden. Auf funktioneller Ebene ist folglich zu untersuchen, welche Politikbereiche wichtig für die Währungsunion sind und gemeinschaftlich koordiniert werden sollten (De Grauwe 2009, S. 106f.).

4.4.2 Theorien und Argumente zur Notwendigkeit verstärkter politischer Integration

Für eine verstärkte politische Integration innerhalb der Europäischen Währungsunion setzt sich unter anderem der Europaforscher und Ökonom Paul de Grauwe ein und plädiert dabei insbesondere für zentralisierte Budgets und ein europäisches Sozialversicherungssystem. Anhand eines Fallbeispiels erläutert er die Folgen fehlender Alternativinstrumente zum Ausgleich asymmetrischer Schocks, eine Situation, wie sie im Zuge der Eurokrise innerhalb der Währungsunion gegeben war (De Grauwe 2009, S. 223ff.). Er erläutert in seinem Beispiel die Konsequenzen eines asymmetrischen Schocks durch eine Nachfrageverschiebung, weg von französischen Konsumgütern hin zu deutschen Konsumgütern. Die Folgen wären ein Rückgang der französischen Ertragsleistung und damit ein Anstieg der Arbeitslosigkeit in Frankreich, da die Unternehmen weniger Gewinn erwirtschaften würden und sparen müssten. In Deutschland würde sich das Gegenteil ereignen, die Ertragsleistung würde zunehmen und die Arbeitslosigkeit sinken.

Nun stellt de Grauwe folgende Annahmen auf: Die beiden Länder Deutschland und Frankreich haben große Teile ihrer nationalen Budgets auf europäischer Ebene zentralisiert, welche von den europäischen Regierungsorganen verwaltet werden. Auch das Sozialversicherungssystem ist auf europäischer Ebene organisiert und Einkommenssteuern werden von der EU-Regierung erhoben.

In diesem Fall hätte ein asymmetrischer Schock zur Folge, dass die Einkommensteuern und Sozialversicherungsbeiträge, welche von der EU in Frankreich eingenommen würden, abnähmen. Zudem würden die Arbeitslosenzahlungen der EU an Frankreich zunehmen. Die Steuereinnahmen der EU aus Deutschland hingegen würden steigen und die EU-Ausgaben an Deutschland wiederum sinken. Länder, die folglich von einem negativen Schock betroffen wären, würden kompensiert durch Länder, die einen positiven Schock erlebten. Es käme demnach zu einer gleichmäßigen Umverteilung.

Betrachtet man die Folgen eines asymmetrischen Schocks nun in der Europäischen Währungsunion, das heißt in einer Währungsunion ohne zentralisierte Budgets, so hätte Deutschland bei einer derartigen Nachfrageverschiebung mehr Budget zur Verfügung, da die Arbeitslosigkeit zurück ginge und die Steuereinnahmen steigen würden. Frankreichs Budgetdefizit hingegen würde sich erhöhen, da der Staat höhere Ausgaben für Arbeitslosigkeit und geringere Steuereinnahmen erhalten würde. Um dies zu finanzieren, würde eine erhöhte Finanzmittelaufnahme durch Frankreich von Deutschland und anderen Ländern erfolgen. Frankreich würde folglich seine externen Schulden erhöhen, welche in der Zukunft bedient werden müssten. Das bedeutet, dass die zukünftigen Generationen für die heutigen Ausgaben Frankreichs einstehen stehen müssten. Eine weitere

Konsequenz der hohen Schuldenaufnahme wäre eine zukünftige Einschränkung der französischen Entscheidungsfreiheit im Bereich der Fiskalpolitik, da Frankreich stets einen Teil seiner Einnahmen auf den Schuldenabbau verwenden müsste.

Infolgedessen resümiert de Grauwe, dass die Europäische Währungsunion für ihr langfristiges Überleben eine politische Union benötige, in welcher die nationalen Budgets zu einem weiten Teil zentralisiert sind und ein Sozialversicherungssystem existiert. Bereits in der Vergangenheit waren Währungsunionen und die damit einhergehende ökonomische Koordinierung nur dann erfolgreich, wenn ihr eine politische Zentralisierung vorherging, sei es durch die Gründung eines Nationalstaates, wie einst im Deutschen Reich (Theurl 1992, S. 108ff.) oder durch die Vormachtstellung eines Staats innerhalb der Union, wie in der Luxemburgisch-Belgischen Union. Im Gegensatz zu Währungsunionen, welche auf einer politischen Union gründeten und eine wachsende institutionelle Integration aufwiesen, fanden bei Währungszusammenschlüssen zwischen souveränen Staaten mit der Zeit Schritte zur institutionellen Desintegration statt. Dementsprechend argumentiert Theresia Theurl, dass der bisher erreichte Grad politischer Integration in Europa nicht ausreichen wird, um die Irreversibilität der europäischen Währung zu gewährleisten (Theurl 1992, S. 296ff.).

Auch die Ökonomen Jürgen von Hagen und Susanne Mundschenk haben sich 2002 mit der politischen Integration Europas und den möglichen Defiziten der europäischen Wirtschaftspolitik hinsichtlich der Währungsunion auseinandergesetzt. Sie untersuchten Probleme bei der Koordinierung nationaler Fiskalpolitik mit der europäischen Geldpolitik, welche ökonomisch betrachtet stets im Gleichgewicht sein sollten (von Hagen/Mundschenk 2002, S. 331f.). Fiskalpolitische Entscheidungen der Mitgliedsstaaten werden von der europäischen Geldpolitik aggregiert wahrgenommen, die mit Zins- und Wechselkursanpassungen wiederum darauf reagiert. Die Staaten tendieren innerhalb einer Währungsunion zu exzessiveren Staatsausgaben, da die Kosten einer zu hohen Schuldenaufnahme – steigende Realzinsen und steigende Wechselkurse – auf die gesamte Währungsunion übertragen werden. Die Vorteile der zunehmenden Staatsausgaben werden jedoch weiterhin von den Ländern allein in Anspruch genommen. Dies würde einen fortlaufenden Schuldenprozess nach sich ziehen, da alle Mitgliedsstaaten beginnen würden, Schulden zu machen, um nicht als einziges Land einseitig die Kosten eines gemeinschaftlichen Zinsanstiegs tragen zu müssen, ohne einen Nutzen daraus zu ziehen (Heise 2002, S. 2). Um ein Gleichgewicht zwischen europäischer Geldpolitik und nationaler Fiskalpolitik zu erhalten, müssen fiskalpolitische Initiativen wirtschaftspolitische Kosten für die nationalen Regierungen verursachen, um die expansive Fiskalpolitik der Staaten einzugrenzen (von Hagen/Mundschenk 2002, S. 331f.). Die Autoren analysierten infolgedessen, ob die im Vertrag von Maastricht festgelegten Verfahrensweisen bei einem übermäßigen Anstieg der Staatsverschuldung in den Mitgliedsländern sowie der Wachstums- und Stabilitätspakt ausreichend sind, um ein solches Gleichgewicht aufrecht zu erhalten und um damit das Funktionieren der Währungsunion zu gewährleisten. Die vorgesehenen öffentlichen Abmahnungen und Sanktionen durch die europäische Gemeinschaft bei zu hohen Staatsdefiziten sollten dementsprechend wirtschaftspolitische Kosten verursachen, um eine Reaktion bei den Ländern zu erwirken, welche schließlich zu einer Wiederherstellung des Gleichgewichts führt.

Doch zum einen nahmen Länder wie Portugal oder Deutschland diese Abmahnungen nicht an. Mit Beginn der europäischen Finanzkrise wurde das Mahnverfahren von Deutschland sogar außer Kraft gesetzt. Zum anderen sind die Regelungen nicht ausreichend, da die Verfahren erst dann in Aktion treten, wenn eine gewisse Schwelle überschritten ist und bei steigenden Defiziten unter dem festgesetzten Wert noch keine politischen Kosten verursachen. Somit kommen von Hagen und Mundschenk zu dem Fazit, dass die wirtschaftspolitische Koordination in der Währungsunion für ihr Funktionieren unzureichend ist und eine stärkere Zusammenarbeit der Fiskalpolitik auf europäischer Ebene benötigt würde. Darüber hinaus müsste die Aufgabenverteilung zwischen der Europäischen Zentralbank und den Regierungen in allen Ländern übereinstimmen (von Hagen/Mundschenk 2002, S. 334).

Auch Arne Heise betont, dass die Architektur der europäischen Wirtschaftspolitik noch immer widersprüchlich ist und es daher weiterer Korrekturen bedarf, wobei er sich etwa auf die eben genannte Aufweichung des Wachstums- und Stabilitätspakts durch Deutschland bezieht. Nicht nur der Regierungsprozess selbst sollte verbessert werden. Es müssten auch zahlreiche weitere Politikbereiche auf europäischer Ebene integriert werden (Heise 2008, S. 11). Zentral dabei ist die zunehmende Integration in Richtung einer politischen Union.

Ein weiteres Argument für die bisher unzureichende politische Koordinierung sind die zunehmenden strukturellen Ungleichgewichte innerhalb der Währungsunion aufgrund steigender Zahlungsbilanzungleichgewichte. Deutschland weist seit Jahren wachsende Zahlungsbilanzüberschüsse auf und steht damit konträr zu Staaten, wie etwa Griechenland, Spanien oder Italien, die fortlaufende Zahlungsbilanzdefizite aufzeigen. Dies ist auf divergierende Lohnstückkosten und Preisentwicklungen in verschiedenen Wirtschaftssektoren der Währungsunion zurückzuführen. Zahlreiche Wissenschaftler setzten sich deshalb in den letzten Jahren zunehmend für die Bildung einer europäischen Wirtschaftsregierung ein.

Arne Heise führt Argumente für die Notwendigkeit einer solchen Wirtschaftsregierung an. Zum einen könnte durch die Schaffung eines gemeinsamen EU-Haushalts, welcher Schulden am Kapitalmarkt aufnehmen darf und einen größeren Umfang als das bisherige ein Prozent des EU-BIPs hat, die Finanzpolitik besser koordiniert werden und so die Preis- und Konjunkturstabilität in der Eurozone besser gewährleistet werden (Görmez/Heise 2010, S. 8f.). Alternativ könne dies auch durch „zentrale Dezentralisierung", das heißt durch die strikte Fixierung der finanzpolitischen Ausrichtung der Währungsunion ermöglicht werden. Zum anderen betont Heise, dass eine europäische Wirtschaftsregierung als einzelner Akteur agieren könnte, der die Interessen der Politik koordiniert sowie zusammenfasst. So könnte sie eine Marktsituation schaffen, die das Wirtschafts- und Beschäftigungswachstum begünstigen würde, welches wiederum für den Erhalt von Preisstabilität unabdingbar ist.

4.5 Europäische Integration und europäische politische Kultur

In den vorangegangenen Abschnitten wurden auf Defizite der derzeitigen Europäischen Wirtschafts- und Währungsunion hingewiesen, die vorwiegend in den politischen Koordinations- und Verwaltungsstrukturen zu finden sind. Auch auf die Geschichte der Währungsunion und mit ihr auf die Entwicklung der Europäischen Integration wurde bereits näher eingegangen. Insbesondere auf der politischen und auf der wirtschaftlichen Ebene ist die Integration der europäischen Staaten in eine gemeinsame Union bereits so weit fortgeschritten wie in kaum einem anderen modernen künstlichen Staatenverbund. Doch betrachtet man die noch bestehenden Defizite und Problemstellungen, stößt man auf eine Komponente, die im bisherigen Integrationsprozess häufig vernachlässigt wurde, nämlich die gesellschaftliche Grundlage für eine Demokratisierung der EU, welche auch als „Europäischer Demos" bezeichnet wird (vgl. Kapitel 8.2.). Denn die Bürger der EU können sich nicht mit der EU identifizieren und erkennen die EU nicht als demokratisches System an, da sie die EU nicht verstehen. Es fehlt an einer europäischen Öffentlichkeit, in welcher die Bevölkerung über die Politikgestaltung hinreichend informiert wird, an der Entscheidungsfindung auf EU-Ebene teilnimmt und die Meinungsbildung mitgestaltet. Solange die Bevölkerung nicht vollständig in den Integrationsprozess involviert wird und diesen mehrheitlich unterstützt, solange sie nicht ausreichend am politischen Entscheidungsprozess auf europäischer Ebene eingebunden wird, kann die Europäische Integration nicht vollendet werden. Denn nur mit einer ausreichenden demokratischen Legitimierung lassen sich Entscheidungen in einem demokratischen Europa auch vor denjenigen rechtfertigen, die mit diesen nicht einverstanden sind. Ohne die zukünftige Unterstützung der Bürger wird auf lange Sicht auch die Europäische Währungsunion kaum überlebensfähig sein. Es muss folglich versucht werden, das (wahrgenommene) Demokratiedefizit innerhalb des politischen Systems abzubauen. Hierzu sollten Schritte unternommen werden, die die Bevölkerung verstärkt mit den Themen der Europäischen Integration in Kontakt bringen, um ihnen so die Bildung einer fundierten Meinung gegenüber der Thematik zu ermöglichen. Eine europäische medienvermittelnde Öffentlichkeit muss geschaffen werden, welche den Bürgern Europa-Kompetenz vermittelt – eine Voraussetzung für die Herausbildung einer europäischen Identität. Solange sich die Bürger nicht mit der EU identifizieren können und die EU nicht als demokratisches System anerkennen, wird diese unzureichend legitimiert sein, was abnehmende Akzeptanzwerte und Instabilität zur Folge hat.

In Verbindung mit der fehlenden europäischen Identität ist die Thematik der politischen Kultur in Europa eine beachtenswerte Komponente. Der Begriff „Politische Kultur" stammt aus der Empirischen Sozialforschung und bezeichnet „das spezifische Verteilungsmuster der politischen Orientierungen der Bevölkerung".[6] Die politische Kultur gilt als Verbindung zwischen den einzelnen Bürgern und den politischen Institutionen und grenzt sich dabei streng von den politischen Eliten und deren Orientierungen ab. Eine Gegenüberstellung von politischer Kultur und politischer Struktur, das heißt der Anordnung der politischen Institutionen, führt zu der zentralen Hypothese der Politischen-Kultur-Forschung, welche besagt, dass das Überleben eines politischen Systems nur dann gewährleistet werden kann, wenn zwischen politischer Struktur und politischer Kultur eine Kongruenz besteht (Westle/Gabriel 2009, S. 13f.).

Innerhalb der Europäischen Union existiert noch keine einheitliche politische Kultur. Vielmehr besitzt jeder einzelne Mitgliedsstaat eine individuelle politische Kultur, die sich über viele Jahrhunderte entwickelt hat. Mit der Gründung eines neuen politischen Systems, der Europäischen Union, wird nach der genannten Hypothese die Entstehung einer neuen gemeinsamen politischen Kultur, als Teil einer europäischen Identität, notwendig und ausschlaggebend für das zukünftige Bestehen der europäischen Gemeinschaft. Zwar gründete sich die Europäische Union samt seiner Grundstrukturen vorwiegend auf Beschlüssen eines kleinen Kreises politischer Eliten, doch auf lange Sicht kann der Zusammenschluss der europäischen Staaten auf wirtschaftlicher, sozialer und politischer Ebene nur bestehen, wenn auch die Bürger der EU der Integration zustimmen und ihre politischen Orientierungen an die neuen Strukturen anpassen.

---

6 „...I defined political culture as consisting of cognitive, affective, and evaluative orientations to political phenomena, distributed in national populations or in subgroups..." (Almond/Verba 1980, S. 26)

4.6 Zwischenfazit – Defizite der Europäischen Wirtschafts- und Währungsunion

4.6.1 Strukturelle Defizite

Die Europäische Währungsunion ist keine optimale Währungsunion. Das größte Hindernis ist die Heterogenität der Mitgliedsstaaten. Nicht nur in ihrer Historie und Kultur unterscheiden sie sich, sondern auch in ihrer wirtschaftlichen Stärke, Produktivität und politischen Kultur, was infolgedessen heterogene Präferenzen im Hinblick auf die Europapolitik nach sich zieht. Für ein langfristiges Bestehen der Währungsunion ist jedoch eine starke wirtschaftspolitische Koordination, die halbwegs homogene Vorstellungen voraussetzt, unumgänglich. Ein weiteres Problem, welches aus der Heterogenität der Staaten hervorgeht, ist die Zunahme der Zahlungsbilanzungleichgewichte innerhalb der Union. Diese haben weitere strukturelle Ungleichgewichte zur Folge und machen homogene Bedürfnisse innerhalb der Finanzpolitik unmöglich.

Um eine finanzpolitische Stabilität für die Europäische Währungsunion zu gewährleisten, wurde der Stabilitäts- und Wachstumspakt entworfen. Er sollte die Verschuldung der Staatshaushalte unterbinden und der strukturellen Heterogenität entgegenwirken. Somit sollte eine übermäßige Inflation im Euroraum und Vertrauensverluste in den Euro verhindert werden. Konjunktureinbrüche und bevorstehende Wahlen ließen die Mitgliedsländer jedoch häufig gegen den Pakt verstoßen. Dass dies möglich war und auch Sanktionen gegen verstoßende Länder verhindert wurden, trug zur Entwicklung der Schuldenkrise bei.

Wissenschaftler und Experten schlagen zur Behebung der genannten Probleme zahlreiche Wege vor. Häufig wird die schrittweise Entwicklung hin zu einer politischen Union empfohlen, was die Bildung einer Wirtschaftsunion einschließen würde. Dies würde jedoch beinhalten, dass die Staaten auf weitere Souveränitätsrechte verzichten müssten, was bei den Ländern auf großen Widerstand stößt. Zudem wurden Forderungen nach einer strikteren Durchsetzung des Stabilitäts- und Wachstumspakts laut, um die Stabilität für das Währungssystem wieder herzustellen, welchen mit einer Reform im Dezember 2011 nachgekommen wurde („Sixpack“). Andere wiederum setzen sich für den (vorläufigen) Austritt der Schuldenstaaten aus der Währungsunion ein.

4.6.2 Soziale und gesellschaftliche Defizite

Viele Richtlinien zur nationalen Gesetzgebung werden heute von der EU vorgegeben. Auf wirtschaftlicher und politischer Ebene wird grenzüberschreitend eng kooperiert. Dabei interessieren sich die Bürger jedoch vorwiegend für die nationalen Auswirkungen europäischer Beschlüsse und für nationale Politik an sich.

Sie fühlen sich nicht verantwortlich für oder verbunden mit Bürgern benachbarter Staaten.

Auf gesellschaftlicher und sozialer Ebene kann daher festgestellt werden, dass sich die Mehrzahl der europäischen Bürger nicht mit der Europäischen Union identifiziert. Sie fühlen sich überwiegend mit ihrem Heimatort und Land verbunden, weniger aber mit dem europäischen Kontinent oder der EU. Die politische Kultur ist noch immer nationales Thema, eine ausgeprägte europäische Gemeinschaft im gesellschaftlichen Sinne existiert bisher nicht.

Dieses fehlende Gemeinschaftsgefühl innerhalb der EU kann somit als wieteres Defizit der Währungsunion genannt werden. Denn die Währungsunion ist ein staatenübergreifendes System, bei welchem nicht nur nationale Interessen berücksichtigt werden können. Sowohl demokratische Mitbestimmung als auch Solidarität und Hilfsbereitschaft der Bevölkerung den anderen Mitgliedern gegenüber sind notwendig, um ein politisches System wie das der EU langfristig am Leben zu erhalten. Die Schuldenkrise in Griechenland hat gezeigt, welche Folgen das fehlende Gemeinschaftsgefühl haben kann. Mit zunehmenden Zahlungen an Griechenland nahm die Befürwortung der EU im Verlauf der Krise drastisch ab. Auf der einen Seite fühlt sich die griechische Bevölkerung von der EU bevormundet und auf der anderen Seite fühlen sich die restlichen Bürger ungerechtfertigter Weise an den Schulden Griechenlands beteiligt. Die Vorteile der eigenen EU-Mitgliedschaft treten dabei vollkommen in den Hintergrund.

Ein demokratisches politisches System kann langfristig nur überleben, solange es von der Bevölkerung akzeptiert wird und Richtlinien und Gesetze freiwillig befolgt werden. Ferner muss die Bevölkerung willens sein, sich demokratisch an dem politischen Geschehen zu beteiligen. Diese Bürgerbeteiligung ist auf EU-Ebene bisher jedoch kaum existent. Ursachen dafür sind die fehlende Kenntnis der Bürger hinsichtlich des Systems als Ganzes und bezüglich des täglichen Geschehens in Brüssel. Die Medien, welche einen großen Einfluss auf das Weltbild der Bürger haben, beschäftigen sich kaum mit der Europäischen Union, geschweige denn mit dem Thema einer sich entwickelnden europäischen Gesellschaft. Die Mehrzahl der EU-Bevölkerung nimmt nicht wahr, was in Brüssel vor sich geht und versteht das politische System der EU in nur unzureichendem Ausmaß. Zudem herrscht ein allgemein verbreitetes Desinteresse an europäischer Politik, welches zum einen auf die fehlende Identifikation der Bevölkerung mit der EU und zum anderen auf eine generelle Politikverdrossenheit zurückzuführen ist.

Eine politische Kultur entsteht allerdings nicht von heute auf morgen, sondern entwickelt sich durch gemeinsame Erlebnisse über viele Jahre hinweg. Der Prozess kann jedoch durch den Einsatz verschiedener Instrumente, wie etwa den der Medien oder durch Städtepartnerschaften, gefördert werden.

TEIL II

Der zweite Teil widmet sich der Bearbeitung der Forschungsfrage „Unter welchen Bedingungen und in welchem Maße ist eine weitere Harmonisierung nationaler Politik in der Europäischen Wirtschafts- und Währungsunion institutionell und gesellschaftlich durchsetzbar?". Zunächst erfolgt eine Beschreibung des Analyserahmens sowie der angewandten Methodik. Daraufhin wird in der Fallbearbeitung eine Konstellationsanalyse durchgeführt, mit deren Hilfe schließlich Handlungsempfehlungen zur Bereinigung der Defizite der Europäischen Wirtschafts- und Währungsunion ausgesprochen werden.

5 Fallanalyse

5.1 Die Europäische Währungsunion in der Krise

Im Zuge der weltweiten Finanzkrise in den Jahren 2007 bis 2009 gaben die europäischen Staaten Unsummen staatlicher Gelder zur Rettung notleidender Finanzinstitute aus. Dies mündete aufgrund der hohen Zunahme staatlicher Verschuldung schließlich in eine Staatsschuldenkrise, welche sich von Griechenland auf die gesamte EU ausbreitete (vgl. Kapitel 3.2). Als Ursache dafür, dass sich die Finanzkrise zu einer jahrelangen Schuldenkrise ausweiten konnte, wird eine fehlende Solidargemeinschaft und eine fehlende politische Union, beziehungsweise eine unzureichend harmonisierte und koordinierte Wirtschafts-, Finanz- und Sozialpolitik innerhalb der EU, insbesondere aber innerhalb der Europäischen Wirtschafts- und Währungsunion angeführt (vgl. Kapitel 3.4).

Der Schwerpunkt der institutionellen Ausgestaltung der EU-Politik liegt im Bereich der Geldpolitik, welche zentral von der Europäischen Zentralbank gesteuert wird. Die Wirtschafts- und Fiskalpolitik befindet sich dahingegen noch weitestgehend in staatlicher Hand. In den 60 Jahren seit Gründung der EWG wurde die währungspolitische Integration so schnell vorangetrieben, dass die wirtschafts-, finanz- und steuerpolitische sowie die sozialpolitische Integration zurück blieb.

Gemäß der Theorie des Neofunktionalismus glaubten insbesondere die sozialdemokratischen Anhänger des Maastrichter Vertrags an Spill-Over-Prozesse, die auf die Gründung der Europäischen Währungsunion folgen sollten und eine parallel verlaufende soziale Integration unweigerlich herbeiführen würden. Neoliberale Politiker hofften zudem auf eine automatisch einsetzende sozial-, steuer- und lohnpolitische Anpassung in den Ländern, als eine Folge des gestiegenen europäischen Wettbewerbs innerhalb der Eurozone (Busch/Hirschel 2011). Durch den liberalisierten Binnenmarkt, die staatenübergreifende Währung einerseits und durch die immer noch national gesteuerte Fiskalpolitik andererseits, sollten die Mitgliedsstaaten der Währungsunion komparative Vorteile aus Lohnkosten und Steuern nutzen (Hacker 2011, S. 4).

Die Folgen dieses asymmetrischen Systems und der einseitigen politischen Integration (supranationale Geldpolitik kontra nationale Fiskalpolitik) sind vorwiegend von systemischer Art: Mit einer einheitlichen Währung für die europäischen Länder erfolgt eine Staatsverschuldung in einer „fremden", staatenübergreifenden Währung, in der nationale Abwertungen nicht mehr möglich sind. Hier wäre daher eine wirtschaftspolitische Koordinierung in dem Sinne nötig, dass zum einen Mechanismen beziehungsweise Institutionen geschaffen werden, die frühzeitig bei Anzeichen von Vertrauensverlusten stabilisierend auf die Nachhaltigkeit der Staatsfinanzen einwirken. Denn ohne einen solchen Stabilisierungsmechanismus können die Kapitalmärkte jeden Staat der Eurozone durch Spekulationen und massive Zinsaufschläge in eine Liquiditäts- und Solvenzkrise treiben (Schreyer 2011). Ein solcher Mechanismus fehlte allerdings während der ersten Jahre der Währungsunion. Erst im Rahmen der Krise wurden Schritte in diese Richtung unternommen.

Zum anderen fehlten konkrete Vorkehrungen für die Bewältigung von Krisen, was eine Ausbreitung der Schuldenkrise in großen Ausmaß zur Folge hatte. Regelungen wie der Stabilitäts- und Wachstumspakt waren unzureichend, um die Krise zu verhindern. Die Kontrolle über die nationale Haushaltspolitik und die Koordination zwischen den Mitgliedsstaaten erwies sich als ineffizient.

Ebenfalls hatte die übermäßig angewachsene Staatsverschuldung der Eurozone, die sich im Zuge der geplatzten Immobilienblase bildete, aufgrund der unzureichend regulierten Kapitalmärkte außerordentlich steigende Zinssätze für die europäischen Staatspapiere zur Folge. Diese ließen den Schuldenberg der Länder noch rascher anwachsen und führten in vielen europäischen Ländern zu einer Solvenzkrise. Um diese zu überwinden, wurden jenen Staaten Austeritätsprogramme aufgezwungen, welche die Krise letztendlich jedoch verschärften, da sie das Wirtschaftswachstum vollständig zum Erliegen brachten und die soziale Lage der Bevölkerung zunehmend verschlechterten.

Weitere Konsequenzen der unzureichenden politischen Koordinierung umfassen eine zunehmende Disparität der relativen Lohnstückkosten und der Leistungsbilanzsalden der Mitgliedsstaaten. Die heterogenen Handelsströme innerhalb der Währungsunion führen zu einer ungleich verteilten Schuldenlast der Mitgliedsstaaten. Da eine Anpassung des Wechselkurses nicht mehr möglich ist, sollte diese durch flexible Löhne ausgeglichen werden. Dementsprechend hätte in Deutschland aufgrund der massiven Exportüberschüsse ein überproportionaler Anstieg der Lohnkosten erfolgen sollen. In den importierenden Staaten wiederum hätten die Lohnkosten zurückgehen müssen (Lenz 2011). Doch mit der deutschen Lohnzurückhaltung ist genau das Gegenteil eingetroffen. Diese Unterentwicklung der Löhne in Ländern wie Deutschland und Österreich sowie der fortlaufende Konsum auf Kosten billiger Kredite in den PIIGS-Staaten fördern die Unterschiede in den Leistungsbilanzen zunehmend. In der Folge driftet die Wettbewerbsfähigkeit der europäischen Länder verstärkend auseinander, ganz entgegen dem ursprünglich angestrebten Ziel einer Konvergenz der Wirtschaftskraft innerhalb der EU. Es mangelt an einer geeigneten Kombination aus europäischer Geld- und Fiskalpolitik, um das Wirtschaftswachstum der Mitgliedsstaaten langfristig auf ein gemeinsames Niveau zu bringen. In den Jahren vor der Finanzkrise erlebten Spanien und Irland aufgrund einer zu expansiven Zinspolitik der EZB einen Wirtschaftsboom, wohingegen das Wirtschaftswachstum Deutschlands und Italiens als Folge dieser expansiven Zinspolitik stagnierte. Eine koordinierte Fiskalpolitik auf europäischer Ebene hätte dieser divergierenden Entwicklung entgegenwirken können.

Die mangelhafte Koordinierung europäischer Fiskalpolitik führt überdies dazu, dass Krisen, welche die gesamte EU betreffen, nur ungenügend und zeitverzögert bekämpft werden. Damit werden die Krise und der damit verbundene Rückgang europäischer Wirtschaftsleistung in die Länge gezogen. Abbildung 5 stellt die Leistungsbilanzen der Euroländer aus dem Jahr 2011 dar. Die größte

Abb. 5: Leistungsbilanzen der Eurozone (Defizit bzw. Überschuss in Prozent des BIP)

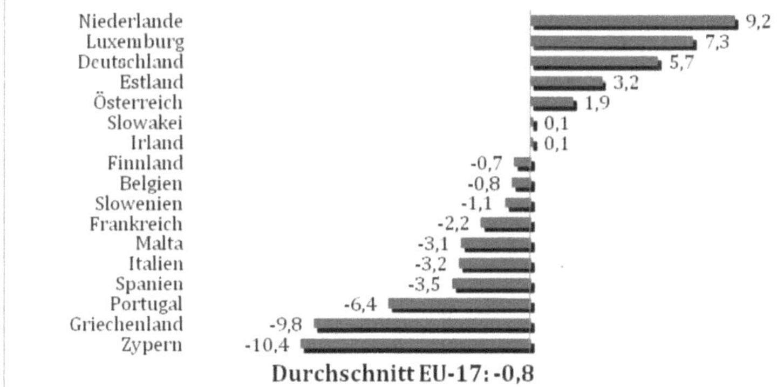

Quelle: Eigene Graphik, Daten: Eurostat 2011

Diskrepanz besteht zwischen Zypern, mit einem Defizit von –10,4 Prozent des BIP, und den Niederlanden, die einen Leistungsbilanzüberschuss von +9,2 Prozent des BIP aufweisen. Der Durchschnitt für das Leistungsbilanzsaldo der gesamten Eurozone war im Jahr 2011 mit –0,8 Prozent des BIP negativ.

Abbildung 6 stellt die Entwicklung der realen Lohnstückkosten der Jahre 2004 bis 2011 innerhalb der Währungsunion dar. Hier ist die Lohnzurückhaltung Deutschlands, insbesondere in den Jahren 2006 bis 2008, klar zu erkennen. Die Entwicklung Griechenlands, Spaniens und Irlands zeigt eine deutliche Erhöhung der Lohnstückkosten bis zum Beginn der Schuldenkrise 2008/2009.

Abb. 6: Reale Lohnstückkosten, Entwicklung 2004-2011 (2005 = 100)

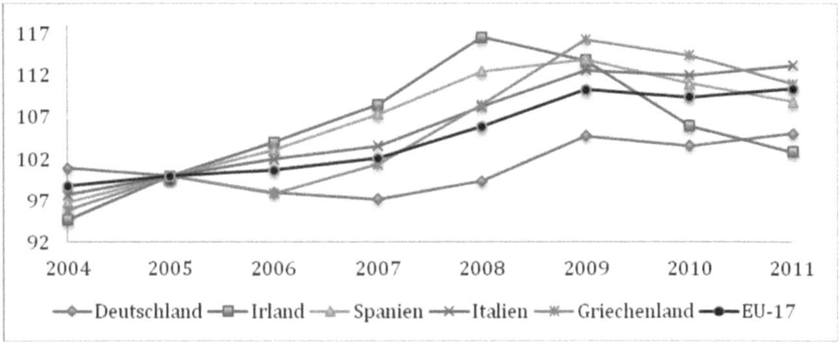

Quelle: Eigene Graphik, Daten: Eurostat 2012

5.2 Konstellationsanalyse I – Koordination in den Europäischen Institutionen

Im Folgenden wird eine Konstellationsanalyse für die EU-Institutionen und einige ausgewählte EU-Mitgliedsstaaten (Deutschland, Frankreich, Schweden, Spanien, Großbritannien) durchgeführt, wobei der Frage nachgegangen wird, wie weit die integrale Zusammenarbeit im europäischen Institutionengefüge und die Zusammenarbeit der Mitgliedsstaaten auf intergouvernementaler Ebene im Zuge der Europäischen Integration bereits fortgeschritten ist. So soll schließlich der nötige Handlungsbedarf zum Abbau der Defizite der Europäischen Wirtschafts- und Währungsunion konkretisiert werden. Charakteristisch für die Politik der Staaten innerhalb der Europäischen Union ist der kontinuierliche Versuch, eigene nationale Interessen durchzusetzen, um so bestmöglich von der EU zu profitieren. Die größte Herausforderung für die Europäische Integration ist es daher, einen gemeinsamen Mittelweg zu finden, der alle Staaten zufrieden stellt, das heißt einen Weg, der für alle Länder von politischem oder ökonomischem Nutzen ist.

Das Verfahren der Internationalen Konstellationsanalyse wurde von der „Münchener Schule" des Neorealismus unter dem Gründungsdirektor des Seminars für Internationale Politik an der Universität München, Gottfried-Karl Kindermann, und dessen akademischen Mentor, Hans J. Morgenthau, in der politikwissenschaftlichen Teildisziplin „Internationale Beziehungen" entwickelt. Das theoriegestützte Verfahren dient der politikwissenschaftlichen Analyse internationaler Beziehungsgefüge zwischen Aktionseinheiten in einer bestimmten Zeitspanne (Meier-Walser 2004, S. 15). Da die Methode hier zur Analyse der Koordinationsfähigkeit und der Willensbildung europäischer Institutionen und Staaten herangezogen werden soll, sind gewisse Modifizierungen notwendig. So handelt es sich bei der Untersuchung des europäischen Institutionengefüges nicht um einzelne Staaten, welche auf ihre gegenseitigen Beziehungen hin betrachtet werden. Vielmehr gelten sowohl die EU-Institutionen als Ganzes als auch die zur Analyse herangezogenen EU-Mitgliedsstaaten als Aktionseinheiten, welche die Interaktionsprozesse innerhalb der Europäischen Union beeinflussen können. Analysiert werden die gegenseitigen Beziehungen in einer Zeitspanne, die den europäischen Integrationsprozess seit den 1950er Jahren bis hin zum Jahr 2013 umfasst.

Zur Untersuchung konkreter Konstellationen werden nach Kindermann (Kindermann 1986, S. 80) zunächst einzelne Kodeterminaten des Beziehungsgefüges analysiert, um schließlich die kausalen Wirkungszusammenhänge dieser Einflüsse herauszuarbeiten und zusammenzufassen. Demnach vollzieht sich die Operationalisierung der Fallanalyse in vier Schritten.

Zunächst werden die wichtigsten Institutionen der Europäischen Union und ihre Akteure sowie die Koordinationsfähigkeit der EU-Staaten im europäischen Institutionengefüge näher beleuchtet, um zu analysieren, welche Möglichkeiten bei den einzelnen politischen Akteuren vorhanden sind, die Defizite der Europäischen Wirtschafts- und Währungsunion zu beheben. Untersucht werden der Europäische Rat, der Rat der Europäischen Union, das Europaparlament, die Europäische Kommission sowie die Europäische Zentralbank.

In einem weiteren Schritt werden die nationalen Regierungen der ausgewählten Mitgliedsstaaten sowie ihre intergouvernementale Koordinationsfähigkeit näher betrachtet. Die Länder werden getrennt voneinander analysiert, wobei die nationalen Mechanismen der politischen Entscheidungsfindung und die hierfür verantwortlichen Führungszentren im Fokus stehen. Untersucht werden dabei sowohl die subjektive Beurteilung der Staaten hinsichtlich des europäischen Integrationsprozesses, die ökonomischen und politischen Interessen und Prioritäten der Länder als auch deren Einflussmöglichkeiten und Verhaltensstrategien bezüglich der Europäischen Integration.

Anschließend werden die Analysen der EU-Institutionen mit den Ergebnissen der Länderanalysen verknüpft, um so die Wirkungszusammenhänge der einzelnen Aktionseinheiten zu verstehen und, um sowohl die integrale Koordinationsfähigkeit der Staaten innerhalb der europäischen Institutionen als auch die intergouvernementale Koordinationsfähigkeit der Staaten seit Beginn des europäischen Integrationsprozesses zu betrachten. So kann abschließend beurteilt werden, ob und unter welchen Voraussetzungen weitere Integrations- und Harmonisierungsmaßnahmen in der Europäischen Wirtschafts- und Währungsunion erfolgreich sein können.

5.2.1 Europäischer Rat

An oberster Stelle des politischen Systems der Europäischen Union steht der Europäische Rat, welcher formell gesehen erst seit dem Vertrag von Lissabon als eine Europäische Institution betitelt wird. Schon in den 1970er Jahren wurde er jedoch als „provisorische Europäische Regierung“ bezeichnet (Bulmer/Wessels 1987, S. 132–146). Nach den zunächst unregelmäßigen Zusammentreffen der Staatschefs der Europäischen Gemeinschaft zur Lösung gemeinsamer politischer Probleme wurden auf der Gipfelkonferenz von Paris 1974 halbjährlich stattfindende Gipfeltreffen vereinbart, welche schließlich die Bezeichnung „Europäischer Rat“ erhielten (Wessels 2008, S. 157). Die Staatschefs wollten sich in die europäische Politik stärker einbringen, um so die eigene Rolle national zu stärken, da die EU zunehmend an Bedeutung gewann. Zudem zeigte sich, dass der damalige „Allgemeine Rat der Außenminister“ zu wenig Macht besaß, um die Koordinierung europäischer und nationaler Politik innenpolitisch durchsetzen zu können (Wessels 2008, S. 158). Wie kein anderes Organ der EU hat der Europäische Rat so die Entwicklung der Europäischen Union geprägt und vorangetrieben.

Aufbau

Der Europäische Rat setzt sich aus den Regierungschefs der EU-Mitgliedsstaaten zusammen und trifft mindestens vier Mal im Jahr zu Gipfeltreffen zusammen, wo er die Leitlinien für die politische Gestaltung der Europäischen Union vorgibt.

Den Vorsitz des höchsten Gremiums hat seit dem Vertrag von Lissabon der jeweils auf zweieinhalb Jahre gewählte Präsident des Europäischen Rats inne. Der Präsident bereitet in Absprache mit dem Präsidenten der Europäischen Kommission die Gipfeltreffen vor, leitet diese und erstattet dem Europäischen Parlament als Vertreter des Rats im Nachhinein Bericht. Des Weiteren kommt dem Präsidenten eine Vermittlerrolle bei Konflikten sowohl innerhalb des Europäischen Rats als auch innerhalb des Ministerrats zu, wobei er jedoch kein eigenes Stimmrecht besitzt.

Zu herausragenden Persönlichkeiten, die in der Vergangenheit eine dominante Rolle innerhalb des Europäischen Rats eingenommen haben, zählen unter anderem Helmut Kohl oder Jean-Claude Juncker. Ein Merkmal hinsichtlich der Machtsituation innerhalb des Gremiums ist ein scheinbar stärkeres Durchsetzungs- und Einflussvermögen der großen Mitgliedsstaaten im Vergleich zu den kleinen Ländern. Auch fällt auf, dass das Duo aus dem französischen Präsidenten und der deutschen Bundeskanzlerin in den letzten Jahren meist eine klare Führungsrolle übernommen hat.

Aufgaben

Die Aufgabenzuweisungen, wie sie im EU-Vertrag für den Europäischen Rat festgehalten wurden, lassen nur sehr vage formulierte Zuständigkeiten erkennen. Sie werden dem politischen Verhalten in der Realität nicht gerecht:

> „Der Europäische Rat gibt der Union die für ihre Entwicklung erforderlichen Impulse und legt die allgemeinen politischen Zielvorstellungen und Prioritäten hierfür fest. Er wird nicht gesetzgeberisch tätig."(Art. 15 EUV)

Im Gegensatz zu der Formulierung im EU-Vertrag hat der Europäische Rat in der Praxis einen sehr viel umfangreicheren Einfluss. So wird der Europäische Rat auch als „locus of power" (de Schoutheete 2006, S. 45), als „hohe Vormundschaft/haute tituelle" (Louis/Ronse 2002, S. 57) oder als „Gipfel der institutionellen Architektur" (Hayes-Renshaw/Wallace 2006, S. 173) bezeichnet.

Andrew Moravcsik betonte, dass der Europäische Rat von den Mitgliedsstaaten der EU primär mit der Absicht erschaffen wurde, um den autonomen Handlungsspielraum der supranationalen Institutionen einzuschränken (Moravcsik 1998, S. 488). So vertritt der Europäische Rat die Interessen der Staaten intergouvernemental auf höchster Ebene. Er lenkt die politische Gestaltung in Bereichen, die noch immer größtenteils im Verantwortungsrahmen der Staaten liegen, das heißt innerhalb der zweiten (gemeinsame Außen- und Sicherheitspolitik [GASP]) und dritten Säule der EU (polizeiliche und justizielle Zusammenarbeit in Strafsachen [PJZS]) sowie auf dem Gebiet der Europäischen Währungsunion. Der Europäische Rat gilt somit als übergeordnete letzte Instanz, welche die Arbeit des Ministerrats sowie die Innenpolitik der Mitgliedsstaaten überwacht und die Europäische Kommission zu Gesetzesinitiativen in bestimmten Bereichen auffordert. Dies erfolgt mittels offiziellen „Erklärungen" oder „Schlussfolgerungen der Präsidentschaft". Schlussfolgerungen gelten dabei als weniger verbindlich als Erklärungen.

Aufgaben in der Wirtschafts- und Währungspolitik

Der Europäische Rat nimmt auch auf dem Feld der europäischen Wirtschafts- und Währungspolitik eine zentrale Rolle ein. So legen die Staats- und Regierungschefs die Leitlinien der europäischen Wirtschaftspolitik sowie der Wirtschafts- und Finanzpolitik der Mitgliedsstaaten fest. Die Gründungsväter des Europäischen Rats, Helmut Schmidt und Valéry Giscard d'Estaing, betrachteten als ehemalige Finanzminister die wirtschafts- und finanzpolitischen Themengebiete als Schwerpunkte der europapolitischen Koordinierung. Die Funktion der wirtschaftspolitischen und beschäftigungspolitischen Koordinierung durch den Europäischen Rat steht demnach im Vertrag über die Arbeitsweise der Europäischen Union (Art. 121 AEUV und Art. 148 AEUV) festgeschrieben (Wessels 2008, S. 167). Sowohl mit der „Strategie für Wachstum und Beschäftigung" (Lissabonner Strategie) als auch mit dem Wirtschaftsprogramm „Europa 2020" hat der Europäische Rat richtungweisende Vorgaben für die europäische Wirtschaftspolitik gemacht (Wessels 2008, S. 163).

Im Zuge der Krisenpolitik hat sich der Europäische Rat schließlich mehr denn je zum zentralen Verhandlungsort der europäischen Wirtschaftspolitik entwickelt, die Kommission wurde in den Hintergrund gedrängt und die Einflussmöglichkeiten durch zusätzliche Sondergipfeltreffen ausgebaut. Im Fiskalpakt einigten sich die EU-Staaten darauf, dem Europäischen Rat neben der EZB und der Kommission erhöhte Kontrollkompetenzen zukommen zu lassen. Des Weiteren findet die Form der „harten" Koordinierung zur nationalen Umsetzung von Beschlüssen vermehrt Anwendung, insbesondere Entscheidungen zur Verschärfung des Wachstums- und Stabilitätspakts wurden zur „Chefsache" erklärt.

Theoretische Einbettung

Integrationstheoretisch lässt sich der Europäische Rat als intergouvernementale Verhandlungsarena inmitten einer supranationalen EU-Landschaft beschreiben. Er wurde ins Leben gerufen, um den Staats- und Regierungschefs der EU eine Bühne für zwischenstaatliche Zusammenarbeit und europapolitische Einflussnahme zu ermöglichen. Das Interesse der Staatschefs, die europäische Politik auf oberster Ebene mitzubestimmen, mündete nach zunächst informellen Gipfeltreffen schließlich in der Institutionalisierung des Europäischen Rats in der Einheitlichen Europäischen Akte von 1986 und war das Ergebnis intergouvernementaler Entscheidungen. Er steht damit dem Prinzip des Supranationalismus entgegen und ist nicht mit der Theorie des Neofunktionalismus zu erklären. Einigungen werden auf dem kleinsten gemeinsamen Nenner erzielt und Allianzen zwischen den Staaten gebildet, um die eigenen Interessen möglichst effizient durchzusetzen.

Auch das Krisenmanagement des Europäischen Rats erfolgte zunächst ganz im Sinne des intergouvernementalen Prinzips. Die Krise wurde zur „Chefsache“ erklärt und zentrale Maßnahmen zur Krisenbekämpfung entstammten vorwiegend nationalen Entscheidungen und bilateralen Absprachen der Regierungschefs, ohne dass koordinierte Abstimmungen in den EU-Institutionen, insbesondere im EU-Parlament, stattfanden.

Bemerkenswert ist jedoch der Umfang des Maßnahmenkatalogs, welcher vom Europäischen Rat zur Überwindung der Krise in Auftrag gegeben wurde. Entgegen intergouvernementaler Präferenzen, so viele Kompetenzen auf die EU zu übertragen wie nötig und dies nur, solange es für die Staaten von ökonomischem Nutzen ist, wurden im Rahmen des Fiskalpakts und des Europäischen Semesters Kontrollmechanismen eingeführt, welche massiv in die nationale Haushaltspolitik eingreifen. „Ich glaube, wir werden Schritt für Schritt Kompetenzen vergemeinschaften“, gab Angela Merkel 2012 in einer Rede zu (Reuters 2012). Ohne den gewaltigen Druck, welcher durch die Krise auf die Währungsunion und auf die EU-Staaten ausgeübt wurde, wären die Regierungen nie dazu bereit gewesen weitere Zuständigkeiten auf die europäischen Institutionen zu übertragen und Maßnahmen zur verstärkten Harmonisierung vereinzelter Politikbereiche einzuleiten. Diese Beobachtung lässt den Schluss zu, dass mit dem Druck der Krise ein funktionaler Spillover im Sinne des Neofunktionalismus stattgefunden hat, welcher einen weiteren Integrationsschub nach sich zieht. Der Europäische Rat steht somit im Spannungsfeld zwischen nationaler intergouvernementaler Politik und einer durch funktionale Spillover zunehmende Dominanz des Supranationalismus.

Bedingungen für weitere Harmonisierungsschritte

Es stellt sich die Frage, inwieweit der Europäische Rat zu einer weiteren Harmonisierung der nationalen Politikbereiche beitragen kann. Als Gremium, welches nur viermal pro Jahr zusammentrifft, scheint er kaum in der Lage zu sein, die europäische Politik maßgebend mitzugestalten. Der Europäische Rat gibt zwar die Leitlinien der EU-Politik vor, doch die eigentliche Steuerung der EU-Politik und die Konsensfindung, die letztendlich zu den Leitlinien führt, erfolgt außerhalb des Gremiums in intergouvernementalen, multi- und bilateralen Verhandlungen der Staaten oder im Ministerrat. Der Europäische Rat ist damit letztendlich ein Gremium, in welchem die zwischenstaatlichen Verhandlungsergebnisse zusammengefasst und nach außen präsentiert werden. Dabei machen die dominierenden Mitgliedsstaaten – meist Deutschland und Frankreich – ihren Einfluss geltend und setzen ihre Wünsche im Europäischen Rat durch. Die Einflusskraft des Europäischen Rats ist darüber hinaus nur von begrenzter Stärke, da seine Vorgaben für die Staaten rechtlich nicht bindend sind. Des Weiteren ist festzustellen, dass die Impulse für weitere Integrationsschritte meist von den supranationalen Institutionen, wie dem Europäischen Parlament oder der Kommission, und weniger von den nationalen Regierungsmitgliedern ausgehen, da diese bekanntlich an ihrer staatlichen Souveränität und Unabhängigkeit festhalten. Damit eine weitere Harmonisierung nationaler Politik auch vom Europäischen Rat gefördert werden kann, müssten die bisher auf intergouvernementaler Ebene und außerhalb der Institution stattfindenden Verhandlungen in den Europäischen Rat verlegt werden. Hierzu wären sehr viel häufigere Zusammenkünfte der Mitglieder notwendig. Im Europäischen Rat könnte so eine gleichberechtigte Verhandlungsbasis für alle Mitglieder geschaffen werden. Fraglich ist jedoch, ob dies aufgrund terminlicher Probleme der Regierungschefs machbar wäre. Zudem würde sich dies für die einflussreichen Staaten, wie Deutschland und Frankreich, nachteilig auswirken, da sie politische Entscheidungen nicht mehr im Vorhinein durch bilaterale Abstimmung in die präferierte Richtung lenken könnten.

Zwischenfazit

Als intergouvernementale Institution fungiert der Europäische Rat als zentrale Verhandlungsarena der europäischen Krisenpolitik. Er steht im Spannungsfeld der Systeme des Intergouvernementalismus und des Supranationalismus, wobei seine Entscheidungen in den vergangenen Jahren von zunehmenden funktionalen Notwendigkeiten vertiefter Zusammenarbeit geprägt waren. Da sich die Zusammenarbeit des Europäischen Rats jedoch auf wenige Gipfeltreffen pro Jahr beschränkt, finden die richtungsweisenden Verhandlungen meist außerhalb der Institution auf intergouvernementaler Basis statt, wodurch die Diskussionsfähigkeit und die Konsensfindung aller Mitgliedsstaaten erschwert wird. Die zusätzlich anberaumten Sonder- oder Krisengipfel der vergangenen Jahre machen bereits deutlich, dass eine intensivierte Zusammenarbeit im Europäischen Rat nötig ist, um die Aufgaben angemessen bewältigen zu können. Damit der Europäische Rat zukünftig in der Lage ist, eine weitere Harmonisierung nationaler Politik zu unterstützen, wäre somit eine weit größere Zahl an Zusammenkünften seiner Mitglieder nötig, wobei die Umsetzung aufgrund terminlicher Einschränkungen der europäischen Staats- und Regierungschefs sowie aufgrund gefürchteter Einflusseinbußen durch die dominierenden Mitglieder kaum realistisch erscheint.

5.2.2 Der Rat der Europäischen Union

Der Rat der Europäischen Union gilt als das Epizentrum der Entscheidungsfindung innerhalb der EU und spielt eine zentrale Rolle in der europäischen Politikgestaltung. Es handelt sich um eine einzigartige Institution, welche die spezielle Natur der Europäischen Union widerspiegelt. So balanciert der Rat zwischen supranationalen Tendenzen als Europäische Institution und den nationalen Interessen der Mitgliedsstaaten. Als intergouvernementale Institution grenzt sich der Rat gemeinsam mit dem Europäischen Rat von den restlichen, supranational organisierten, europäischen Institutionen ab. Denn formal gesehen ist er ein Legislativorgan, jedoch wurde der Rat, da er als direkter Vertreter der Länder gilt, von den Staaten zudem mit exekutiven Rechten ausgestattet. Diese Ausstattung mit Rechten der Exekutive und Legislative führt häufig zu Kritik, da eine unabhängige Kontrolle und Hemmung von Macht nicht mehr gewährleistet scheint. Dies wird als eine Ursache für das Demokratiedefizit in der Europäischen Union betrachtet.[1]

Der Ministerrat wird durch die Ratspräsidentschaft geleitet, welche alle sechs Monate zwischen den Mitgliedsstaaten rotiert. Aufgaben während der Präsidentschaft umfassten bis zum Jahr 2009 unter anderem die Festlegung der Agenda, die Planung der kommenden Tagungen sowie den Vorsitz bei Zusammenkünften des Ministerrats und des Europäischen Rats. Zudem hatte das Amt eine Art Mediatorrolle inne und vermittelte mit Kompromissvorschlägen zwischen uneinigen Mitgliedsstaaten und Parteien. Das Land, welches den Vorsitz gerade inne hatte, wusste meist seinen Einfluss auf die Agenda zu nutzen und setzte Themen von nationalem Interesse ganz oben auf die Tagesordnung. So war es während der Präsidentschaft möglich, gewünschte Gesetzesentwürfe zu priorisieren. Die Ratspräsidentschaft galt daher als Chance für alle Staaten, den Integrationsprozess und die Entwicklung der Europäischen Union mitzuprägen und ihren eigenen Fußabdruck zu hinterlassen.

Mit dem Vertrag von Lissabon kommt der Ratspräsidentschaft nun jedoch eine veränderte Rolle zu, welche die Gestaltungsmöglichkeiten einschränkt. Zum einen wird seit 2009 jeweils für zweieinhalb Jahre ein ständiger Präsident des Europäischen Rats gewählt, welcher als Vorsitzender des Europäischen Rats hierarchisch über dem Ministerrat steht. Zudem wird dem Rat für Auswärtige Angelegenheiten ein „Hoher Vertreter für Außen- und Sicherheitspolitik" vorge-

1 Hier ist jedoch die Kritik Kalinas zu erwähnen, dass sich das Demokratieverständnis der Öffentlichkeit meist an formalen Kriterien orientiert und demnach die Demokratie an der Qualität der politischen Institutionen gemessen wird (Kalina 2009, S. 111). So wird die defizitäre formale Gewaltenteilung in der EU als Hindernis für die Demokratie betrachtet. Aus prozeduraler, funktionaler Sicht kann die europäische Gewaltenkontrolle mit ihren zahlreichen Vetospielern jedoch als effizient bezeichnet werden. Majone bemerkt hinsichtlich des europäischen Gesetzgebungsprozesses, dass „(...) the EC has no legislature but a legislative process in which the Council, the Parliament, and the Commission have different parts to play" (Majone 2002). Die Wahrnehmung eines Defizits muss daher nicht notwendigerweise mit der „Operationswirklichkeit" übereinstimmen, vgl. dazu auch Kapitel 8.2.

stellt. Dieser wird für jeweils fünf Jahre gewählt und agiert als eine Art Außenminister, der die EU nach außen hin als Ganzes vertritt. Damit soll der EU weltweit eine Stimme gegeben werden, um Fragen wie denen des ehemaligen US-Außenministers Henry Kissinger zu entgegnen: „Who do I call if I want to call Europe?" (Brunnstrom 2009).

Mit dem Präsidenten des Europäischen Rats bilden die beiden Positionen die Spitze der Europäischen Regierung, welche nun für die Gestaltung und Repräsentation der Europäischen Außenpolitik zuständig ist und damit die Möglichkeiten der Ratspräsidentschaft um einiges eingeschränkt hat.

Aufgaben

Gegründet wurde der Ministerrat mit dem vorrangigen Ziel, die Interessen der Mitgliedsstaaten auf europäischer Ebene, insbesondere gegenüber der Kommission, zu vertreten. Kurz und prägnant sind die Zuständigkeiten des Rats im Verfassungsvertrag der EU beschrieben (Art. I-23 (1), VVE):

> „Der Rat wird gemeinsam mit dem Europäischen Parlament als Gesetzgeber tätig und übt gemeinsam mit ihm die Haushaltsbefugnisse aus. Zu seinen Aufgaben gehört die Festlegung der Politik und die Koordinierung nach Maßgabe der Verfassung." (VVE 2004, S. 20)

Als Legislativorgan müssen die jeweiligen Minister die Gesetzesvorschläge der Kommission billigen, bevor sie Rechtsgültigkeit erhalten. Auch wenn der Ministerrat sich diese Aufgabe mit dem Europäischen Parlament teilt, welchem dabei zunehmend mehr Mitbestimmung gewährt wird, bleibt der Rat das Herz des legislativen Prozesses der EU. Insbesondere hinsichtlich der Koordinierungsmechanismen europäischer Fiskal- und Wirtschaftspolitik hat der Rat die zentrale Entscheidungsgewalt (Art. 121 und 126 AEUV). So übernimmt er eine dominante Rolle in Aufgabenbereichen, die mit Hilfe der „Offenen Methode der Koordinierung (OMK)" bearbeitet werden.

Die Aufgabenzuteilung des Rats, welche sowohl supranational als auch intergouvernemental organisierte Politikbereiche umfasst, verdeutlicht die Zwiespältigkeit der Mitgliedsstaaten zwischen dem Wunsch nach einem vollkommen geeinten Europa einerseits und der Angst eines zu hohen staatlichen Souveränitätsverlusts andererseits. Dennoch unterwerfen sich die Mitgliedsstaaten im Rat der Rechtsordnung einer EU-Institution mit all ihren vertragsrechtlichen Bestimmungen und Anordnungen.

Aufgaben in der Wirtschafts- und Währungspolitik

Als zentrales Organ der europapolitischen Entscheidungsfindung nimmt der Rat der Europäischen Union auch auf dem Feld der europäischen Wirtschafts- und

Währungspolitik eine wichtige Stellung ein. Dabei gilt der Ministerrat für Wirtschaft und Finanzen (ECOFIN-Rat) als eines der mächtigsten Gremien der EU. Hier werden die Grundzüge der Wirtschaftspolitik in den Mitgliedsstaaten abgestimmt sowie die Haushaltspolitik der Eurostaaten im Rahmen des Wachstums- und Stabilitätspakts kontrolliert. Zudem setzt er sich mit rechtlichen, praktischen und internationalen Aspekten des Euros auseinander und überwacht den europaweiten Kapitalverkehr. Entscheidungen hinsichtlich der Eurozone werden dabei separat innerhalb der Eurogruppe behandelt, welche sich ausschließlich aus Ministern der Eurozone zusammensetzt. Im Zuge der Euroschuldenkrise beschäftigten sich der ECOFIN-Rat sowie die Eurogruppe insbesondere mit der Gestaltung der finanziellen Rettungspakete und dem EFSF/ESM sowie mit der Überwachung und Freigabe der Zahlungen an die bedürftigen Mitgliedsstaaten. Neben dem ECOFIN hat der Rat im Rahmen der dritten Stufe der Wirtschafts- und Währungsunion den Wirtschafts- und Finanzausschuss (WFA), als Unterorgan des Rats und der Kommission, ins Leben gerufen. Nach Art. 134 AEUV besteht seine Aufgabe darin, „die Wirtschafts- und Finanzlage der Mitgliedsstaaten der EU und ihre finanziellen Beziehungen zu Drittstaaten und internationalen Einrichtungen zu beobachten". Dabei unterstützt es die Arbeit des ECOFIN-Rats (Rat für Wirtschaft und Finanzen). Der Rat, die Kommission und die EZB ernennen die Mitglieder des WFA, welche einen hohen Sachverstand vorweisen müssen. Sie sind in der Regel hohe Beamten der nationalen Regierungen oder Zentralbanken.

Theoretische Einbettung

Neben dem Europäischen Rat ist der Ministerrat die zweite intergouvernementale EU-Einrichtung inmitten supranationaler Institutionen. Stärker noch als im Europäischen Rat steht seine intergouvernementale Natur dabei jedoch einer Politik mit supranationalen Zügen gegenüber. Nationale Minister und hohe Regierungsbeamte haben in den vergangenen Jahren mit ihren legislativen Entscheidungen dazu beigetragen, dass sich ein dichtes Geflecht europäischen Sekundärrechts über Europa gespannt hat. Dennoch wird die supranationale Neigung der Politik des Rats durch seine intergouvernementalen Machtstrukturen gebremst. Somit steht neben dem Europäischen Rat auch der Ministerrat derzeit einem Systemkonflikt zwischen Intergouvernementalismus und Supranationalismus, welcher durch die zunehmende funktionale Notwendigkeit intensivierter Kooperation der Staaten an Bedeutung gewinnt, gegenüber.

Bedingungen für weitere Harmonisierungsschritte

Damit der Ministerrat zu einer weiteren Harmonisierung nationaler Politik beitragen kann, müssen die innerstaatlichen Bedingungen stimmen. Eine Institution, die vorwiegend von nationalen Interessen geprägt und geleitet wird, kann nur dann eine integrationsfreundliche Europapolitik betreiben, wenn die Mitgliedsstaaten darin einen ökonomischen Mehrwert oder dringenden Handlungsbedarf – wie etwa während der Euroschuldenkrise seit 2009 – sehen. Da die Schuldenkrise in Europa vornehmlich von den Regierungen der Eurostaaten gesteuert wird, nimmt der Ministerrat folglich eine bedeutende Rolle ein. Insbesondere der ECOFIN-Rat und die Eurogruppe gestalten das Krisenmanagement entscheidend mit. Problematisch ist hierbei die zunehmende Abgrenzung der Eurogruppe von den restlichen Mitgliedern des Ministerrats. Insbesondere Frankreich unterstützt die Trennung der Eurozone von der EU-28 aufgrund seines langbestehenden Wunsches, die Eurogruppe zu einer europäischen Wirtschaftsregierung auszubauen. So ist im Vertrag über die Arbeitsweise der Union bereits festgelegt, dass bei Beschlüssen zur Währungsunion ausschließlich die Ratsmitglieder der Eurozone stimmberechtigt sind (Art. 136 AEUV). Dies wiederum führt zu massiven Verlagerungen der politischen Gewichte innerhalb des Ministerrats zugunsten der großen Mitgliedsstaaten, da prozentual mit derselben Stimmgewichtung im Sinne der qualifizierten Mehrheitsregelung abgestimmt wird (Art. 238 (3) AEUV). Deutschland und Frankreich können mit zusammen 58 Stimmen jeden Beschluss des Rats zu Themen der Währungsunion blockieren, da sie eine Sperrminorität (56 Stimmen) haben. Die kleinen krisengeschüttelten Länder, wie etwa Zypern, Irland, Griechenland und Portugal, haben dahingegen zusammen lediglich 35 Stimmen und können folglich kaum Einfluss auf die Krisenpolitik des Ministerrats nehmen.

Darüber hinaus tendiert die EU insbesondere im Rahmen des Krisenmanagements zunehmend zu dem Verfahren der „Differenzierten Integration" (DI), um kurzfristige politische Blockaden zu überwinden und die nötigen Integrationsschritte durchführen zu können (von Ondarza 2012). Weitreichende, vom Ministerrat initiierte Reformen, welche zunehmend Kernbereiche der Europapolitik betreffen, wie etwa der Euro-Plus-Pakt (23 Staaten), der Fiskalpakt (25 Staaten) oder der Vertrag von Lissabon, werden mit zahlreichen Ausnahmeregelungen versehen oder nicht von allen Mitgliedsstaaten mitgetragen.

Für die Machtbalance und den Zusammenhalt in der EU kann diese Entwicklung ungeahnte Konsequenzen haben. Staaten, die an den Rand gedrängt werden und an Einfluss verlieren, könnten Harmonisierungsmaßnahmen des Ministerrats aufgrund eines anschwellenden Euroskeptizismus nachhaltig bremsen. Eine Zersplitterung der EU in verschiedenste Untergruppen, je nach Beschluss, würde eine Abkehr von der unitarischen Gemeinschaft und vom Supranationalismus hin zu einer intergouvernementalen Europapolitik bestehend aus bi- oder multilateralen Abkommen bedeuten und damit weitere europäische Integrationsfortschritte verhindern. Die Verfechter der Differenzierten Integration sehen das Verfahren hingegen als die einzige Möglichkeit, eine weitere Harmonisierung nationaler Politik zu erreichen. Dabei gehen, ihrer Meinung nach, vom harten integrierten Kern der EU zentripetale Kräfte aus, welche als Impuls oder „Spillover" die DI-Außenseiter anziehen und zu einem späteren Zeitpunkt in eine Wiedervereinigung aller EU-Staaten münden (von Ondarza 2012, S. 16).

Da die Europapolitik langfristig nicht mehr ohne das Prinzip der Differenzierten Integration stattfinden kann, muss nun geklärt werden, in welcher Form diese erfolgen soll. Darüber hinaus muss sichergestellt werden, dass es zu keiner Zersplitterung der Regierungen kommt und der Ministerrat sowie alle anderen EU-Institutionen weiterhin vollständig in die EU-Politik eingebunden werden. So sollte das primäre Ziel des Ministerrats sein, Reformpakete, welche zunächst auf intergouvernementaler Ebene nicht von allen 28 EU-Staaten beschlossen werden, wieder in den EU-Rahmen zu integrieren. Der gegenwärtig aufkeimende Euroskeptizimus in den Mitgliedsstaaten wird ein solches Vorhaben jedoch erschweren.

Zwischenfazit

Der Rat der Europäischen Union befindet sich gegenwärtig – ähnlich wie der Europäische Rat – in einem Spannungsfeld zwischen intergouvernementalen Machtstrukturen der EU-Mitgliedsstaaten und dem zunehmendem Druck, politische Problemstellungen auf die supranationale Arena zu übertragen. Zudem sieht sich der Ministerrat einer neuen Form der Europäischen Integration gegenüber, dem Prinzip der Differenzierten Integration, welches aufgrund derzeitig unüberwindbarer Gegensätze in den politischen und kulturellen Einstellungen der Mitgliedsstaaten notwendig wurde. Debatten um ein „Europa der zwei Geschwindigkeiten" oder der Trennung von EU und Eurozone sind dabei noch ungelöst, ebenso die Frage, in welcher Form die Differenzierte Integration in Zukunft erfolgen soll. Denn schaffen es die Regierungen nicht, multilaterale Entscheidungen in den Rahmen der EU-Verträge zu betten, besteht die große Gefahr einer Zersplitterung der Gemeinschaft und einer Desintegration in Europa.

5.2.3 Europäisches Parlament

Die Legislative des politischen Systems der EU ist in ein klassisches Zwei-Kammern-System gegliedert. Auf der einen Seite repräsentiert der Rat der Europäischen Union die nationalen Regierungen und auf der anderen Seite steht das Europäische Parlament, als Vertretung der europäischen Bürger.

Mit dem Europäischen Parlament wurde bei der Gründung der Europäischen Gemeinschaft für Kohle und Stahl zunächst eine Institution zur Vertretung des Volkes „pro forma" geschaffen. Als sogenannte „Gemeinsame Versammlung" kontrollierte es die Hohe Behörde, aus welcher später die Kommission hervorging und diente als eine Art Diskussionsforum (Wessels 2008, S. 121). Auch wenn die Rechte und Aufgaben des EU-Parlaments in den vergangenen 30 Jahren regelmäßig erweitert wurden, ist es bis heute nicht mit den gleichen Rechten ausgestattet wie ein nationales Parlament.

Zwar konnte das Parlament nach jahrelangem Einsatz aus dem Tandem von Ministerrat und Europäischer Kommission ein institutionelles Dreieck bilden, in welchem es eine zunehmend wichtige Rolle als Gegenspieler, aber auch als Mitspieler in legislativen Fragen und bei der Haushaltsbudgetierung spielt (Wessels 2007). Dennoch besitzt das Europäische Parlament in zahlreichen Politikbereichen nur geringe Mitwirkungsrechte, wie etwa bei EU-Vertragsänderungen, in der europäischen Außen- und Sicherheitspolitik oder bei Verfahren zur wirtschaftspolitischen Koordinierung. Hier sind noch immer Rat und Kommission die Hauptakteure. Ein weiterer Unterschied zu den nationalen Parlamenten ist das Fehlen einer kontinuierlichen Gliederung der Parteien innerhalb des Parlaments in Regierungskoalition und Oppositionsfraktion. Vielmehr setzen sich diese Gruppierungen bei jeder Abstimmungen neu zusammen. Zudem benötigt das Europaparlament keine stabilen Regierungsmehrheiten.

Kritisiert wird das Europäische Parlament häufig bezüglich der Tatsache, dass es kein Volk im eigentlichen Sinne repräsentiere, da ein „europäisches Volk“ und ein europäischer „Demos“ bisher nicht existieren (vgl. Kapitel 8.2). Nach Joseph Weiler besteht somit in der EU auch keine Demokratie, da diese nur im Zuge eines Demos entstehen kann (Judge/Earnshaw 2008, S. 82). Ein demokratisches Parlament kann demnach augenblicklich in Europa nicht bestehen.

Aufgaben

In seiner anfänglichen Rolle als „Versammlung“ wurde das Europäische Parlament innerhalb der Europäischen Gemeinschaft für Kohle und Stahl nur mit sehr eingeschränkten Rechten betraut und diente vorwiegend als Forum zur Diskussion wirtschaftspolitischer Themen sowie zur Kontrolle der Hohen Behörde. Im Laufe zahlreicher Gipfeltreffen und Regierungskonferenzen konnte sich das Parlament jedoch nach und nach demokratiestärkende Kontroll- und Legislativbefugnisse einräumen. So erhielt es erstmalig in den Römischen Verträgen von 1957 ein Anhörungsrecht gegenüber dem Ministerrat. Im Jahre 1970 wurde das EU-Parlament mit dem Vertrag von Luxemburg Teil der „Haushaltsbehörde“ und erhielt 1975 im Vertrag von Brüssel das Recht, den von der Kommission ausgeführten Haushalt zu überprüfen und abzulehnen (Europäisches Parlament 2013). 1976 folgte der Akt zur Einführung allgemeiner unmittelbarer Wahlen, welcher im Jahr 2002 durch zahlreiche Rahmenbestimmungen ergänzt wurde (Europäisches Parlament 2014). Bis zu den ersten Wahlen im Jahr 1979 stammten die Abgeordneten des EU-Parlaments aus den nationalen Parlamenten. Die

Abgeordneten hatten somit ein Doppelmandat inne, welches sie mit zunehmendem Aufgabenumfang des EU-Parlaments nicht mehr ausführen konnten. Mit der direkten Wahl durch die EU-Bürger erhielt das Europaparlament schließlich eine ganz neue Legitimationsbasis.

Eine weitere Ausdehnung der parlamentarischen Befugnisse folgte in der ersten großen Reform des Vertrags von Rom im Jahre 1987 mit der Verabschiedung der Einheitlichen Europäischen Akte. Erstmals erhielt das Parlament eine Rechtsetzungsbefugnis. Die Befugnisse waren zunächst sehr eingeschränkt, jedoch bedeutete dies einen wichtigen ersten Schritt hin zur Gleichberechtigung mit dem Rat. Eine weitere Neuerung war, dass zu Erweiterungs- und Assoziierungsabkommen nun die Zustimmung des Parlaments erforderlich ist.

Die Verträge von Maastricht (Vertrag über die Europäische Union) von 1993 und Amsterdam von 1996 statteten das Parlament mit weiteren Rechten, insbesondere zur Gesetzgebung, aus und stärkten damit erneut die demokratische Legitimität des Organs. Das Mitentscheidungsverfahren wurde eingeführt, bei dessen Anwendung, ohne die Zustimmung des Parlaments, kein Rechtsakt Gültigkeit erlangen kann. Damit wurde das Parlament erstmals auf eine Stufe mit dem Rat gestellt. Seit dem Vertrag von Lissabon wird das Verfahren als „Ordentliches Gesetzgebungsverfahren" bezeichnet, da es mittlerweile das am häufigsten verwendete Verfahren zur Gesetzgebung in der EU darstellt. Des Weiteren wurde das Zustimmungsverfahren des Parlaments weiter ausgedehnt und die Wahlfunktion erweitert. Das Parlament muss der Wahl des Kommissionspräsidenten und der Kommission zustimmen. Außerdem muss das Parlament bei Fragen der ehemals zweiten und dritten Säule, das heißt der „GASP" sowie der „PJZS", unterrichtet werden (Wessels 2008, S. 122).

Ein weiterer Vertrag zur Erweiterung der Parlamentsrechte folgte im Jahre 2003. Der Vertrag von Nizza reformierte den Vertrag über die Europäische Union und dehnte die Zustimmungs- und Mitentscheidungsverfahren des Europaparlaments auf weitere Bereiche aus. Zudem erhielt das Parlament ein Klagerecht vor dem Europäischen Gerichtshof.

Auch der Vertrag von Lissabon weitete das Mitentscheidungsverfahren wieter aus und benannte es um in das „Ordentliche Gesetzgebungsverfahren", da es nun auf den Großteil der EU-Politikfelder angewandt wird. Das Europaparlament besitzt somit die gleichen Rechte bei der Gesetzgebung und bei den Haushaltsbefugnissen wie der Rat. Zudem wurde der Zuständigkeitsbereich des Parlaments auf die Agrarpolitik und die polizeiliche und justizielle Zusammenarbeit in Strafsachen erweitert. Die Außen- und Sicherheitspolitik bleibt jedoch weiterhin in der alleinigen Verantwortung des Rats. Überdies umfasst das parlamentarische Budgetrecht den Agrarsektor, welcher fast die Hälfte des Haushalts beansprucht. Finale Entscheidungen über die EU-Ausgaben trifft somit das Europaparlament, die EU-Einnahmen werden dahingegen weiterhin vom Rat kontrolliert, womit sich das EU-Parlament von herkömmlichen Parlamenten unterscheidet (Lieb/ Maurer 2009, S. 14).

Grundsätzlich konnte das Europäische Parlament in den 60 Jahren seit Gründung seine Befugnisse um ein Vielfaches ausbauen und erhielt so zunehmend demokratische Legitimation. Insbesondere die kontinuierliche Ausdehnung der „starken“ Befugnisse, das heißt der Zustimmungs- und Mitentscheidungsverfahren, kann als großer Erfolg der Bemühungen des Parlaments gewertet werden. Maurer und Wessels sprechen hier von einer beobachtbaren „nacheilenden Parlamentarisierung“ (Maurer/Wessels 2003, S. 100ff.). So ist das Parlament gemeinsam mit dem Rat für den jährlichen EU-Haushalt zuständig, ist an der Besetzung hochrangiger Positionen in den Organen der EU beteiligt und übt Kontrollrechte gegenüber der Kommission, dem Rat sowie dem Europäischen Rat aus. Auch bei Beitrittsverhandlungen konnte sich das Parlament ein Zustimmungsrecht sichern. Zudem setzt das Europäische Parlament viel daran, zu einem Forum der europäischen Öffentlichkeit zu werden. Hierzu organisiert es medienwirksame Veranstaltungen, Künstler-Ausstellungen und tagt öffentlich.

Doch trotz dieser Bemühungen erregt das EU-Parlament nur selten die Aufmerksamkeit der europäischen Bürger und der Medien. Nur wenige EU-Bürger haben Interesse an europäischer Politik. Dies ist unter anderem auf eine fehlende Polarisierung der Arbeit des Parlaments zurückzuführen. Zudem gibt es kaum herausragende Persönlichkeiten, die wie nationale Politiker die politischen Diskussionen bestimmen.

Artikel I-20 des EU-Verfassungsvertrags fasst die Aufgaben des Europäischen Parlaments folgendermaßen zusammen:

> „Das Europäische Parlament wird gemeinsam mit dem Rat als Gesetzgeber tätig und übt gemeinsam mit ihm die Haushaltsbefugnisse aus. Es erfüllt Aufgaben der politischen Kontrolle und Beratungsfunktionen nach Maßgabe der Verfassung. Es wählt den Präsidenten der Kommission.“ (Vertrag über eine Verfassung für Europa, 2004)

In einigen Bereichen der EU-Politik sind die Beteiligungsrechte des Parlaments dagegen noch sehr kümmerlich ausgebildet. Dies gilt insbesondere auf dem Gebiet der Gemeinsamen Handelspolitik oder der Koordinierung der nationalen Wirtschafts- und Beschäftigungspolitik. Hier steht dem Parlament gegebenenfalls ein Anhörungs- oder ein Zustimmungsrecht zu. Auch im Bereich der wirtschaftspolitischen Außenpolitik, der GASP und der PJZS, sind die Rechte des Parlaments äußerst eingeschränkt (Wessels 2008, S. 124f.). Hier erfolgt lediglich eine regelmäßige Unterrichtung durch Rat und Kommission, woraufhin das Parlament Empfehlungen aussprechen kann. Durch die Entsendung von EU-Delegationen in Parlamente von Drittstaaten und die Gründung gemischter parlamentarischer Ausschüsse konnte das Parlament jedoch andere Kanäle einrichten, um seinen Einfluss auch jenseits der EU-Grenzen geltend zu machen und Beziehungen zu anderen Staaten zu pflegen. Dennoch bleibt das Ressort des Außen- und Sicherheitspolitik in den Händen der nationalen Exekutiven. Sogar den nationalen Parlamenten werden hier nur eingeschränkte Beteiligungsrechte zugesprochen (Wessels 2008, S. 132). Bei den Verhandlungen zur EU-Verfassung im europäischen Konvent wurde dies sehr deutlich. Das Parlament konnte hier in vielen Bereichen, wie etwa bei dem Haushaltsverfahren, seine Vorstellungen mit einbringen. Auf den Gebieten der GASP und PJZS sahen die Mitgliedsstaaten jedoch ihre Souveränität gefährdet und schränkten die Einflussnahme des Parlaments deutlich ein. Auch bei der konstitutionellen Gestaltung des EU-Systems ist insbesondere der Europäische Rat an leitender Stelle, das Parlament bleibt hier bis heute zweitrangig.

Aufgaben in der Wirtschafts- und Währungspolitik

Für Fragen im Bereich der Wirtschafts- und Finanzpolitik der EU hat das Europäische Parlament einen ständigen Ausschuss eingerichtet. Der Ausschuss für Wirtschaft und Währung (ECON) beschäftigt sich mit der Geld- und Währungspolitik der EU. Außerdem ist er zuständig für die europäische Wirtschaftspolitik, den freien Kapital- und Zahlungsverkehr, Steuer- und Wettbewerbspolitik sowie für die Regulierung und Überwachung der Finanzmärkte. Im Bereich der Geld- und Währungspolitik gilt das Parlament als „wichtiges Gegengewicht zur Unabhängigkeit der EZB". Um diese Rolle ausführen zu können, besteht eine Rechenschaftspflicht der EZB gegenüber dem Parlament. Des Weiteren erlässt der ECON-Ausschuss gemeinsam mit dem Rat Rechtsvorschriften zu Finanzdienstleistungen und zur wirtschaftspolitischen Steuerung der EU. Dazu gehörten in jüngster Vergangenheit Beschlüsse zur Deckelung von Bonuszahlungen, Regelungen zur Arbeit von Ratingagenturen und zur Abwicklung von Kreditinstituten sowie zum Handel mit Derivaten.

Im Zuge der Eurokrise wurde außerdem zwischen Oktober 2009 und Juli 2011 ein Sonderausschuss zur Wirtschafts-, Finanz- und Sozialkrise ins Leben gerufen. Er untersuchte die Auswirkungen der Krise und bewertete die bisher angewandten Maßnahmen zu ihrer Überwindung (Europäisches Parlament 2011). Während dieser zwei Jahre erstellte der Ausschuss zwei Berichte mit Einschätzungen und Vorschlägen geeigneter Maßnahmen. Ferner wird die seit 2011 immer wieder aufkommende Forderung diskutiert, wonach im parlamentarischen Ausschuss für Wirtschaft und Währung Unterausschüsse für die Eurozone eingerichtet werden sollen (Staseve 2013). Auch die Idee eines Eurozonenparlaments steht zur Diskussion. Sowohl rechtlich als auch politisch ist dieses Thema jedoch komplex und umstritten.

Theoretische Einbettung

Das Europäische Parlament ist eine EU-Institution ganz im Sinne der neofunktionalistischen Theorie. Seine Wandlung vom „pro forma“ Parlament der 1960er Jahre hin zum heutigen, mit zahlreichen Mitentscheidungs- und Kontrollrechten ausgestatteten Arbeitsparlament, ist demnach das Ergebnis zahlreicher Spillover, denn die zunehmende Abgabe nationaler Kompetenzen an die EU-Institutionen erforderte eine verstärkte demokratische Legitimation. Da im Zuge der Schaffung der Europäischen Wirtschafts- und Währungsunion eine nachhaltigere demokratische Kontrolle durch das Europäische Parlament nötig wurde, gilt die EWWU demnach als Integrationsschritt in Richtung einer „politischen Finalität“. So wurden im Vertrag von Maastricht und im Vertrag von Lissabon insbesondere die legislativen Rechte des Parlaments deutlich gestärkt und auch bei der Besetzung der Exekutive erhielt das EU-Parlament schrittweise mehr Mitspracherechte.

Bedingungen für weitere Harmonisierung

Das Europäische Parlament war während der vergangen 50 Jahre ein zentraler Ort Europäischer Integration. Sein steter Einsatz für die Erweiterung seiner Rechte und die Notwendigkeit, die Europäisierung nationaler Politikbereiche demokratisch zu legitimieren, waren die Folge der zunehmenden Übertragung staatlicher Kompetenzen auf die EU-Institutionen. Dennoch wird der EU noch immer ein deutliches Demokratiedefizit nachgesagt, was unter anderem auf die eingeschränkten Mitspracherechte des EU-Parlaments, insbesondere bei der Gesetzgebung und der ungleichen Stimmgewichtung der Mitgliedsstaaten, zurückzuführen ist.[2]

Ein Demokratiedefizit führt nach dem weit verbreitenden Modell der Unterstützung eines Regimes von David Easton (1965) zu einer mangelnden Legitimierung des Regimes, also der EU durch die Bevölkerung. Zwar ist Dieter Fuchs (Fuchs 2002) in seiner Untersuchung des Zusammenhangs zwischen Demokratiedefizit und Legitimation der EU zu der Erkenntnis gelangt, dass die demokratische Performanz in der EU kaum Auswirkungen auf die Unterstützung durch die Bevölkerung hat. Kurzfristig ist die wirtschaftliche Leistung eines Regimes ausschlaggebend für die Unterstützung. Die langfristige Akzeptanz eines Regimes hängt nach der Theorie von Easton von institutionalisierten

2 Daran ließe sich nun die bestehende Diskussion um die Definition und Bewertung eines Demokratiedefizits in der EU anschließen, da umstritten ist, ob jede Ebene des europäischen Mehrebenensystems einer eigenen Legitimation bedarf. Letztendlich ist das Ergebnis einer solchen Diskussion jedoch irrelevant, da auch ein nur *wahrgenommenes* Demokratiedefizit Probleme der Legitimation nach sich zieht, vgl. dazu Kapitel 8.2.

Werten des Systems ab, welche unabhängig von den Wirtschaftsleistungen bestehen. Da es sich in dem demokratischen System der EU um demokratische Werte handelt, ist die Schaffung einer europäischen Demokratie demnach für das langfristige Überleben der EU unumgänglich (Fuchs 2002, S. 23). Infolgedessen werden Bemühungen scheitern, der europäischen Geldpolitik eine harmonisierte Fiskal-, Steuer- und Sozialpolitik entgegenzusetzen, solange die europäische Exekutive nicht ausreichend durch eine parlamentarische Legislative demokratisch legitimiert und voll handlungsfähig ist.

Weitere Schritte zur Europäischen Integration müssten demnach beim Europäischen Parlament und seiner demokratischen Legitimierung beginnen. Vorschläge hierzu existieren bereits zahlreich und reichen von der Intensivierung der interparlamentarischen Zusammenarbeit über den Ausbau des EU-Parlaments zu einem vollwertigen Zwei-Kammern-Parlament mit eigenem Initiativrecht und gleicher Stimmenverteilung, bis hin zur Erweiterung der parlamentarischen Kontrollrechte, etwa durch das Recht, einzelne EU-Kommissare von ihrem Amt entbinden zu können.

Zwischenfazit

Folgt man dem neofunktionalistischen Theorieansatz, so gilt die Entwicklung des Europäischen Parlaments bis zu seiner heutigen Beschaffenheit als das Resultat zahlreicher Spillover-Mechanismen, welche im Zuge der zunehmenden Europäisierung nationaler Politik entstanden sind. Doch bis heute bestehen innerhalb der EU Demokratiedefizite und die Mitwirkungsrechte des EU-Parlaments sind noch immer ungenügend. Da die Schaffung einer ausreichend demokratisch legitimierten Legislative jedoch als Bedingung für weitere Harmonisierungsschritte im Bereich der Fiskal- und Steuerpolitik gilt, müsste hier der nächste logische Schritt erfolgen. Die nötigen Impulse dafür sollten theoretisch bereits vorhanden sein, da der große Druck der Eurokrise auf die Währungsunion weitere Integrationsschritte dringend nötig macht.

5.2.4 Europäische Kommission

Die Europäische Kommission, die einst aus der Hohen Behörde der Europäischen Gemeinschaft für Kohle und Stahl hervorging, gilt als das Herz der Europäischen Union. Sie ist sowohl Hüterin der Verträge als auch Motor der Integration und bildet als Exekutivorgan gemeinsam mit dem Rat und dem Europäischen Parlament das institutionelle Dreieck der EU (Sabathil et al. 2008, S. 6ff.).

Auffallend ist die einzigartige Beschaffenheit der Kommission. Sie weist weder die Ausprägungen eines Generalsekretariats auf noch kann sie als Europäische Regierung beschrieben werden. Vielmehr fungiert sie als ein „zentraler

Mitgestalter" der Europäischen Union (vgl. u.a. Diedrichs 2007, S. 156ff.). Ähnlich wie der Ministerrat reflektiert sie die außergewöhnliche Gestalt der EU. Auch wenn die Kommission vorwiegend als supranationale Institution geschaffen wurde, die weitestgehend unabhängig von den Interessen der Mitgliedsstaaten agieren soll, weist sie zum Teil intergouvernementale Züge auf, wie etwa bei der Besetzung der Kommissare und deren politischer Ressorts. Auch wenn dem Kommissionspräsidenten theoretisch ein Mitspracherecht bei der Zuteilung und Auswahl der Kommissare zugesprochen wird, wählt in der Praxis jeder Mitgliedsstaat selbst einen geeigneten Kandidaten für die Position aus und verhandelt mit den anderen Ländern über die Verteilung der politischen Ressorts. Der Rat ernennt schließlich die Mitglieder des Kollegiums. Dennoch spielt das Europaparlament eine zunehmend wichtige Rolle bei der Ernennung der Kommission. Bevor die neu gewählte Kommission ihr Amt antreten darf, muss die Zustimmung des Parlaments eingeholt werden, welches dabei zunehmend Einfluss ausübt (vgl. u.a. Diedrichs 2007, S. 89f.; Schild 2005).

Ihre Legitimation erhält die Kommission somit zum einen durch die im EU-Vertrag festgelegte Unabhängigkeit von den Mitgliedsstaaten (Art.17 (3) AEUV). Zum anderen erhält sie aufgrund des Wahlverfahrens durch den Rat – dessen Mitglieder in nationalen Wahlen bestimmt werden – und durch das Europaparlament – welches direkt von den EU-Bürgern gewählt wird – doppelte indirekte Legitimation.

Aufgaben

Artikel 17 des EU-Vertrags bestimmt die Aufgaben der Kommission folgendermaßen:

> „(1) Die Kommission fördert die allgemeinen Interessen der Union und ergreift geeignete Initiativen zu diesem Zweck. Sie sorgt für die Anwendung der Verträge sowie der von den Organen kraft der Verträge erlassenen Maßnahmen. Sie überwacht die Anwendung des Unionsrechts unter der Kontrolle des Gerichtshofs der Europäischen Union. Sie führt den Haushaltsplan aus und verwaltet die Programme. Sie übt nach Maßgabe der Verträge Koordinierungs-, Exekutiv- und Verwaltungsfunktionen aus. Außer in der Gemeinsamen Außen- und Sicherheitspolitik und den übrigen in den Verträgen vorgesehenen Fällen nimmt sie die Vertretung der Union nach außen wahr. Sie leitet die jährliche und die mehrjährige Programmplanung der Union mit dem Ziel ein, interinstitutionelle Vereinbarungen zu erreichen.
>
> (2) Soweit in den Verträgen nichts anderes festgelegt ist, darf ein Gesetzgebungsakt der Union nur auf Vorschlag der Kommission erlassen werden. Andere Rechtsakte werden auf der Grundlage eines Kommissionsvorschlags erlassen, wenn dies in den Verträgen vorgesehen ist." (Vertrag über die Europäische Union, S. 25)

So agiert die Kommission als Motor der Integration sowie als Exekutivorgan und als Hüterin der Verträge.

Als „Motor der Integration" gilt die Kommission aufgrund ihres Monopols bei der Gesetzesinitiative. Sowohl das Parlament als auch der Rat dürfen die Kommission zu Gesetzesvorschlägen aufrufen, jedoch kein Gesetz ohne Vorschlag der Kommission beschließen. Auch Interessengemeinschaften können die Kommission zu Gesetzesvorschlägen anregen. Die Vorbereitung der Gesetzesvorlagen erfolgt zudem nicht von der Kommission alleine. Vielmehr wird sie unterstützt von über 1.700 Expertengruppen (Thomas/Wessels 2006, S. 87), die sich aus nationalen Beamten, unabhängigen Sachverständigen und Verbandsvertretern zusammensetzen. Wessels macht jedoch darauf aufmerksam, dass diese informelle Zusammenarbeit zu einem Verlust der realen Autonomie der Kommission führt, da die nationalen Verwaltungen die Verfahren mitgestalten können (vgl. u.a. Peterson 2002, S. 89; Schmidt 2001).

Eine weitere Aufgabe der Kommission im Rahmen ihrer Rolle als Integrationsmotor umfasst die Aufstellung des mehrjährigen Strategieprogramms, welche sie gemeinsam mit dem Rat wahrnimmt.

Als Exekutivorgan ist die Kommission für die Durchführung und die Kontrolle europapolitischer Entscheidungen sowie für die Anwendung des EU-Vertrags zuständig. In dieser Rolle verwaltet sie den EU-Haushalt in eigener Verantwortung. Auch bei den Beitrittsverhandlungen spielte die Kommission in der Vergangenheit eine bedeutende Rolle. Überwacht und unterstützt werden die exekutiven Aktivitäten der Kommission von der sogenannten Komitologie (Pedler/Bradley 2006). Damit wird ein System von Ausschüssen nationaler Beamter bezeichnet, welches die Durchführung von Kommissionsbeschlüssen mitgestaltet. Auf diese Weise können die Nationalstaaten ihre Interessen auch in der Exekutive miteinbringen.

Die Kommission vertritt die Union zudem nach außen, etwa bei Verhandlungen zu bilateralen oder multilateralen Handelsvereinbarungen mit der WTO oder Drittstaaten.[3] Hierzu muss sie jedoch vom Rat ermächtigt werden und führt die Verhandlungen stets mit einem „zu ihrer Unterstützung vom Rat bestellten Sonderausschuss" durch (Art. 207 (3) AEUV).

Als „Hüterin der Verträge" überwacht die Kommission – unter Kontrolle des Europäischen Gerichtshofs – die Anwendung des EU-Vertrags und der auf dessen Grundlage gefassten Beschlüsse sowie die Koordinierung wirtschaftspolitischer Instrumente (Wessels 2008, S. 251). So trägt sie Sorge dafür, dass europäische Gesetze national befolgt und richtig umgesetzt werden. Bei Verstößen kann sie disziplinarisch gegen Staaten oder auch gegen Unternehmen vor-

3 Ausgenommen von dieser Aufgabe ist die Kommission für die zweite Säule (GASP). Hier fällt die Vertretung nach außen dem Hohen Vertreter für die GASP zu.

gehen, wie etwa bei Überschreitungen der im Stabilitäts- und Wachstumspakt vorgegebenen Grenzwerte zu Staatsdefizit und Staatsverschuldung.[4] Gegebenenfalls kann sie sogar Klage gegen Mitgliedsstaaten vor dem EuGH erheben, was sie mit zunehmender Häufigkeit auch tut. Damit gestaltet die Kommission die Europäische Union als „Rechtgemeinschaft" entscheidend mit (vgl. u.a. Hallstein 1979).

Ähnlich wie das Europäische Parlament erhielt auch die Kommission zunächst nur sehr eingeschränkte Beteiligungsrechte in den Bereichen der GASP und der PJZS. Diese Rechte wurden jedoch bereits mit dem Vertrag von Maastricht auf beide Bereiche vollständig erweitert.

Die Europäische Kommission lässt sich keinem herkömmlichen institutionellen Modell zuordnen. Weder weist sie sämtliche Merkmale eines parlamentarischen Regierungssystems auf, was unter anderem auf die eingeschränkte Abgabe von Souveränität durch die Mitgliedsstaaten zurückzuführen ist, noch erfüllt sie die Kriterien einer supranationalen Technokratie. Auch als rein bürokratisches Gebilde kann die Kommission nicht definiert werden, da hierfür eine zu hohe Beteiligung nationaler und europäischer Politiker an der europäischen Politik herrscht (Wessels 2008, S. 251f.). Die kontroverse Konstruktion der Kommission wirft daher immer wieder Fragen zur demokratischen Legitimierung und zur Handlungsfähigkeit der Institution auf. Dies führte bereits zu zahlreichen Anpassungen, wie etwa bei der Wahl des Kommissionspräsidenten und den restlichen Kommissionsmitgliedern. Im Vertrag von Maastricht wurde dem Europäischen Parlament das Recht zur Mitsprache bei der Wahl des Kommissionspräsidenten zugesprochen. Zudem muss das Parlament den Nominierungen der Kommissionsmitglieder zustimmen (Hix 2005, S. 61f.). Damit ist die Europäische Kommission jedoch nur indirekt durch das Europäische Parlament und den Ministerrat legitimiert, weshalb dem Wahlverfahren eine fehlende demokratische Beteiligung durch die EU-Bürger angelastet wird. Des Öfteren fordern daher Politiker direkte Wahlen zur Ernennung der Kommission (Spiegel online 2012). Auch die Möglichkeit zur Amtsenthebung einzelner Kommissare durch das EU-Parlament wird diskutiert.

Aufgaben in der Wirtschafts- und Währungspolitik

Als „Motor der Integration" übernimmt die Europäische Kommission auch im Bereich der Wirtschafts- und Währungspolitik eine führende Rolle. So wurden der Kommission im Rahmen der gemeinschaftlichen Währungsunion Zuständig-

4 2002 leitete die Kommission ein Defizitverfahren u.a. gegen Deutschland und Portugal ein, sprach Empfehlungen zur Schuldenreduzierung aus und setzte eine Frist. Das Verfahren wurde 2007 jedoch von Deutschland außer Kraft gesetzt. Mit der Reform des Pakts soll dies in der Zukunft jedoch nicht mehr möglich sein.

keiten zur allgemeinen Überwachung nationaler Tätigkeiten übertragen. Nach Artikel 121 (3) AEUV erstellt sie auf Grundlage des Wachstums- und Stabilitätspakts (WSP) regelmäßig Berichte zur wirtschaftlichen Entwicklung der EU-Staaten sowie zur Umsetzung wirtschaftspolitischer Vorgaben. Bei Verstößen gegen europäische Vorgaben im Rahmen des WSP hat die Kommission das Initiativrecht zur Einleitung eines Defizitverfahrens gegen das jeweilige Land. Mit Hilfe der Kommission kann der Ministerrat auf diese Weise die Mitgliedsstaaten überwachen, um eine engere Koordinierung der Wirtschaftspolitik und eine Konvergenz der europäischen Wirtschaftsleistungen zu erreichen.

Auch in der Bewältigung der Eurokrise nahm die Kommission eine führende Stellung ein. Mit der Einführung des Europäischen Semesters und der Verschärfung des Stabilitäts- und Wachstumspakts (Six-Pack) hat die Rolle der Kommission als Überwachungsorgan nochmals an Bedeutung gewonnen. Sie kann im Falle makroökonomischer Unterschiede in die nationale Politik der Euroländer direkt eingreifen und Maßnahmen verhängen, die im Rat nur durch eine qualifizierte Mehrheit aufgehalten werden können. Auch aufgrund ihres Initiativrechts nimmt die Kommission großen Einfluss auf wirtschaftspolitische Entscheidungen und auf die europäische Integrationspolitik.

Theoretische Einbettung

Die kontroverse Struktur der Europäischen Kommission lässt sich auf die divergierenden Meinungen über die Rollenzuteilung der Institution zurückführen. So wird sie unter anderem als „zukünftige Regierung der EU“ (föderalistische Vorstellung), als „Agent oder Diener“ (intergouvernementale Leitidee) (u.a. Moravcsik 1998; Kassim/Menon 2003, S. 128) oder auch als „zentraler Mitgestalter in Mehrebenenprozessen“ gesehen (Wessels 2008, S. 227). Was zunächst als ein von den nationalen Politikern gesteuertes Instrument der interstaatlichen Koordination gedacht war, hat sich zu einem eigenständigen Darsteller der europäischen Einigung entwickelt. Im Sinne der neofunktionalistischen Theorie handelt es sich bei der Kommission demnach um eine selbstständige Unternehmung, bestehend aus Agenten der Integration, die sich aufgrund der zunehmenden Kompetenzübertragungen durch die politischen Eliten zu einem einflussreichen supranationalen Akteur entwickelt hat (vgl. Bach 2005, S. 591; Diedrichs/Wessels 2006, S. 210). Das ständige Streben der Kommission nach Machtausweitung macht sie zu einem wichtigen Organ für den europäischen Integrationsprozess (Haas E. 1958, S. 29). So hat Kommissionspräsident Jacques Delors mit der Einheitlichen Europäischen Akte die Vollendung des europäischen Binnenmarkts veranlasst und mit dem „Delors-Plan“ die Verhandlungen zur Gründung der europäischen Wirtschaftsunion angestoßen. Mit dem Vertrag von Lissabon konnte sich die Kommission Kompetenzen in weiteren Politikbereichen sichern, insbesondere im Bereich der polizeilichen und justiziellen Zusammenarbeit. Mit dem Druck der Eurokrise auf die Währungsunion entstanden wiederum erneute Impulse, die der Kommission eine Machterweiterung ermöglichen. Die Regierungen der EU-Staaten sprachen sich gemeinschaftlich dafür aus, die Kontrollrechte des Organs zu erweitern. Neben dem Ministerrat kommt der Kommission damit eine wichtige Rolle in der Haushaltsüberwachung der Mitgliedsstaaten im Rahmen des ESM zu. Überdies soll das Initiativrecht des Ministerrats, Defizitverfahren bei Verstößen gegen den SWP einzuleiten, an die Kommission abgetreten werden (Europäischer Rat 2012, S. 14).

Bedingungen für Harmonisierung

Die Europäische Kommission ist eine supranationale Institution, die sich im Sinne des neofunktionalistischen Leitbilds eines „cultivated spillover" zum Motor der Integration entwickelt hat und gemeinschaftliche Entscheidungen erleichtert. Ihr Initiativrecht zur Gesetzgebung und ihr steter Drang, die Einflussmöglichkeiten innerhalb der EU zu erweitern, wirken im Hinblick auf weitere Harmonisierungsbemühen durchaus unterstützend. Trotz europaweiter Widerstände versucht die Kommission mit großem Einsatz, die Pläne der „Vier Präsidenten" zur Fiskalunion voranzutreiben (van Rompuy 2012). So wurde Mitte 2013 im Auftrag der Kommission eine Arbeitsgruppe zur Untersuchung der Vor- und Nachteile von Eurobonds und Tilgungsfonds, die als Baustein für eine Fiskalunion gelten, gegründet.

Zwischenfazit

Auch wenn die Europäische Kommission intergouvernementale Züge aufweist, hat sie sich doch mit den Jahren zu einer eigenständigen supranationalen Institution entwickelt, die stets aus eigenem Antrieb den europäischen Einigungsprozess unterstützt. Die europäische Schuldenkrise hat sich dahingehend positiv für die Kommission ausgewirkt, als dass ihr aufgrund dieses neuen Drucks auf die WWU im Rahmen eines weiteren Integrationsschubs weitere Kontrollkompetenzen von den Mitgliedsstaaten übertragen wurden. Mit vollem Einsatz bemüht sich das Gremium darum, die Pläne zur Schaffung einer Fiskalunion umzusetzen, weshalb die Europäische Kommission als die wegweisende EU-Institution bezeichnet werden kann, um die Defizite der Wirtschafts- und Währungsunion abzubauen.

5.2.5 Die Europäische Zentralbank

Als zentrale Steuerungsinstanz der europäischen Geldpolitik nahm die Europäische Zentralbank während der Staatsschuldenkrise in Europa eine entscheidende, wenn doch äußerst umstrittene, Rolle ein. Dabei stand das supranationale Gremium intensiver denn je zwischen den von Deutschland und Frankreich angestrebten Zielvorgaben. Deutschland betrachtet die EZB lediglich als Auftragnehmer der europäischen Zentralbanken, der für den Erhalt der Eurostabilität und den Kampf gegen die Inflation zuständig ist. Die strikte Abgrenzung von anderen Bereichen der Wirtschaftspolitik garantiert ihre politische Unabhängigkeit. Aufgrund des starken Einflusses der Bundesbank verfolgte die EZB in den vergangenen Jahren dementsprechend eine vorwiegend stabilitätsorientierte Geldpolitik. Frankreich hingegen fordert seit Jahren eine verstärkte Einbeziehung der EZB in die gesamte europäische Wirtschaftspolitik und macht sich für die Gründung einer europäischen Wirtschaftsregierung stark.

Die Krisenpolitik der EU gestaltet die EZB derzeit entscheidend mit, indem sie etwa Staatsanleihen in großem Ausmaß ankauft, um die verschuldeten Krisenstaaten zu stützen. Die Ankündigung des EZB-Programms, zum unbegrenzten Ankauf europäischer Bonds (OMT) im September 2012, löste eine kontroverse Auseinandersetzung in Politik und Wissenschaft aus und führte zu zahlreichen Verfassungsklagen vor dem Bundesverfassungsgericht. Denn nach Auffassung der deutschen Regierung und der Bundesbank betreibt die EZB damit direkte Staatsfinanzierung und verstößt auf diese Weise gegen das deutsche Grundgesetz sowie gegen die EU-Verträge. Infolgedessen sei die Unabhängigkeit und die Glaubwürdigkeit der Institution nicht mehr gewährleistet. Befürworter des Programms hingegen sehen die EZB in der Rolle des „Lender of last resort", der mit den Staatsanleihekäufen die Refinanzierung der Eurostaaten sicherstellt und so das Vertrauen auf den Märkten wiederherzustellen versucht.

Die große Frage, die sich in Bezug auf die Geldpolitik der EZB während der Krisenjahre stellt, ist, ob es sich dabei um eine vorläufige und einmalige Maßnahme zur Überwindung der Krise handelte oder ob sich aus dem OMT-Programm ein dauerhafter Mechanismus entwickelt, mit dessen Hilfe die strukturellen Defizite der Währungsunion überwunden werden können. Dabei würde die EZB durch den situationsbedingten Ankauf von Staatsanleihen makroökonomische Ungleichgewichte innerhalb der Eurozone ausgleichen und damit mehr oder weniger fiskalische Aufgaben übernehmen (Straubhaar/Vöpel 2012). Betrachtet man allerdings die politische Situation der Jahre 2012/2013, so scheint es nur schwer vorstellbar, dass die EU-Staaten eine permanente Übernahme fiskalischer Souveränität durch ein nicht demokratisch legitimiertes Expertengremium zulassen werden.

Theoretische Einbettung

Die Europäische Zentralbank ist eine supranationale Institution, die 1998 aus der engen Zusammenarbeit der europäischen Zentralbanken innerhalb des EWS und dem Europäischen Währungsinstitut EWI im Zuge der dritten Stufe der Europäischen Wirtschafts- und Währungsunion hervorging (Europäische Zentralbank 1992). Ganz im Sinne der neofunktionalistischen Theorie entwickelte sie sich zu einer politisch unabhängigen technokratischen Unternehmung, die eine selbstständige integrationsfördernde Geldpolitik betreibt. Folgt man der Theorie, so müsste die EZB als supranationaler Akteur die nationalen Interessen zunehmend verdrängen, was sich auch weitestgehend bestätigt hat. So verfügt jedes Land im EZB-Rat, ganz gleich wie groß oder wirtschaftlich bedeutend es ist, über nur eine Stimme. Die Besetzung des Direktoriums erfolgt unabhängig von der Nationalität und besteht aus nur sechs Mitgliedern, ganz gleich wie viele Staaten der EWU angehören. Auch auf nationale Besonderheiten wird in den geldpolitischen Entscheidungen der EZB wenig Rücksicht genommen, vielmehr steht die Eurozone als Ganzes im Fokus. Ebenso lässt sich die Politik der EZB nicht von politischen Eliten beeinflussen und unter Druck setzen, wie die entschiedene Umsetzung des OMT-Programms zum uneingeschränkten Ankauf von Staatsanleihen gezeigt hat. Darüber hinaus wurde insbesondere durch die Eurokrise deutlich, dass das Gremium zu einem wichtigen Diskussionspartner der EU-Institutionen geworden ist. In zahlreichen europapolitischen Entscheidungen wird die EZB heute miteinbezogen. Auch dies entspricht den Annahmen der neofunktionalistischen Theorie, nach welcher die Akteure einen zunehmenden Koordinations- und Kooperationsbedarf aufweisen, woraus sich wachsende funktionale Abhängigkeiten zwischen den Institutionen und den Ökonomien entwickeln.

Bedingungen für weitere Harmonisierungsschritte

Im Rahmen der europäischen Finanzpolitik ist die Europäische Zentralbank ein wichtiger integrationsfördernder Akteur. So betonte EZB-Präsident Mario Draghi im März 2013, dass eine Harmonisierung der Finanzmärkte in der EU zur Überwindung der Schuldenkrise unumgänglich sei, da nur so die Geldpolitik der Zentralbank gleichermaßen bei den Haushalten und Unternehmen der Eurozone ankommen könne (Focus online 2013). Doch in ihren Bemühungen um die Europäische Integration und die Überwindung der Krise gelangt die EZB aufgrund ihrer fehlenden demokratischen Legitimation an ihre Grenzen. Eine Möglichkeit zur Überwindung dieser Grenze wäre eine Erhöhung der Transparenz. Denn im Gegensatz zu direkt gewählten Institutionen muss sich ein politisch unabhängiges Gremium wie die EZB vor der Bevölkerung für seine Entscheidungen rechtfertigen, um auf diese Weise Glaubwürdigkeit und Legitimation zu erhalten. Je transparenter sie demnach ihre Arbeit macht, desto mehr wird sie von der Öffentlichkeit akzeptiert. Zudem ermöglicht die EZB den Finanzmarktakteuren, präzisere Entscheidungen aufgrund besserer Information zu treffen, indem sie die Öffentlichkeit darüber informiert, wie und aufgrund welcher Daten sie zu ihren geldpolitischen Entscheidungen gelangt (Weber 2012).[5]

Zwischenfazit

Die Europäische Zentralbank nimmt innerhalb der Europäischen Union eine herausragende Stellung ein. Insbesondere während der europäischen Finanz- und Staatsschuldenkrise konnte sie ihren Einfluss auf die europäische Wirtschaftspolitik erweitern. Als unabhängige supranationale Institution trug die EZB seit 2008 dazu bei, die Koordination zwischen den EU-Staaten im Bereich der Wirtschafts- und Finanzpolitik weiter voranzutreiben.

5.2.6 Krisenbewältigung in den EU-Institutionen

Die Institutionen der EU nehmen in der europäischen Schuldenkrise und ihrer Entstehung eine gewichtige Rolle ein. Mit der Gründung der Wirtschafts- und Währungsunion wurden geldpolitische Kompetenzen auf die EU-Ebene übertragen. Die Schulden ihrer Mitgliedsländer wurden von da an in einer gemeinsamen Währung geschrieben. Überschuldete Staaten können nicht mehr individuell und unabhängig von der EU und ihren Institutionen handeln und ihre aus

---

5 Der *Europäische Gerichtshof* (EuGH) soll nur kurz hinsichtlich der theoretischen Einbettung erwähnt werden, da die drei wichtigsten neofunktionalistischen Voraussetzungen für Integrationsprozesse in der Entstehung des europäischen Rechtssystems und damit für den EuGH erfüllt sind. So fanden sowohl funktionale Spillover (Sachzwang) und politische Spillover (Loyalität) sowie ein „upgrading of the common interest“ statt. Funktionale Spillover-Mechanismen fanden etwa mit dem Urteil zum „Vorrang des Gemeinschaftsrechts“ statt, welches auf die Rechtsprechung zur „unmittelbaren Wirkung des Gemeinschaftsrechts“ folgen „musste“ (Burley/Mattli 1993, S. 66). Diese Kopplung von Vorrang und unmittelbarer Wirkung vereinfachte dem EuGH die Rechtsfortbildung und damit die stete Ausweitung seiner Kompetenzen. Aufgrund seiner europafreundlichen Rechtsprechung entwickelte er sich so zum Motor der Integration. In zahlreichen Politikbereichen, auch außerhalb der Wirtschaftspolitik, hat der Gerichtshof im Laufe der Zeit Möglichkeiten für neue Spillover in Richtung einer politischen Union geschaffen. Aufgrund politischer Spillover-Mechanismen wurde der Europäische Gerichtshof nach und nach von allen politischen Akteuren anerkannt, seine Rechtsprechungen wurden akzeptiert und zur Grundlage für zukünftige Erwartungen und Handlungen gemacht. Die Öffnung des Gemeinschaftsrechts machte die Interessensvertretung privater Kläger auch auf EU-Ebene möglich, womit zudem die neofunktionalistische Bedingung differierender Interessensstrukturen erfüllt ist (Burley/Mattli 1993, S. 60). Die gemeinschaftlichen Verträge erhielten mit der Möglichkeit, Staaten bei Nichterfüllung oder mangelnder Umsetzung zu verklagen, eine ganz neue Bedeutung. Dass die nationalen Gerichte, welche als Bindeglied zwischen Kläger und dem EuGH stehen, die Übertragung der Kompetenz auf die EU-Ebene unterstützen, führen Burley und Mattli auf das Streben der nationalen Richter nach Prestige und Macht zurück (Burley/Mattli 1993, S. 64).

dem Gleichwicht geratene Wirtschaft durch Auf- oder Abwertung der Währung selbstständig in Balance bringen. Institutionelle Regeln, wie der Stabilitäts- und Wachstumspakt (SWP) oder die No-Bailout-Klausel sollten die Situation, dass ein Staat sich in hohem Maß verschuldet und in wirtschaftliche und finanzielle Schwierigkeiten gerät, von Vornherein verhindern. Doch den Institutionen mangelte es an Glaubwürdigkeit und Durchsetzungskraft, der SWP wurde gebrochen, das Bailout-Verbot umgangen. Die Zahlungsunfähigkeit eines Landes hat zu so hohen Vertrauensverlusten auf den Märkten geführt, dass schließlich weitere Länder angesteckt wurden und sich auf den Kapitalmärkten nicht mehr mit Krediten versorgen konnten. Die Eurokrise ist demnach nicht nur eine Schuldenkrise, sondern auch eine Vertrauenskrise. Durch zahlreiche Reformen versuchen die EU-Staaten seit 2009 die strukturellen Defizite im institutionellen Gefüge der EU auszugleichen und das Vertrauen der Märkte in die Eurozone wiederherzustellen.

Im Folgenden werden die wichtigsten Initiativen seit 2009 zur Reform der Europäischen Institutionen vorgestellt und bewertet.

5.2.6.1 Die wichtigsten Initiativen und Entscheidungen der Euroschuldenkrise

Wichtige Initiativen innerhalb des Europäischen Rates behandelten ein bedeutendes Defizit der Europäischen Währungsunion, das mangelhafte Sanktionsverfahren bei Verstößen der europäischen Mitgliedsstaaten gegen den Wachstums- und Stabilitätspakt sowie das makroökonomische Ungleichgewicht innerhalb der EU.

Im August 2011 kündigten Sarkozy und Merkel nach jahrelanger Diskussion konkrete Pläne zur Schaffung einer „Europäischen Wirtschaftsregierung" für den Euroraum an. Damit ist jedoch lediglich die Intensivierung der wirtschaftspolitischen Koordinierung für „Mehr Europa" und zur Schaffung eines „Europäischen Konjunkturzyklus" gemeint. Eine „echte" Wirtschaftsregierung war rechtlich zu jenem Zeitpunkt nicht möglich, da diese der Kompetenzverteilung, wie sie im Vertrag von Lissabon festgehalten wurde, widersprechen würde (Breuss 2011, S. 3).[6] Zudem würde eine Wirtschaftsregierung ein bedeutend höheres Budget benötigen, als die bestehende Höhe von einem Prozent des EU-Bruttonationaleinkommens.

Ein Maßnahmenpaket, welches sich in drei Bereiche gliedert, wurde im Zuge dieser Initiative zur Verstärkung der wirtschaftspolitischen Koordination ins Leben gerufen.

---

6 Für eine gemeinsame Wirtschaftsregierung würde eine allein herrschende Zentralregierung benötigt, deren Anweisungen von untergeordneten Verwaltungen ausgeführt werden.

Engere Überwachung auf EU-Ebene

Eine „engere Überwachung auf EU-Ebene zur Stärkung der gemeinsamen Wirtschaftsagenda" sollte erfolgen (Europäische Kommission 2011). Dies beinhaltete die Schaffung des „Europäischen Semesters" als Mechanismus zur Koordinierung und Kontrolle der Wirtschaftspolitik. Zu Beginn jeden Jahres legt die Kommission demnach einen Jahreswachstumsbericht vor, welcher die Schwerpunkte im Bereich der Finanz- und Wirtschaftsreformierung beinhaltet. Er wird im Europäischen Parlament und dem ECOFIN diskutiert und von dem Europäischen Rat im März gebilligt. Im April legen schließlich die Mitgliedsstaaten ihre nationalen Regierungsprogramme vor, woraufhin die Kommission länderspezifische Verbesserungsvorschläge und Empfehlungen verfasst. Diese beinhalten Strukturreformen im Rahmen der Wachstumsstrategie Europa 2020, wie etwa der Euro-Plus-Pakt und der Six-Pack. Im Juli verabschiedet der ECOFIN nach Beschluss des Europäischen Rats die Empfehlungen offiziell an die 27 Mitgliedsstaaten, womit das Europäische Semester beendet ist. In der zweiten Jahreshälfte sind die Mitgliedsstaaten schließlich dazu aufgefordert, die Empfehlungen der EU in die Verhandlungen über die nationalen Regierungsprogramme für das kommende Jahr mit einzubeziehen (Europäische Kommission 2011).

Die Wachstumsstrategie „Europa 2020" ist eine zehnjährige Wirtschaftsagenda, die 2010 vom Europäischen Rat verabschiedet wurde. Ihr Ziel ist es, die Wirtschaftspolitik besser zu koordinieren und die Grundlagen für ein Wachstum in Europa zu schaffen, das „intelligenter, nachhaltiger und integrativer" ist (Europäische Kommission 2012). Dies soll durch Maßnahmen in den Bereichen Beschäftigung, Forschung und Entwicklung, Umwelt, Bildung sowie durch Armutsbekämpfung erreicht werden. Hier setzte Europa 2020 Kernziele fest, die von den Mitgliedsstaaten in nationale Ziele umgesetzt wurden. Im Zentrum steht dabei das Europäische Semester.

Als „Six-Pack" wird ein Legislativpaket mit sechs Rechtsakten bezeichnet, welches die wirtschaftspolitische Steuerung verbessern soll. Dabei dienen vier Rechtsakte zur Verschärfung des Stabilitäts- und Wachstumspakts. Zwei weitere Rechtsakte dienen der verbesserten Überwachung und der Korrektur der makroökonomischen Ungleichgewichte im Euroraum.

Der „Euro-Plus-Pakt" wurde im März 2011 von den Staats- und Regierungschefs im Rahmen des Europäischen Rats geschlossen und umfasst ein Maßnahmenpaket zur Erhöhung der Wettbewerbsfähigkeit in den beteiligten Staaten (Europäische Kommission 2011). Dieses beinhaltet Arbeitsmarkt- und Rentenreformen zur Standortstärkung, die Förderung der Finanzstabilität durch eine Finanzmarktaufsicht und Banken-Stresstests sowie die Einführung einer nationalen Schuldenbremse nach deutschem Vorbild (Schneider 2011, S. 10). Damit soll langfristig eine Konvergenz der europäischen Volkswirtschaften herbeigeführt werden. Neben den 17 Eurostaaten gehören dem Pakt sechs weitere EU-Staaten (Bulgarien, Dänemark, Lettland, Litauen, Polen, Rumänien) an (Breuss 2011). Der Euro-Plus-Pakt soll jedoch nicht als völkerrechtliches Abkommen gelten und konnte nicht nach dem herkömmlichen Verfahren nach Art. 121 II AEUV verabschiedet werden, da nicht alle EU-Staaten daran teilnahmen. Basierend auf dem jährlichen Bericht der Kommission werden dennoch gemeinsame Ziele verbindlich festgelegt. Die Umsetzung wird vom Europäischen Rat auf politischer Ebene überwacht (Schneider 2011, S. 10).

Als weitere Maßnahme für eine strengere Haushaltsdisziplin haben sich die Staats- und Regierungschefs im Januar 2012 auf den Europäischen Fiskalpakt geeinigt. Dieser sieht den Einbau einer „Schuldenbremse" in den nationalen Verfassungen vor, das heißt eine verpflichtende Schuldenobergrenze für die Staatsverschuldung der Länder. Der völkerrechtliche Vertrag basiert auf den EU-Konvergenzkriterien des Vertrags von Maastricht mit der neuen Möglichkeit einer finanziellen Sanktionierung, sollte der Pakt nicht eingehalten werden. Die nationale Umsetzung untersteht der Kontrolle des Europäischen Gerichtshofs. Bei Nichteinhaltung muss der Europäischen Kommission und dem Europäischen Rat Bericht erstattet werden.

Da Großbritannien und Tschechien eine Teilnahme verweigerten, umfasst der Vertrag 25 Mitgliedsstaaten. Deutschland machte die Ratifizierung des Pakts bis März 2013 zur Bedingung, um als notleidender Staat Hilfen aus dem ESM erhalten zu können. Im September 2012 hatten die 17 Staaten der Eurozone diese Bedingung erfüllt.

Stabilitätssicherung

Eine zweite Gruppe von Maßnahmen im Zuge der Schaffung einer „Europäischen Wirtschaftsregierung" sollte der Sicherung der Stabilität im Euroraum dienen (Europäische Kommission 2011). Dazu zählten die Rettungsschirme für in finanzielle Not geratene Staaten: Die Europäische Finanzstabiliätsfazilität (EFSF) und der Europäische Finanzstabilisierungsmechanismus (EFSM) sowie der permanente Europäische Stabilisierungsmechanismus (ESM) (vgl. Kapitel 4.2.2.).

Strengere Überwachung des Finanzsektors

Zur dritten Gruppe gehören Maßnahmen zur strengeren Überwachung des Finanzsektors im Rahmen des Europäischen Systems für Finanzmarktaufsicht (EFSF) durch drei Finanzmarktaufsichtsbehörden sowie den Europäischen Ausschuss für Systemrisiken, der bei der EZB angesiedelt ist (Breuss 2011, S. 18). Die Behörden wurden an drei verschiedenen Standorten eingerichtet und sollen alle 6.000 europäischen Banken inklusive der Sparkassen und Volksbanken überwachen. Zudem einigten sich der Europäische Rat und das Europäische Parlament im November 2012 auf strengere Kontrollen der Ratingagenturen. Auf dem Gipfeltreffen im Mai 2013 wurde darüber hinaus beschlossen, das Bankgeheimnis in Europa abzuschaffen. Auf Ebene der G20 wurden außerdem die internationalen Eigenkapitalvorschriften nochmals verschärft (Basel III). Überdies einigten sich im Dezember 2013 die EU-Mitgliedsstaaten sowie die EU-Kommission und das Europaparlament auf eine Richtlinie zur Sanierung und Abwicklung von Banken, wobei im Insolvenzfall zunächst die Anteilseigner und die Gläubiger für die Verluste aufkommen müssen (Barnier 2013).

5.2.6.2 Maßnahmen in Diskussion

Im Laufe der Krisenjahre 2009-2013 kamen neben den bereits beschlossenen Maßnahmen wiederholt Vorschläge auf den Tisch, die aufgrund von Uneinigkeit auf unbestimmte Zeit vertagt wurden. Dreh- und Angelpunkt ist dabei die stets wiederkehrende Debatte um eine weitere Vertiefung der Europäischen Wirtschafts- und Währungsunion, bis hin zur Schaffung einer vollständigen europäischen Fiskalunion.

Am wohl häufigsten und kontroversesten diskutiert ist die Idee der Einführung von Eurobonds, das heißt von Staatsanleihen, die von der gesamten Eurozone emittiert werden. Bereits 2003 brachte Jacques Delors diese Idee erstmals hervor und stieß damit auf großen Widerstand. Im Zuge der Schuldenkrise wurde das Thema 2008 erneut in die politische Diskussion eingebracht, da zahlreiche überschuldete Mitgliedsstaaten aufgrund ihrer schlechten Bonität zunehmend Schwierigkeiten hatten, sich auf dem Kapitalmarkt mit Geld zu versorgen. Dabei existieren verschiedene Konzepte, die meist jedoch die Schaffung einer zentralen Institution zur Emission europäischer Anleihen vorsehen (Favero/Missale 2010). Durch die Ausgabe von Eurobonds würde die Eurogruppe gemeinschaftlich Schulden aufnehmen und diese unter den Mitgliedsstaaten verteilen. Da sie jedoch auch gemeinschaftlich für die Schulden haften müsste, stellen sich insbesondere die Geberländer der Union dagegen. Als häufigster Kritikpunkt wird dabei angeführt, dass es den verschuldeten Ländern durch den erleichterten Zugang zu Geld höchstwahrscheinlich an der nötigen Disziplin mangeln würde, die erforderlichen Haushaltskonsolidierungen durchzuführen. Es habe „keinen Sinn, leichte Lösungen vorzugaukeln“, betonte Angela Merkel als Antwort auf die Vorlage eines Konzepts zur Einführung von Eurobonds durch Kommissionspräsident José Manuel Barrosso im November 2011 (Zeit Online 2011).

Auch unter den Wirtschaftswissenschaftlern gehen die Meinungen zu dem Thema auseinander. In Deutschland spricht sich die Mehrheit der Ökonomen gegen Eurobonds aus und warnt vor den hohen Kosten durch Zinserhöhungen (EurAktiv 2013). Unter anderen führten der Präsident des Ifo-Instituts für Wirtschaftsforschung, Hans-Werner Sinn, aber auch weitere Vertreter des Ifo-Instituts und des Instituts der deutschen Wirtschaft wiederholt an, dass die Einführung gemeinschaftlicher EU-Anleihen die strukturellen Probleme der verschuldeten Staaten perpetuieren würde (vgl. Sinn/Soros 2013; Hüther 2012; Marschall/Storbeck 2012). In der EU stimmt jedoch die Mehrheit der Ökonomen für die Einführung von Eurobonds (Euractiv 2011).

In Zusammenhang mit der Diskussion um Eurobonds wurde vom deutschen Rat der Wirtschaftsweisen ein Modell zur Lösung der Schuldenkrise als weitere Möglichkeit einer Vergemeinschaftung der Schulden vorgetragen. Demnach soll ein gemeinschaftlicher Schuldentilgungsfonds geschaffen werden, in welchen sämtliche Schulden der Euroländer, welche die Verschuldungsgrenze von 60 Prozent der nationalen Wirtschaftsleistung übersteigen, übertragen werden (Sachverständigenrat für Wirtschaft 2012, S. 109). Aufgrund der niedrigeren Zinsen, in solch einem Gemeinschaftsfonds, würden die Schuldenstaaten entlastet werden. Das jeweilige Land muss sich im Gegenzug dazu auf einen Konsolidierungsplan festlegen, mit Hilfe dessen es seine Schulden innerhalb von 20 bis 25 Jahren tilgt. Damit dies jedoch funktionieren kann und die Schuldenstaaten keinen Anreiz haben ihre Schulden den anderen Staaten zuzuschieben, machen die Ökonomen fünf Kriterien der strikten fiskalischen Disziplin zur Bedingung. Diese umfassen die Einführung nationaler Schuldenbremsen, die Festlegung nationaler Konsolidierungspläne, die Möglichkeit des Ausschlusses bei Nichteinhaltung der Pläne innerhalb einer bestimmten Frist, die Verpflichtung der Schuldenländer, einen Aufschlag auf die nationale Mehrwert- oder Einkommenssteuer zu erheben der an den Tilgungsfonds weitergeleitet wird sowie die teilweise Verpfändung nationaler Devisenreserven (Pusch 2012, S. 6).

Da eine derartige Vergemeinschaftung von Schulden jedoch zahlreiche Änderungen der EU-Verträge benötigen würde und zudem verfassungsrechtlich problematisch sei, beurteilte Angela Merkel im Jahr 2011 den Vorschlag als „derzeit nicht umsetzbar“ (Welt 2011).

Ein weiterer Entwurf zur Reform der Europäischen Wirtschafts- und Währungsunion, welcher auf Bitten Angela Merkels (Merkel 2011) 2012 im Van-Rompuy-Report vorgestellt wurde, beinhaltete neben der Einführung von Eurobonds weitreichendere Ideen zur fiskalpolitischen Integration der Eurozone, die bis hin zur Schaffung einer vollständigen Fiskalunion reichen. Mit einem eigenen Budget für die Eurozone, einem Mitspracherecht über nationale Haushalte, der Vergemeinschaftung europäischer Schulden sowie der Einrichtung einer europaweiten Arbeitslosenversicherung soll die EWWU vertieft werden und somit länderspezifische Schocks besser ausgeglichen werden (van Rompuy 2012, S. 6). Das Eurozonenbudget könnte sich etwa aus Beiträgen der Mitgliedsstaaten, relativ zu ihrer Wirtschaftskraft, zusammensetzen. Der US-Ökonom Kenneth Rogoff wiederum fordert, 30 Prozent aller nationalen Steuereinnahmen (ca. 1 Billion Euro) an die EU weiterzuleiten (Vetter 2013, S. 3). Alternativ dazu könnte eine gemeinsame Steuer, wie etwa die Finanztransaktionssteuer, innerhalb der Eurozone erhoben werden. Das gemeinsame Budget könnte schließlich dazu verwendet werden, Ländern, die sich in einer Rezession befinden, konjunkturstützende Maßnahmen zu ermöglichen (Vetter 2013, S. 8).

Damit eine Fiskalunion funktioniert, hebt van Rompuy in seinem Bericht die Bedeutung disziplinierender Maßnahmen hervor, wie das Europäische Semester, der Euro-Plus-Pakt und die Verschärfung des WSP durch den Six-Pack. Ferner betont er, dass im Rahmen einer weiteren Zentralisierung europäischer Wirtschafts- und Fiskalpolitik die Mechanismen zur politischen Partizipation und Legitimation durch die europäische Bevölkerung intensiviert werden müssen. Des Weiteren wäre zur Schaffung einer Fiskalunion eine Änderung der EU-Verträge und damit einhergehend die Zusammenkunft eines Verfassungskonvents zur Reform der EWWU verpflichtend. Dieser setzt sich aus Vertretern der nationalen Regierungen und Parlamente zusammen und bereitet die nötigen Änderungen in den EU-Verträgen vor.

Neben van Rompuy stellte Kommissionspräsident José Manuel Barroso im September 2012 seine Pläne zur „Modernisierung Europas" vor, die eine „enge und echte Wirtschafts- und Währungsunion auf der Grundlage einer politischen Union" (Barroso 2012) voraussetzen. Seine Pläne umfassten – ähnlich wie von van Rompuy vorgeschlagen – die gemeinschaftliche Koordination und Kontrolle der nationalen Haushalte, die Einführung einer Finanztransaktionssteuer sowie eine „echte, glaubwürdige fiskalische Kapazität" (Barroso 2012) im Rahmen einer Fiskalunion. „Wir dürfen nicht länger versuchen, europäische Probleme nur mit nationalen Lösungen zu bewältigen" (Barroso 2012), erklärte Barroso in seiner Rede zur Lage der Union. Die Rolle des Europäischen Parlaments müsse hierzu weiter gestärkt werden und die Zusammenarbeit mit den nationalen Parlamenten müsse intensiviert werden.

Kritiker, zu welchen unter anderem der Wirtschaftsnobelpreisträger und „Vater des Euro" Robert Mundell zählt, bewerten die Schaffung einer Fiskalunion als unnötig und den Transfer von Souveränität als zu groß (Welter 2013). Eine strikte Disziplin der Mitgliedsstaaten, die mit Hilfe des neuen fiskalischen Regelwerks (Stabilitäts- und Wachstumspakt, Sixpack) sowie der erweiterten Mechanismen zur Krisenintervention (Bankenunion, EFSF/ESM) durchgesetzt werden soll, würde zur Sicherung der Stabilität innerhalb der EWWU ausreichen. Dementsprechend sollte der Fokus auf der Herstellung und Überwachung der fiskalpolitischen Disziplin liegen.

Darüber hinaus stellten Kritiker der Europäischen Währungsunion im Zuge der Euroschuldenkrise die Möglichkeit einer Spaltung der EU beziehungsweise den Austritt von einzelnen Krisenstaaten aus der Eurozone zur Diskussion. So wurde zum einen eine Aufspaltung der Währungsunion in einen Nord- und einen

Süd-Euro vorgeschlagen, da so die nationalen Besonderheiten in der Währungspolitik besser berücksichtigt werden könnten (Henkel 2010; Meyer 2011). Mit dem Euroaustritt einzelner Staaten könnte wiederum die Wettbewerbsfähigkeit der Staaten durch eine Abwertung der nationalen Währung wiederhergestellt werden, was speziell bei Staaten wie Griechenland, die hohe makroökonomische Gleichgewichte vorweisen, in Betracht gezogen wurde. Doch die Befürchtung einer Kapitalflucht sowohl aus dem betroffenen Staat als auch aus den restlichen südeuropäischen Ländern und damit verbundene Wachstumseinbußen in der gesamten Eurozone haben einen solchen Schritt bisher verhindert (Eichengreen 2010).

Weitere Vorschläge zur Überwindung der Eurokrise umfassen einmalige Vermögensabgaben durch private Haushalte mit hohen Vermögen (Bach 2012) oder die ungeregelte Insolvenz eines Staats.

5.2.7 Zusammenfassung der Institutionenanalyse

Im vorangegangen Abschnitt wurden die Europäischen Institutionen auf ihre Fähigkeit geprüft, die Europäische Integration auch in Zukunft voranzutreiben und damit die Defizite der Europäischen Wirtschafts- und Währungsunion abzubauen. Dabei wurde zum einen versucht die Entwicklungen der Institutionen mit der Theorie des Neofunktionalismus zu beschreiben, um daraus Prognosen für die Zukunft abzuleiten. Zum anderen wurde der Frage nachgegangen inwieweit die EU-Gremien bisher zur europäischen Einigung beigetragen haben, um schließlich aufzuzeigen, ob die Voraussetzungen in den Institutionen für eine vertiefte Harmonisierung erfüllt sind.

Es lässt sich feststellen, dass die Entwicklung und die Arbeit der EU-Institutionen sowohl vor als auch während der Krise mit Hilfe der Theorie des Neofunktionalismus teilweise erklärt werden können. Sowohl beim Europäischen Parlament als auch bei der Europäischen Kommission und dem Europäischen Gerichtshof handelt es sich um vorwiegend supranationale Institutionen, die in der Vergangenheit von neofunktionalistischen Spillover-Mechanismen getragen wurden. So versuchen sie, als selbstständige unpolitische Unternehmungen, fortwährend ihre Kompetenzen zu erweitern und die Europäische Integration voranzutreiben.

Der Europäische Rat sowie der Ministerrat machen dahingegen den herrschenden Systemkonflikt zwischen Intergouvernementalismus und Supranationalismus sichtbar. Denn einerseits sind auch diese Institutionen trotz ihrer intergouvernementalen Machtstrukturen von einer supranationalen Eigendynamik beherrscht, welche die Integration vorantreibt und aufgrund des Problemdrucks der Krise auf die EU dazu geführt hat, dass weitere nationale Souveränität, insbesondere im Bereich der Finanz- und Haushaltspolitik (Bailout, Fiskalpakt, etc.) an die EU abgetreten wurde. Die Krise scheint hier als funktionaler Spill-over fungiert zu haben, der einen weiteren Integrationsschub ermöglicht hat. Obwohl die Verhandlungen auf zwischenstaatlicher Basis nach dem intergouvernementalen Prinzip erfolgen, werden zuvor nicht intendierte Entscheidungen durch die politischen Herrschaftsträger zu Gunsten der europäischen Gemeinschaft getroffen.

Andererseits wurden die Verhandlungsarenen zur Krisenbekämpfung in wachsendem Maße in den Ministerrat und in den Europäischen Rat verlegt, um dort nach intergouvernementalem Muster die Kontrolle über die zentralen Hoheitsbereiche der Staaten zu sichern. So wird das Krisenmanagement vorwiegend von den nationalen Regierungen im Europäischen Rat gesteuert. Es werden bilaterale Absprachen außerhalb des institutionellen Gefüges der EU zwischen den wirtschaftlich dominierenden Staaten getroffen und es wird eine Politik des kleinsten gemeinsamen Nenners betrieben. Während der Krise erfolgte eine Entpolitisierung der Gemeinschaft durch die Zunahme intergouvernementaler Entscheidungen, die von Marktentwicklungen anstelle von transnationalen Willensbildungsprozessen angetrieben werden. Die aus der marktgetriebenen Vertiefung europäischer Zusammenarbeit hervorgegangene Institutionalisierung des Europäischen Stabilitätsmechanismus ESM birgt jedoch innenpolitische und verfassungsrechtliche Risiken für die Mitgliedsstaaten. Denn mit dem ESM wird die Freiwilligkeit des Europäischen Einigungsprojekts zur Verpflichtung, was mit den Grundrechten der Staaten nur bedingt vereinbar ist.

Zusammenfassend befinden sich die Institutionen der EU somit insbesondere im Rahmen der Krisenpolitik in einem Spannungsfeld zwischen supranationaler Eigendynamik und intergouvernementalen Entscheidungsstrukturen.

Damit die notwendigen Harmonisierungsschritte zur Überwindung der strukturellen Defizite der WWU durchgesetzt werden können, müssten in den EU-Institutionen die Voraussetzungen dafür geschaffen werden. So müssten die intergouvernementalen Verhandlungen der Regierungen gänzlich im Europäischen Rat stattfinden, wozu jedoch die Häufigkeit der Zusammenkünfte drastisch zunehmen müsste. Des Weiteren müsste geklärt werden, in welcher Form das Prinzip der „Differenzierten Integration" zukünftig weiterverfolgt werden sollte, um eine Zersplitterung der EU zu verhindern. Im Europaparlament sollte zudem die Partizipation der Bevölkerung im Hinblick auf die Meinungsbildung in der EU-Politik verbessert werden, um die institutionellen Voraussetzungen für eine demokratische Legitimierung der EU-Administration zu schaffen. Denn solange die EU nicht ausreichend demokratisch legitimiert ist, wird eine Fiskalunion langfristig nicht bestehen können.

5.3 Konstellationsanalyse II – Koordination in den EU-Staaten

Ein zentraler und sich stets weiterentwickelnder Prozess der Europäischen Integration ist die intergouvernementale Koordinierung politischer Interessen sowohl auf nationaler als auch auf europäischer Ebene. Diese Mechanismen der Entscheidungsfindung haben sich in den vergangenen Jahrzehnten im Zuge der fortschreitenden Europäisierung erheblich verändert. Nicht nur in Deutschland, sondern auch in zahlreichen weiteren Mitgliedsstaaten, ist eine zunehmende Dezentralisierung der nationalen Interessenvertretung innerhalb der EU festzustellen. Zudem lässt sich eine wachsende Bürokratie im Bereich der Koordination sowie eine unzureichende Kontrolle der zunehmend einflussreichen Europapolitik durch die nationalen Parlamente länderübergreifend beobachten. Im Folgenden sollen ausgewählte EU-Staaten bezüglich ihrer europapolitischen Koordinationsmechanismen und ihrer intergouvernementalen Koordinationsfähigkeit näher betrachtet werden. So sollen bestehende Probleme und Hindernisse in Bezug auf eine Harmonisierung weiterer politischer Bereiche innerhalb der Wirtschafts- und Währungsunion aufgezeigt werden.

5.3.1 Deutschland

Deutschlands großes Engagement bereits zu Beginn der europäischen Integration lässt sich auf das Streben nach internationaler Rehabilitierung des jungen demokratischen Staates zurückführen. Im Gegensatz zu anderen europäischen Nationen sprach Deutschland seine nationalen Interessen – mit Ausnahme des Wunsches nach der deutschen Wiedervereinigung – allenfalls zurückhaltend aus, weshalb es sich im Hinblick auf die Europapolitik von den Koordinationssystemen anderer Staaten, wie etwa Großbritannien oder Frankreich, bis heute stark unterscheidet.

Da Deutschland zu Beginn der 1950er Jahre noch kaum über außenpolitische Kompetenzen verfügte, bedeutete der europäische Integrationswille und damit der Zusammenschluss europäischer Staaten zur Montanunion erstmals eine Chance gegenüber Drittstaaten im Rahmen vereinzelter Politikbereiche wieder handlungsfähig zu werden. Erste Grundlagen für das deutsche System der europapolitischen Koordination entstanden im Zuge einer Auseinandersetzung zwischen dem deutschen Bundeskanzler Konrad Adenauer, der zu jenem Zeitpunkt zusätzlich das Amt des Außenministers bekleidete, und dem damaligen Wirtschaftsminister Ludwig Erhard (Große Hüttmann 2007, S. 3).

Während Adenauer maßgeblich an den Verhandlungen zur Schaffung der Europäischen Gemeinschaft für Kohle und Stahl (EGKS) beteiligt war und als großer Verfechter des europäischen Integrationsprozesses galt, trieb Erhard primär den Aufbau der sozialen Marktwirtschaft in Deutschland voran. Mit seinen marktwirtschaftlich orientierten Ideen stieß er bei Adenauer und dem Auswärtigem Amt, aufgrund der Unvereinbarkeit mit dessen Politik der europapolitischen Integration, auf Widerstand. Die Auseinandersetzung um die finale Entscheidungsmacht in europapolitischen Fragen gewann schließlich Adenauer, dennoch spielte auch das Wirtschaftsministerium aufgrund der vorwiegend ökonomischen Themenbereiche innerhalb der EGKS eine einflussreiche Rolle (Bulmer et al. 2000, S. 3). Der Kompromiss umfasste die Schaffung von Europaabteilungen in beiden Ministerien sowie die Besetzung der Ständigen Vertretung in Brüssel mit Beamten und Diplomaten sowohl aus dem Wirtschaftsministerium als auch aus anderen Ministerien, die regelmäßig in Brüsseler EU-Verhandlungen involviert sind (Derlien 2000, S. 58).

Bis in die 1980er Jahre hinein kam dem Wirtschaftsministerium, welches lange Zeit als einziges deutsches Ministerium über eine Europaabteilung verfügte, eine wesentliche Rolle für die europapolitische Koordinierung zu. Die Europaabteilung war jedoch stets den Ressortkonkurrenzen der Ministerien ausgesetzt. So wurde sie im Jahre 1998 auf Betreiben des damaligen Finanzministers Oscar Lafontaine in das Bundesfinanzministerium verlegt, womit sich das europapolitische Duo aus Wirtschaftsministerium und Auswärtigem Amt zunächst auflöste. Begründet wurde die Verschiebung der Zuständigkeiten mit den zunehmenden finanzpolitischen Aufgaben im Zuge der Währungsunion und mit anstehenden institutionellen Reformprozessen aufgrund der EU-Erweiterung (Sturm/Pehle 2011, S. 50f.).

Sieben Jahre später veranlasste die neugewählte Kanzlerin der großen Koalition, Angela Merkel, einen Tag nach ihrem Amtseintritt die Verlagerung der Europaabteilung, mit Ausnahme einiger finanz- und haushaltspolitischer Referate, zurück in das Wirtschaftsministerium.

Das Auswärtige Amt gewann als ressortunabhängiges Ministerium allmählich an Einfluss, nachdem der Vertrag von Maastricht die Einrichtung einer gemeinsamen Europäischen Außen- und Sicherheitspolitik (GASP) festlegte, und baute 1993 erstmals eine eigene Europaabteilung auf (Bulmer et al. 2000, S. 3). Bis heute bleibt das deutsche Wirtschaftsministerium jedoch eine bedeutende Figur auf dem europäischen Parkett und gilt – gemeinsam mit dem Finanzministerium – als treibende Kraft innerhalb der Währungsunion.

Eine weitere einflussreiche Rolle im Rahmen der EU-Koordination nimmt das Bundeskanzleramt ein, das die Gipfeltreffen des Europäischen Rats vorbereitet und sich mit europäischen Problemstellungen befasst, die zur „Chefsache" erklärt wurden (Hayes-Renshaw/Wallace 1997, S. 165ff.). 2002 wurde auch hier eine Abteilung für Europapolitik eingerichtet.

Mit der Ausdehnung europäischer Kompetenzen, unter andrem durch den Vertrag von Maastricht, waren zunehmend Kernbereiche staatlicher Souveränität betroffen, wie etwa Bereiche der Umwelt-, Verkehrs- oder Justizpolitik.[7] So mussten nun neben den genannten Hauptakteuren deutscher Europapolitik auch andere politische Ressorts in die Koordination deutscher Europapolitik involviert werden. Seit Juni 2000 ist es daher allen Bundesministerien erlaubt, in ressortbezogenen Angelegenheiten mit den jeweiligen europäischen Dienststellen unmittelbar zusammenzuarbeiten (vgl. § 37, GGO – Zusammenarbeit mit der EU). So unterhalten heute elf der insgesamt 14 deutschen Bundesministerien eine eigenständige Europaabteilung (Sturm/Pehle 2011, S. 52).

Das deutsche EU-Koordinationssystem

Das europapolitische Koordinationsverfahren in Deutschland ist heute ein komplexes System von Entscheidungs- und Interaktionsprozessen. Im Gegensatz zu Frankreich oder Großbritannien entwickelte die Bundesregierung nie eine zentralisierte strukturelle Lösung zur Koordination von EU-Themen. Es existiert weder ein Europaministerium oder ein Generalsekretariat wie in Frankreich noch ein starker Kabinettsausschuss, wie etwa in Großbritannien, in welchem Informationen und Entscheidungen gebündelt und zentral koordiniert werden (Derlien 2000, S. 54).

Die deutsche Koordination europäischer Politik erfolgt aufgrund der im Grundgesetz festgeschriebenen Autonomie der politischen Ressorts nach dem Kanzler-, dem Kabinetts- sowie dem Ressortprinzip. Die Leitlinien deutscher Europapolitik werden nach Artikel 65 des Grundgesetzes vom deutschen Bundeskanzler festgelegt. Die europapolitische Willensbildung erfolgt schließlich auf der Ebene der jeweiligen Ministerien sowie im Dialog zwischen Bund und Ländern und ist hierarchisch gegliedert (Jürgen 2007). Somit existieren heute drei verschiedene Koordinationsmechanismen.

Zum einen erfolgt in den Europaabteilungen des Wirtschafts- und Außenministeriums sowie in der Ständigen Vertretung eine *semi-zentrale Koordination*. Hier wird im Vorhinein festgelegt, in welcher Form die Koordination von EU-Themen zwischen den zahlreichen betroffenen europäisierten Ministerien erfolgen soll. Das Außenministerium ist dabei zuständig für EU-Abkommen und institutionelle Fragen der EU, wie etwa EU-Erweiterungen oder Assoziationsabkommen mit Nicht-EU-Staaten. Verantwortungsbereiche des Wirtschaftsministeriums umfassen ökonomische und regionale Politikbereiche, die von der EU betroffen sind, wobei es befugt ist, direkte Weisungen an die Ständige Vertretung zu tätigen (Derlien 2000, S. 57).

---

7 Hier griff das Bundesverfassungsgericht ein, um die Vereinbarkeit des Vertrags von Maastricht mit dem deutschen Grundgesetz zu prüfen, vgl. auch S. 117.

Überdies ist die *horizontale Koordination* zwischen und innerhalb der Ministerien ein zentrales Element der deutschen Verwaltungskultur. Konflikte zwischen den Ressorts werden meist durch Verhandlungen und Zugeständnisse überwunden. Der Rechts- und Politikwissenschaftler Fritz W. Scharpf spricht hier von einer „negativen Koordination" (Scharpf 1972), da man sich auf den kleinsten gemeinsamen Nenner einigt. Die EU-Koordination findet dabei größtenteils ohne Involvierung der Minister auf einer Ebene von EU-Experten statt, wobei deren Prioritäten jedoch antizipiert und berücksichtigt werden. Es erfolgt zudem eine regelmäßige Berichterstattung, wodurch die Minister jederzeit über alle wichtigen politischen Themen informiert sind (Derlien 2000, S. 59f.).

Ferner spielen die Bundesländer im föderalen System Deutschlands eine wichtige politische Rolle. Um auch in der Europapolitik angemessen vertreten zu sein und Mitsprache zu haben, wurden Europaabteilungen und Europaministerien in den Ländern sowie Vertretungen in Brüssel geschaffen, in welchen die politische Koordination stattfindet. Somit können sich die Länder direkt und indirekt über den Bundesrat in die europapolitische Entscheidungsfindung mit einbringen.

Zusätzlich zu den genannten Koordinationsmechanismen erfolgt eine dreistufige, interministerielle *EU-Koordination über Ausschüsse.*

Im sogenannten Dienstagsausschuss diskutieren die für europapolitische Fragen zuständigen Ressortleiter aus den Ministerien die Agenda des wöchentlich tagenden Ausschusses der Ständigen Vertreter in Brüssel und bereiten Weisungen an den deutschen Vertreter vor. Einfache Differenzen zwischen den Ressorts werden hier gelöst und erste Positionen zu EU-Themen entworfen. Außerdem werden Unstimmigkeiten mit anderen EU-Staaten aufgedeckt. Der Dienstagsausschuss unterliegt der Leitung des Wirtschafts- und des Außenministeriums. Ausschließlich ungeklärte Teilbereiche der wöchentlichen Schriftstücke werden an die jeweiligen Minister zur Bearbeitung weitergeleitet.

Hierarchisch direkt unterhalb des Bundeskabinetts angesiedelt ist der Staatssekretärsausschuss für Europaangelegenheiten. Vorsitzender ist der Staatsminister für Europa im Auswärtigen Amt. Der Ausschuss behandelt Kommissionsvorschläge und trifft europapolitische Grundsatzentscheidungen, falls zuvor die Europa-Abteilungsleiter keine Einigung erzielen konnten. An diesen Treffen, die in der Regel alle drei bis fünf Wochen stattfinden, nimmt neben den Staatssekretären der Wirtschafts-, Außen-, Landwirtschafts- und Finanzministerien ferner der deutsche Botschafter aus Brüssel sowie ein Vertreter des Bundeskanzleramts teil (Bulmer et al. 2000, S. 4).

Auf der hierarchisch höchsten Stufe befindet sich der Ausschuss für Angelegenheiten der Europäischen Union, welcher für Grundsatzentscheidungen zur Europäischen Integration und zu institutionellen Themen zuständig ist. Er ist der größte Bundestagsausschuss und setzt sich aus 35 Mitgliedern des Bundestags sowie 16 Mitgliedern des Europaparlaments zusammen. Die Vertreter des Europaparlaments sind mitwirkungsberechtigt, besitzen jedoch kein Stimmrecht. Der EU-Ausschuss ist im Grundgesetz festgeschrieben (Art. 23 GG) und insbesondere für die parlamentarische Mitwirkung und Kontrolle der deutschen EU-Politik verantwortlich. Dementsprechend kann er „die Rechte des Deutschen Bundestages wahrnehmen und gegenüber der Bundesregierung Stellungnahmen abgeben“ (Art. 23 Abs. 3 GG). Zudem kann er „als einziger Bundestagsausschuss Änderungsanträge zu Beschlussempfehlungen der federführenden Fachausschüsse in das Plenum des Deutschen Bundestages einbringen“ (Deustcher Bundestag 2013). Der EU-Ausschuss pflegt darüber hinaus intensive Kontakte zu Europaausschüssen anderer nationaler Parlamente der EU.

EU-Koordination in der Bundesregierung

Die deutsche Bundesregierung, allen voran die Bundeskanzlerin und der Finanzminister, nehmen über den Europäischen Rat und den Rat der EU direkt an der europäischen Entscheidungsfindung teil. Dementsprechend wird die Meinung der Bundesregierung meist als die allumfassende Meinung Deutschlands wahrgenommen. Die Europapolitik der Regierung beruht auf ordnungspolitischen Idealen und dem Leitbild der sozialen Marktwirtschaft. So soll die EU lediglich einen Ordnungsrahmen bilden, welcher eine regulative Politik auf EU-Ebene in Form von Subventionskontrolle, Wettbewerbspolitik, die Bewahrung der Haushaltsstabilität sowie Strukturfonds gewährleistet (Kauffmann/Uterwedde 2010, S. 13). Das Interesse der Regierung an der Europäischen Währungsunion lag seit jeher in der Schaffung eines allgemeingültigen Regelwerks für die Eurozone, mit dessen Hilfe eine wertbeständige Finanzpolitik in den Eurostaaten garantiert werden sollte. Gegen eine substantiellere wirtschaftspolitische Regulierung in Form einer Europäischen Wirtschaftsregierung nach dem Vorbild Frankreichs wehrte sich Angela Merkel deshalb lange, bis sie feststellen musste, dass der Wachstums- und Stabilitätspakt kläglich versagt hatte und auch die Lissabon-Strategie für Innovation und Wachstum auf Grund fehlender makroökonomischer Koordinierung scheiterte (Kauffmann/Uterwedde 2010, S. 17). Dennoch lag der Schwerpunkt in Merkels EU-Politik zur Überwindung der Euroschuldenkrise in der Schaffung besserer Instrumente, um möglichen Haushaltsproblemen der Eurostaaten in Zukunft ausreichend vorzubeugen. So setzte sie sich für die europaweite Einführung der deutschen Schuldenbremse sowie für das Europäische Semester ein, in welchem die Haushaltsplanung der Staaten ex ante durch die europäische Exekutive geprüft wird. Mit Merkels Forderung an die finanziell unterstützten Schuldenstaaten, ehrgeizige Sparmaßnahmen und Wirtschaftsreformen durchzuführen, hatte sie außerdem Erfolg, auch wenn sie seit jeher unter anderem als „Eiserne Lady“ (vgl. u.a. FAZ 2012) bezeichnet wird.

Doch im Zuge der Entwicklungen der Euroschuldenkrise machte Angela Merkel Zugeständnisse in Richtung einer vertieften wirtschaftspolitischen Zusammenarbeit, auch wenn sie sich stets strikt gegen die Ausweitung von EU-Kompetenzen im Bereich der Fiskalpolitik stellte. Mit der Notwendigkeit einer „politischen Union" meinte sie nicht die Abgabe nationaler Kompetenzen auf dem Feld der Budget- und Einkommenspolitik an die europäischen Institutionen, sondern lediglich eine Ausweitung der Kontrollmöglichkeiten der nationalen Fiskalpolitik durch die Gemeinschaft.

EU-Koordination im Bundestag

Im Gegensatz zur Bundesregierung, welche als einziges deutsches Verfassungsorgan Teil des EU-Institutionssystems ist, haben sowohl der Bundestag als auch der Bundesrat nur sehr eingeschränkte Möglichkeiten, sich auf europäischer Ebene politisch einzubringen und EU-Entscheidungen zu beeinflussen. So ist der Bundestag im Zuge der steten Europäisierung einem zunehmenden Bedeutungsrückgang seiner legislativen Funktionen ausgesetzt. Bei Ratifizierungen europäischer Gemeinschaftsverträge hat er lediglich die Möglichkeit, ihnen zuzustimmen oder sie abzulehnen, nicht aber sie zu ändern oder sich an deren Beschluss zu beteiligen. Lediglich über die im Europäischen Rat vertretene Bundesregierung oder über die, jedoch nicht weisungsbefugten, EU-Abgeordneten im EU-Parlament kann der Bundestag versuchen Einfluss auf EU-Beschlüsse zu nehmen. Bei der Ausführung von EU-Vorlagen hat der Bundestag theoretisch die Möglichkeit zu variieren, wobei meist jedoch aufgrund der detaillierten Ausarbeitung der Vorgaben nur ein geringer Spielraum bleibt.

Dennoch wurden innerhalb der vergangenen 50 Jahre die Beteiligungsrechte des Bundestags im Bereich europäischer Politik ausgebaut. So muss laut Artikel 23 des Grundgesetzes die Bundesregierung den Bundestag zum frühesten Zeitpunkt über europäische Angelegenheiten informieren, woraufhin der Bundestag zu dem Thema Stellung beziehen kann. Die Stellungnahme muss von der Regierung berücksichtigt werden, was in der Realität jedoch nicht immer geschieht. Dennoch gelten die Rechte des Bundestags zur Mitwirkung in der Europapolitik im Vergleich zu anderen europäischen Parlamenten als einflussreich.

Nach gescheiterten Versuchen die europapolitische Willensbildung des Bundestags im EG-Ausschuss zu bündeln, wurde im Jahr 1994 der sogenannte „Ausschuss für Angelegenheiten der Europäischen Union" (EU-Ausschuss) ins Leben gerufen. Dieser setzt sich aus 35 Mitgliedern des Bundestags und 16 Mitgliedern des EU-Parlaments zusammen und kann als einziger Ausschuss des Bundestags Änderungsvorschläge zu Vorlagen der EU machen. Auch wenn der EU-Ausschuss als zentrales Koordinierungsorgan des Bundestags gilt, wurde er in der Vergangenheit bis auf grundsätzliche integrationspolitische Fragen nur in geringem Ausmaß zur Beeinflussung europäischer Politik genutzt und bleibt in seiner Arbeit weitestgehend bedeutungslos (Sturm/Pehle 2011, S. 76f.).

Um die Einflussnahme zu verbessern, wurde im Herbst 2006 in Brüssel ein Vertretungsbüro des Bundestags eingerichtet, welches den EU-Ausschuss als Zentrum der Entscheidungsfindung entlasten und insbesondere den Bundestag mit mehr Informationen versorgen soll. Neben der Bewertung und Weiterleitung von EU-Vorlagen kontrolliert das Brüsseler Verbindungsbüro die Kommissionsvorschläge auf die Vereinbarkeit mit dem vertraglich festgehaltenen Subsidiaritätsprinzip. Die Subsidiaritätskontrolle ist Bestandteil des Integrationsverantwortungsgesetzes, welches nach dem Urteil des Bundesverfassungsgerichts zum Vertrag von Lissabon verabschiedet wurde.

Auch hat das Bundesverfassungsgericht in Bezug auf europapolitische Themen in den vergangenen Jahren weitere Urteile zugunsten des Bundestags gefällt. 2012 wurde dem Vorwurf des Bundestagspräsidenten Norbert Lammert, dass die Regierung das Unterrichtungsrecht im Zusammenhang mit dem Rettungsschirm ESM und dem „Euro-Plus-Pakt" verletzt hätte, recht gegeben (Deutscher Bundestag 2012). Verdeckte Absprachen und eine unzureichende Informierung der Bundestagsabgeordneten im Hinblick auf den ESM hätten die Wahrnehmung der Rechte des Bundestags massiv eingeschränkt. Die Entscheidung gilt demnach als „wichtiger Baustein in einer Reihe von Entscheidungen des Bundesverfassungsgerichts zur Stärkung parlamentarischer Verantwortung im Rahmen der europäischen Integration." (Voßkuhle 2012).

EU-Koordination im Bundesrat

Ähnlich wie der Bundestag hat auch der Bundesrat im Bereich der europäischen Politikgestaltung nur einen begrenzten Einfluss und ist einer steten Marginalisierung seiner Gesetzgebungsverantwortung ausgesetzt. Um seinen Einfluss auszubauen, erreichte der Bundesrat im Zuge des Vertrags von Maastricht die Aufnahme eines neuen Artikels in das Grundgesetz (Art. 23 GG), welcher eine stärkere Verbindlichkeit der Bundesregierung im Bundesratsverfahren vorsieht. Mit der Einführung dieses Artikels erhöhte sich jedoch die Anzahl der beteiligten Akteure innerhalb der europapolitischen Koordination zusehends, wodurch eine konsensuale Entscheidungsfindung noch komplexer wurde.

Nach Artikel 23 (4) des Grundgesetzes ist der Bundesrat nun „an der europäischen Willensbildung zu beteiligen, soweit die Länder innerstaatlich zuständig wären". Zudem muss auch hier die Bundesregierung über EU-Vorhaben frühestmöglich informieren und Stellungnahmen des Bundesrats in ihren Entscheidungen berücksichtigen, insbesondere wenn Verantwortungsbereiche der Länder betroffen sind. Dennoch kann auch hier die Regierung aus integrations- oder außenpolitischen Gründen von den Forderungen der Länder abweichen, sofern sie dies begründen kann.

Stehen allerdings Entscheidungen an, die ausschließlich die Gesetzgebung der Länder berühren, wird ein Vertreter der Länder im Bundesrat bestimmt, der an der Abstimmung gemeinsam mit der Bundesregierung beteiligt wird (Art. 23 (6) GG).

Der Artikel 23, insbesondere Absatz 6, ist dem Bund ein Dorn im Auge, da durch das Bundesratsverfahren meist langwierige innerstaatliche Kompetenz- und Koordinierungsgeflechte auftreten, die zu einer häufigen Stimmenthaltung Deutschlands bei Entscheidungen des Europäischen Rates führen (Schwall-Düren 2007, S. 217). In der Föderalismusreform von 2006 wurde nach langen Verhandlungen schließlich der sechste Absatz des Artikels 23 eingeschränkt und die finanzielle Verantwortung der Länder (bei mangelnder Durchsetzung von EU-Vorgaben oder bei Nichterfüllung des Stabilitäts- und Wachstumspakts) festgeschrieben.

Um im Bundesrat kurzfristige EU-Vorlagen in einem vereinfachten Verfahren schneller bearbeiten zu können, richtete er die EG-Kammer ein, deren Beschlüsse die gleiche rechtliche Wirkung wie Beschlüsse des Bundesrats erhielten (Art. 52 (3a) GG). Die Kammer besteht jedoch nur aus jeweils einem politischen Vertreter der Länder, der allerdings mit der Anzahl an Stimmen abstimmen darf, die dem jeweiligen Land normalerweise im Bundesrat zustehen. Die EG-Kammer als verkürztes Verfahren wird jedoch nur selten in Anspruch genommen, sodass die europapolitische Willensbildung weiterhin vorwiegend im EU-Ausschuss des Bundesrats stattfindet.

Das Bundesverfassungsgericht

Die deutsche Europapolitik wird häufig hinsichtlich ihrer unzureichenden demokratischen Legitimation kritisiert. Im Zuge der fortschreitenden europäischen Integration und der Kompetenzübertragungen auf die EU-Ebene nimmt die Bedeutung des Bundestags zunehmend ab. Auch in seiner Rolle als Kontrolleur der Exekutive ist der Bundesrat in EU-Fragen überfordert (Bulmer et al. 2000, S. 6). Die Verfahrensautonomie der nationalen Parlamente wird aufgrund der Komplexität der Materie und des Zeitdrucks zunehmend beeinträchtigt (Oberreuter 2012, S. 27).

Infolgedessen schaltet sich das deutsche Bundesverfassungsgericht vermehrt ein, womit es innerhalb des europäischen und deutschen Institutionengefüges eine außergewöhnliche Rolle einnimmt. Es gilt als Verfassungshüter und setzt sich für „die vom Demokratieprinzip im geltenden Verfassungssystem geforderte Wahung der Souveränität“ ein (BVerfGE 123, 248). So stellte das Gericht in mehreren Urteilen eine unzureichende Beachtung der Rechte des Bundestags und ihrer Abgeordneten fest und verlangte Nachbesserungen im deutschen und im europäischen Recht. Im Zuge seiner Urteile hat das Bundesverfassungsgericht die Macht des deutschen Parlaments ausgebaut und übt damit einen nicht unerheblichen Einfluss auf die EU-Politik aus. In mancher Hinsicht wird ihm sogar eine Justizialisierung der Politik vorgeworfen (Stüwe 2002, S. 44). Mit seiner kritischen Haltung gegenüber der fortschreitenden Integration versucht das Gericht insbesondere bei institutionellen Entscheidungen den Erhalt der staatlichen Souveränität zu schützen, womit es sich jedoch nicht selten den Ärger der europäischen Institutionen einhandelt.

Nach dem „Maastricht-Urteil"[8] etwa war das Gericht großer Kritik ausgesetzt, da dessen Rechtsprechung nach Auffassung des Europäischen Parlaments die Basis der europäischen Gemeinschaft gefährdet habe. Dem Gericht wurde vorgeworfen, den vermeintlichen Rückzug aus der aktiven Beteiligung beim Normenkontrollverfahren, der in Folge des „Solange-II-Beschlusses" erfolgt war, beendet zu haben. In einer Gegeninitiative setzte der Rechtsausschuss des Parlaments fest, dass das europäische Gemeinschaftsrecht stets Vorrang vor nationalem Recht habe und daher kein nationales Gesetz verabschiedet werden dürfe, welches gegen gemeinschaftliches Recht verstößt (vgl. Europäisches Parlament 1997).

Das Bundesverfassungsgericht ist ebenso wie alle anderen nationalen Gerichte bei der nationalen Normenkontrolle dem Europäischen Gerichtshof unterworfen und besitzt keine eigenständige Verfassungskompetenz gegenüber Rechtsakten von EU-Organen. Über die Auslegung des EU-Vertrags und damit über die Vereinbarkeit von europäischem mit nationalem Recht entscheidet der EuGH. Somit kann das Bundesverfassungsgericht zwar nationale Direktiven aufgrund fehlender Vereinbarkeit mit dem Gemeinschaftsrecht verwerfen, gemeinschaftsrechtliche Normen können jedoch nicht wegen ihrer Unvereinbarkeit mit dem deutschen Recht außer Kraft gesetzt werden. Im Urteil von Maastricht verstieß das Gericht in seiner Auslegung der Verträge über die EU als „inhaltlich abschließend bestimmte Integrationsprogramme" gegen eine Bestimmung des Vertrags über die Arbeitsweise der EU[9], indem es die Bindungswirkung für

8 Hier wurde eine Verfassungsbeschwerde gegen das Zustimmungsgesetz des Vertrags von Maastricht verhandelt, welches den Bundestag in einem so hohen Maße entmachtet, dass es gegen das Grundgesetz verstoße. Bemerkenswert war hier nicht, dass sich das Bundesverfassungsgesetz mit der Kongruenz der Verfassungsprinzipien Deutschlands und der EU beschäftigte, sondern vielmehr, dass dies auf Grund einer Verfassungsbeschwerde einer Gruppe von Klägern geschah. Die bedeute letztendlich, dass jeder einzelne Bürger direkten Einfluss auf Kompetenzveränderungen des Bundestags nehmen könne.

9 „Erscheint ein Tätigwerden der Union im Rahmen der in den Verträgen festgelegten Politikbereiche erforderlich, um eines der Ziele der Verträge zu verwirklichen, und sind in den Verträgen die hierfür erforderlichen Befugnisse nicht vorgesehen, so erlässt der Rat einstimmig auf Vorschlag der Kommission und nach Zustimmung des Europäischen Parlaments die geeigneten Vorschriften." (Art. 352 (1) AEUV)

Deutschland außer Kraft setzte (Sturm/Pehle 2011, S. 140). Dem Bundesverfassungsgericht wurde demzufolge vorgeworfen, dass es in seinem Urteil die nationalen Gerichte dazu aufrufe europäisches Recht nur anzuwenden, wenn es nicht die Souveränität des Nationalstaats beschneide (Koch 1996, S. 403). Mit dem Urteil von Maastricht erschwerte das Bundesverfassungsgericht die Kooperation mit dem EuGH und verkomplizierte die Umsetzung europäischer Vorgaben in deutsches Recht, da diese teilweise vom Bundesverfassungsgericht für verfassungswidrig erklärt wurden.

Auch im Umgang des Gerichts mit den Verfassungsklagen zur Gründung der Europäischen Währungsunion vier Jahre nach dem Maastricht-Urteil zeigte sich, dass sich das deutsche Gericht schwer damit tat, die Europäische Gemeinschaft in Entscheidungen miteinzubeziehen und den Europäischen Gerichtshof als höchste Instanz anzuerkennen. Die Klagen wurden abgelehnt, ohne die Entscheidung des zweiten Senats, welcher rechtlich gesehen gemeinsam mit der Europäischen Gemeinschaft das letzte Wort gehabt hätte, abzuwarten.

Ein weiteres Urteil des Bundesverfassungsgerichts, welches die Europäische Union in Aufruhr versetzte, war das am 30. Juni 2009 verkündete Urteil zum Vertrag von Lissabon. Dabei handelte es sich um eine Reihe von Verfassungsbeschwerden und Anträge im Organstreitverfahren, die das Gericht bündelte. Zwar wurde in dem Urteil der Vertrag für verfassungskonform, das „Begleitgesetz“[10] jedoch für verfassungswidrig erklärt. Zur Begründung wurde das im Grundgesetz verankerte Wahlrecht (Art. 38 GG) angeführt, gegen welches aufgrund ungenügender Beteiligungsrechte des deutschen Bundestags und Bundesrats im europäischen Rechtssetzungs- und Vertragsänderungsverfahren verstoßen wurde. Die Motivation für das Urteil war erneut die deutsche Angst eines zu großen Souveränitätsverlustes, einer „Entstaatlichung“ zu Gunsten der Europäischen Integration, weshalb das Gericht wiederholt an dem Prinzip der „umkehrbaren Selbstbindung“ festhielt. Auch nach dem Inkrafttreten des Vertrags von Lissabon waren die Richter des Bundesverfassungsgerichts gegen eine weitere Ausgestaltung, da der Europäischen Union noch immer eine ausreichende demokratische Legitimation fehle. Entscheidende Politikfelder müssten in nationaler Hand bleiben, so lange das Europäische Parlament nur eine „Vertretung der miteinander vertraglich verbundenen Völker“ ist (BVerfGE 123, 267 [372). Zu den Politikbereichen zählten unter anderem das zivile und militärische Gewaltmonopol, Einnahmen und Ausgaben sowie die Verwirklichung der Grundrechte wie das Recht auf Meinungs- und Pressefreiheit.

10 Das „Gesetz über die Ausweitung und Stärkung der Rechte des Bundestags und des Bundesrats in Angelegenheiten der Europäischen Union“ wird allgemein als das Begleitgesetz zum Vertrag von Lissabon bezeichnet.

Das Bundesverfassungsgericht und die EU

Das Bundesverfassungsgericht sah sich im Hinblick auf die Eurokrise einer schwierigen Aufgabe gegenüber gestellt. So versuchte es den Spagat zwischen dem Schutz der nationalen Rechtsstaatlichkeit und der Überwindung der Schuldenkrise zu halten und übernahm damit eine ambivalente Rolle zwischen den verfassungsrechtlichen Ansprüchen des deutschen Grundgesetzes und der fortschreitenden Konstitutionalisierung des europäischen Rechtssystems (Lhotta/ Ketelhut 2006, S. 466). Dabei stand es unter enormem Druck, ausgeübt durch die ungeduldigen EU-Gremien, die so schnell wie möglich nötige Rettungsmaßnahmen umsetzen wollten (vgl. u.a. FAZ 2012).

Andererseits übt das Gericht einen erheblichen Einfluss auf die Entscheidungen der EU aus. So ließ es unlängst eines der großen strukturellen Probleme des institutionellen Systems der EU ans Licht treten: Da mit der Europäischen Währungsunion eine staatenübergreifende Währung ohne eine staatenübergreifende Demokratie geschaffen wurde, hat die beginnende Umverteilung innerhalb Europas durch Strukturfonds, den EU-Finanzrahmen und nun durch die Schaffung des ESM, zu einer umwälzenden europäischen Verfassungskrise geführt. Die EU hat mit dem Rettungsschirm die Grenzen der institutionellen Legitimation erreicht. Die Verfassung Deutschlands und anderer Mitgliedsstaaten lässt keinen weiteren Abtritt fiskalischer Souveränität an außerstaatliche Organe zu (Gäditz/Hillgruber 2011). Da die Währungsgrenze in der Regel die bedeutendste wirtschaftliche und politische Außengrenze darstellt, müsste theoretisch auch die finanzielle Bindung an den Nationalstaat auf die Eurozone übertragen werden (Guérot 2013, S. 5). Doch aufgrund des mangelnden europäischen Demos, eines fehlenden europäischen Gemeinschaftsgefühls, wird dies in der mittelfristigen Zukunft nicht möglich sein. Die Europäische Wirtschafts- und Währungsunion befindet sich in einem Dilemma zwischen Wirtschaft und Demokratie.

Infolgedessen reichten nach der Verabschiedung des Europäischen Rettungsschirms ESM und des Fiskalpakts für mehr Haushaltsstabilität im Bundestag und Bundesrat über 37.000 deutsche Bürger im Verein „Mehr Demokratie für Deutschland", unter der Federführung der ehemaligen Bundesjustizministerin Herta Däubler-Gmelin und des Leipziger Staatsrechtlers Christoph Degenhardt, Verfassungsbeschwerde beim Bundesverfassungsgericht ein. Zudem klagten ein Gruppe von Rechts- und Wirtschaftswissenschaftlern um Karl Albrecht Schachtschneider sowie die Partei „Die Linke" und der CSU-Politiker Peter Gauweiler gegen die Rettungsmaßnahmen. Vorgeworfen wurde insbesondere die Beeinträchtigung des Haushaltsrechts durch den Bundestag, da mit dem Fiskalpakt die Budgethoheit auf die EU-Ebene verlagert würde. Des Weiteren wird eine fehlende Ausstiegsoption der Euroländer aus dem Vertrag bemängelt. Mit dem Rettungsschirm ESM werden die Euro-Staaten zu einer „quasi bundesstaatlichen

Haftungsgemeinschaft", womit die im Urteil des Bundesverfassungsgerichts zum Lissaboner Vertrag festgesetzten Grenzen der Europäischen Integration überschritten würden (vgl. u.a. dpa 2012). Es handelte sich um die größte Verfassungsbeschwerde in der Geschichte der Bundesrepublik und wurde von Politikern der EU als wegweisend für die Zukunft der gemeinsamen Währungsunion angesehen. Bis zur Entscheidung der Richter wurde das Inkrafttreten der Gesetze aufgrund zahlreicher Anträge auf den Erlass einer einstweiligen Anordnung verschoben.

Besonderes Aufsehen erregte Peter Gauweiler nur wenige Tage vor der Karlsruher Urteilsverkündung mit einem Eilantrag zur Verhinderung des Rettungsschirms. Als Reaktion auf die Ankündigung der Europäischen Zentralbank, von nun an notfalls unbegrenzt Staatsanleihen notleidender Eurostaaten auf dem Zweitmarkt aufzukaufen, was seiner Meinung nach das Risiko des Bundeshaushaltes „völlig unkalkulierbar und deshalb auch unverantwortbar" mache, verlangte Gauweiler, dass das Gesetz nicht in Kraft treten dürfe, solange die Entscheidung der EZB nicht rückgängig gemacht werde (Gauweiler 2012).

Doch der Eilantrag wurde vom Gericht zurückgewiesen. Zudem kamen die Richter im September 2012 zu der vorläufigen Entscheidung, dass der ESM nicht gegen das Grundgesetz verstoße, wenn auch unter Vorbehalt. Bevor das Gesetz final ratifiziert werden kann, muss in einem Anhang verdeutlicht werden, dass die im Gesetz festgelegte Haftungsobergrenze Deutschlands von 190 Milliarden Euro nicht ohne die Einwilligung des Bundestags überschritten werden darf. Zudem darf es keine Schweigepflicht der ESM-Verantwortlichen gegenüber dem Bundestag geben.

Die Entscheidung in der Hauptsache wurde auf Februar 2014 gelegt. Das Bundesverfassungsgericht thematisierte und prüfte hier den Kern der Klagen, das umstrittene Anleiheankaufprogramm (Outright Monetary Transactions) der EZB. Doch das Gericht konnte sich nicht auf ein endgültiges Urteil festlegen. Es sprach sich in seinem Urteil dafür aus, dass das EZB Programm zum unbegrenzten Ankauf von Staatsanleihen gegen „das Verbot monetärer Haushaltsfinanzierung" verstößt. Erstmalig entschied es jedoch, seine Entscheidung zur definitiven Beurteilung dem Europäischen Gerichtshof vorzulegen (Bundesverfassungsgericht 2014).

Bewertung des deutschen Koordinationssystems

Die Bereitschaft zur Europäischen Integration und zu einer deutschen Koordination europäischer Politik ist, insbesondere seit den 1990er Jahren, je nach Ressort unterschiedlich stark ausgeprägt. Vor allem in den Bereichen deutscher Sozial-, Justiz- und Innenpolitik – in welchen die Souveränität auch weiterhin bei Bund und Ländern liegen sollte – wurde die zunehmende Integration mit

Skepsis und Zurückhaltung betrachtet. Auf der anderen Seite setzten sich deutsche Politiker wie der damalige Außenminister Joschka Fischer oder Finanzminister Wolfgang Schäuble für die Vollendung der Europäischen Integration ein und trieben die Ausarbeitung des Vertrages einer Europäischen Verfassung voran (Fischer 2000 S. 11).

Das deutsche System der europapolitischen Koordination wird häufig hinsichtlich seiner Funktionsfähigkeit kritisiert. In Regierungskoalitionen führt die Besetzung der Ministerien mit Ministern verschiedener Parteizugehörigkeiten häufig zu einem Konkurrenzverhalten, womit eine einheitliche Strategie der gesamten deutschen Regierung verhindert wird. Zudem sind intensive bilaterale Kontakte zwischen den Ministerien und Experten in Brüssel vorherrschend, womit die Koordinationsausschüsse teilweise umgangen werden (vgl. u.a. Wessels/Rometsch 1996; Bulmer 1986). Es ist inzwischen allen Ministerien erlaubt, mit den jeweiligen Europaabteilungen in Brüssel unmittelbar zu verhandeln und eigene Vertretungsbüros in Brüssel zu unterhalten. Ressorts, deren politische Themen kongruent in Unterausschüssen des Rats oder der Generaldirektionen der Kommission diskutiert werden, wie etwa die Landwirtschaftspolitik, entwickelten besonders intensive bilaterale Beziehungen zu Brüssel. Das eigenständige Handeln der Ministerien ist insofern kritisch, da Informationsstrukturen unterbrochen und dementsprechend ungenügend sind. Auch die Länderregierungen haben Vertretungen in Brüssel eingerichtet, um dort ihre Interessen durchzusetzen. Denn das Verhältnis zwischen Bund und Ländern ist im Zuge fortschreitender Europäisierung von großem Misstrauen im Hinblick auf europapolitische Angelegenheiten geprägt. Die Länder haben Angst vor einem Souveränitätsverlust, da der Bund nach Artikel 24.1 GG befugt ist, Kompetenzen von der nationalen auf die europäische Ebene zu übertragen.

Um den Ländern gerecht zu werden, einigten sich Bund und Länder deshalb darauf, dass die Regierung zwar Länderkompetenzen auf die EU übertragen darf, die Bundesstaaten als Ausgleich jedoch institutionalisierte Mitwirkungsrechte an der europapolitischen Politik im Bundesrat erhalten (Art. 23 GG). Missfallen seitens der Bundesregierung besteht wiederum aufgrund der inzwischen sehr ausgeprägten Präsenz der Bundesländer in Brüssel. Dies erschwere es dem Bund geschlossen innerhalb der EU auftreten zu können. Zudem untergraben die bilateralen Beziehungen zwischen den Experten in Brüssel und Deutschland die Kompetenzen des Außen- und Wirtschaftsministeriums und verhindern damit ein zentralisiertes Koordinationsverfahren (Derlien 2000, S. 59).

Doch nicht nur die existierende Konkurrenz zwischen den Ministerien in europapolitischen Fragen, insbesondere zwischen dem Auswärtigen Amt, dem Bundeswirtschaftsministerium und dem Kanzleramt, wird von Kritikern als Integrationsbremse bezeichnet. Das größte strukturelle Defizit des deutschen EU-Koordinationssystems ist das Fehlen einer zentralen Koordinationsstelle aufgrund des im deutschen Grundgesetz (Art. 65 GG) verankerten Ressortprinzips. So existiert keine zentrale Koordinationsinstanz, wie etwa ein Ministerium für Europäische Angelegenheiten oder ein Sekretariat für Europafragen im Bundeskanzleramt. Dies hat zur Folge, dass sich eine einheitliche politische Position der deutschen Regierung in Brüssel erst verzögert entwickelt (vgl. u.a. Rometsch 1996, S. 71; Neuss/Hilz 1999, S. 70ff.). Die Ansichten der deutschen Regierung finden daher meist nur geringe Berücksichtigung in Vorschlägen der Europäischen Kommission. Zudem folgt aus der starken Sektoralisierung deutscher Europapolitik, dass oft unklar bleibt, ob in Brüssel geäußerte Standpunkte die Haltung der Bundesregierung oder nur eines einzelnen Ministeriums widerspiegeln. Im Zukunftsdialog 2012 bemängelten deutsche Fachleute, „dass die Bundesregierung aufgrund mangelnder Ambitionen und innenpolitischer Gleichgültigkeit für das Ausland unberechenbarer geworden sei“. Das Fehlen eines zentralen Koordinierungsorgans im deutschen Mehrebenensystem bewirkt darüber hinaus das Fehlen einer langfristigen strategischen Ausrichtung der EU-Politik.

Doch Reformen in Richtung einer Zentralisierung des Koordinierungssystems konnten sich bis heute nicht durchsetzen. Sowohl die Idee der Schaffung eines eigenständigen Europaministeriums, als auch der Vorschlag, die Position eines Staatsministers für Europafragen, beziehungsweise für Europäische Integration im Kanzleramt zu schaffen, konnten aufgrund intraministerieller Machtkämpfe, insbesondere zwischen Wirtschafts-, Finanz- und Außenministerium nicht umgesetzt werden (Sturm/Pehle 2011, S. 61f.). Dementsprechend lautet ein Vorschlag zur Verbesserung der Effizienz des deutschen EU-Koordinationssystems, die Dreifachzuständigkeit der genannten Ministerien abzuschaffen (Bauer et al. 2007, S. 749). Ferner könnte der finnische „Memorandum-Ansatz“ als Verfahren europapolitischer Entscheidungsfindung übernommen werden. Das zuständige Ministerium müsste hier zu jeder Initiative der Kommission oder eines Ministeriums ein Memorandum mit seiner vorläufigen Position verfassen, welches daraufhin an den betroffenen Unterausschuss zur Diskussion weitergeleitet wird. Bauer, Knill und Ziegler plädieren des Weiteren für die Schaffung eines „prozeduralen Sekretariats für Europafragen“ im Bundeskanzleramt nach finnischem und britischem Vorbild sowie für eine bessere Einbeziehung der Ständigen Vertretung. Die Koordination zwischen Bund und Ländern sollte darüber hinaus weniger „verfassungsrechtlich kodifiziert und formalisiert“ sein (Bauer et al. 2007, S. 749f.). Ferner weisen sie auf ein wesentliches Defizit – die mangelhafte Einbindung der parlamentarischen Europagremien hinsichtlich europapolitischer Koordination – hin, welches nicht nur in Deutschland vorherrschend ist. Die Überlegenheit der Exekutiven ist ungebrochen, auf Forderungen der Parlamente wird mit Lippenbekenntnissen in Form von Versprechungen zum Abbau des „europäischen Demokratiedefizits“ unzureichend eingegangen.

Gleichwohl lassen sich auch Politikwissenschaftler finden, die dem europapolitischen Koordinierungssystem Deutschlands eine durchaus gute Leistung attestieren. Dazu zählen unter anderem Andreas Maurer (Maurer 2003), Timm Beichelt (Beichelt 2007) und Hans-Ulrich Derlien (Derlien 2000), die fragmentierten Koordinierungssystemen eine hohe Funktionalität in so komplexen Systemen, wie dem der EU, bescheinigen. Zudem machen sie auf die doch meist sehr erfolgreiche Positionierung deutscher Standpunkte auf europäischer Ebene aufmerksam, welche auch trotz Verzögerungen aufgrund interner Uneinigkeiten in der Vergangenheit nie zu Problemen der Koordinierung geführt hat. Timm Beichelt führt an, dass sich unklare Haltungen der deutschen Regierung nicht auf eine schlechte Koordinierung, sondern auf ungelöste, grundsätzliche Konflikte zurückführen lassen, wozu unter anderem das langjährige Spannungsverhältnis zwischen Ressort- und Kanzlerprinzip sowie die Vielseitigkeit deutscher EU-Interessen zählen.

Bei inhaltlichen Konflikten europapolitischer Entscheidungsfindung spielen unter anderem gesellschaftliche Interessensgruppen und Fachverbände eine Rolle. Kommt es zwischen den Verbänden zu Uneinigkeiten, werden diese des Öfteren auch auf Regierungsebene zwischen Regierung und Opposition zu einem Konfliktthema. Zudem identifizieren sich Fachverbände wie der BDI, Gewerkschaften oder Umweltverbände meist sehr stark mit dem dazugehörigen Ministerium und versuchen eigene Positionen nach außen hin als Position des jeweiligen Fachressorts erscheinen zu lassen. Weitere Konflikte innerhalb der europapolitischen Koordinierung entstehen vermehrt im Bereich der Justiz- und Innenpolitik, da hier eine noch neue europäische Ausländerpolitik und die damit verbundenen rechtsstaatlichen Freiheiten gelegentlich mit der Forderung des Innenministeriums nach innenpolitischer Sicherheit kollidieren (Beichelt 2007, S. 12). Diese Probleme der europapolitischen Koordination könnten auch mit der Errichtung eines Europaministeriums nicht beseitigt werden.

Für den Fortschritt der Europäischen Integration scheint die fehlende Koordination in Deutschland kein Hindernis gewesen zu sein. Der Mangel an Koordinationsmechanismen war nach Wessels sogar die Voraussetzung für den Erfolg der EU (Wessels 1996), denn die problemspezifische und zurückhaltende Reformpolitik führte zu einer breiten Übereinstimmung der Bevölkerung zur deutschen EU-Politik (Derlien 2000, S. 55). Eine vergleichende Untersuchung der Koordinierungsmechanismen Deutschlands, Frankreichs und Großbritanniens zeigt keine signifikanten strukturellen Defizite des deutschen Systems europapolitischer Entscheidungsfindung (Krax 2010, S. 336).

Theoretische Einbettung deutscher EU-Koordination

Es stellt sich die Frage, ob die Entwicklungen deutscher EU-Koordination und EU-Politik mit Hilfe des neofunktionalistischen Theorieansatzes zu erklären sind. Begonnen bei den Anfängen der Europäischen Union kann Deutschland als das Land bezeichnet werden, welches neben Frankreich das größte Interesse an einer zusammenwachsenden europäischen Gemeinschaft hatte, um sich so aus der wirtschaftlichen und politischen Isolation nach dem Zweiten Weltkrieg zu befreien. Die Bundesrepublik wurde zu einer treibenden Kraft hinter dem europäischen Einigungsprozess und verfolgt bis heute eine aktive EU-Politik mit dem Ziel, auch in Zukunft wirtschaftlichen Wohlstand, Sicherheit und Frieden auf dem europäischen Kontinent zu garantieren.

So setzte sich die deutsche Bundesregierung unter anderem für die Integration der osteuropäischen Staaten in die EU sowie für die stufenweise Weiterentwicklung, Reformierung und Demokratisierung des europäischen Institutionengefüges in den Verträgen von Nizza und Amsterdam ein. Während der deutschen Ratspräsidentschaft im Jahr 2007 trieb Deutschland außerdem die Reformierung des EU-Vertrags, die Maßnahmen zur Sicherung der demokratischen Mitwirkung und zur Verbesserung der Entscheidungsfähigkeit in den EU-Institutionen umfasste, entscheidend voran (Vertrag von Lissabon).

Die deutsche EU-Politik zeichnet sich demnach sowohl durch funktionale als auch durch politische Spillover aus. Ausgehend von gemeinsamen staatenübergreifenden Wirtschaftsinteressen wurden politische Zuständigkeitsbereiche Deutschlands auf supranationale Institutionen übertragen. Funktionale Notwendigkeiten, bestehende Kooperationen zwischen den Staaten auszuweiten und politische Themen multilateral zu lösen, führten außerdem zu strukturellen Anpassungen des politischen Systems der Bundesrepublik. Mit dem Erfolg der Europäischen Integration folgten schließlich auch politische Spillover-Prozesse. In Deutschland entstand ein politisches Gemeinschaftsinteresse an der EU, das zu einem Loyalitätstransfer auf die europäischen Institutionen geführt hat. So bauten sowohl die Ministerien als auch die Bundesländer die interstaatliche Zusammenarbeit auf EU-Ebene zunehmend aus und eröffneten eigene Vertretungsbüros in Brüssel. Die Mitwirkungsrechte der Länder an der EU-Politik wurden darüber hinaus im Grundgesetz festgehalten (Art. 23 GG).

Die Krisenpolitik der Bundesregierung seit 2010 lässt sich jedoch nur bedingt mit Hilfe des Neofunktionalismus erklären. Die Schaffung des permanenten Schutzmechanismus ESM sowie der Fiskalpakt können zwar als Resultat eines weiteren funktionalen Spillovers beschrieben werden, der durch den Druck der Krise auf die EU ausgelöst wurde. Doch die genannten Maßnahmen erfolgten, entgegen der Theorie, nicht auf Basis gesellschaftlicher Willensbildung von unten, sondern in Form von Regierungseingriffen. So bemühte sich die Bundeskanzlerin verstärkt, ihren Einfluss im Europäischen Rat geltend zu machen, um die Belange Deutschlands während der Krise zu vertreten. Dabei legte sie insbesondere zu Beginn der ökonomischen Krise größten Wert darauf, die deutschen Interessen von der EU abzugrenzen. Das Krisenmanagement fand demnach auch in Deutschland größtenteils nach intergouvernementalen Prinzipien statt, wobei vorwiegend nationale Belange im Fokus standen. Ferner wurde die Tandem-Beziehung mit Frankreich in der Öffentlichkeit hervorgehoben. Allianzen wurden zwischen den beiden Staaten geschlossen, um bereits im Vorfeld politische Entscheidungen im Interesse der Bundesrepublik durchzusetzen.

Bedingungen für weitere Harmonisierungsschritte

In der Vergangenheit stimmten die Maßnahmen zur Europäischen Integration im Großen und Ganzen mit den Interessen der deutschen Wirtschaftspolitik überein. Als exportorientiertes Land profitierte Deutschland von der Zollunion, der Schaffung des gemeinsamen Marktes und dem Abbau von Einschränkungen im Binnenhandel. Da der Erhalt der Europäischen Währungsunion und die Wiederherstellung der Stabilität in den Krisenstaaten entscheidend für die Volkswirtschaft Deutschlands sind, hat die Regierung während der Krise das größte Interesse an einer raschen Überwindung der strukturellen Defizite der EWWU. Auch wenn Pläne zur Schaffung einer Wirtschaftsregierung von der Bundeskanzlerin abgelehnt werden, befürwortet die Regierung dennoch Vorschläge zur Harmonisierung weiterer Politikbereiche und setzt sich für „Mehr Europa“ ein. So stand Finanzminister Wolfgang Schäuble im Oktober 2012 den Plänen einer Angleichung der europäischen Steuersysteme durchaus positiv gegenüber und sprach darüber hinaus konkrete Empfehlungen zur fiskalpolitischen Integration aus, wie etwa die Schaffung einer flexibleren Entscheidungsstruktur des EU-Parlaments und die Ausweitung der Rechte des Währungskommissars (Zeit 2012). Auch die deutsche Bevölkerung scheint hinter den Vorschlägen weiterer Harmonisierungsschritte zu stehen. Über 80 Prozent der deutschen Bevölkerung waren 2012 der Ansicht, dass eine stärkere Abstimmung der Wirtschafts- und Finanzpolitik zwischen den EU-Staaten wirksam zur Bekämpfung der Krise seien (EU-Kommission 2012, S. 28).

Zahlreiche Klagen deutscher Bürger und Politiker zum ESM, zum Fiskalpakt und zu der Krisenpolitik der Europäischen Zentralbank vor dem Bundesverfassungsgericht verdeutlichen jedoch die innenpolitische Problematik im Krisenmanagement. Die Angst, dass sich mit zunehmenden Kompetenzübertragungen auf die EU eine Aushöhlung des deutschen Grundgesetzes stattfindet, muss demnach auch zukünftig berücksichtigt werden.

Zusammenfassend kann davon ausgegangen werden, dass die deutsche Regierung Schritte zur Harmonisierung weiterer politischer Bereiche unterstützen wird, jedoch nur unter der Voraussetzung, dass sie dem Grundgesetz, den wirtschaftlichen Interessen sowie den ordnungspolitischen Vorstellungen Deutschlands nicht zuwiderlaufen.

Zwischenfazit

Als Zugpferd der EU hat Deutschland den europäischen Einigungsprozess seit der Gründung der Europäischen Gemeinschaft für Kohle und Stahl aktiv vorangetrieben. Ausgehend von seiner isolierten Position nach dem Zweiten Weltkrieg profitiert Deutschland bis heute von der Europäischen Integration, durch die das Land sowohl politisch als auch ökonomisch wieder aufblühen konnte. Der Integrationserfolg kann als Antrieb für funktionale und politische Spillover-Prozesse beschrieben werden, aufgrund welcher die Politik und Gesellschaft der Bundesrepublik weitere Schritte zur Supranationalisierung europäischer Politik bis heute unterstützt. Auch in der Krisenpolitik übernahm die deutsche Regierung nach anfänglichem Zögern im intergouvernementalen Forum des Europäischen Rats die Führungsrolle. Denn um den Schaden für die exportorientierte Wirtschaft Deutschlands möglichst gering zu halten, hat die Bundesregierung ein großes Interesse an der raschen Überwindung der Euroschuldenkrise und am Erhalt der Währungsunion. Maßnahmen, wie der Fiskalpakt und der ESM sollen dabei helfen, die ordnungspolitischen Vorstellungen Deutschlands auf die EU zu übertragen. Zukünftig soll mit Hilfe eines strengen Regelsystems Fehlentwicklungen in den Mitgliedsstaaten und damit verbundene Kosten für Deutschland vorgebeugt werden. Obwohl die deutsche Regierung dominant in die europäische Politik eingreift und nach intergouvernementalen Prinzipien Allianzen schmiedet, scheint sie dennoch auch hier von funktionalen Impulsen geleitet zu werden. Denn trotz zahlreicher Klagen vor dem Bundesverfassungsgericht, das der Europäischen Integration bereits im Urteil zum Vertrag von Lissabon ein baldiges Ende attestiert hat, da diese nicht mehr mit dem deutschen Grundgesetz vereinbar sein würde, werden integrationsvertiefende Schritte in Richtung einer Fiskalunion unternommen.

Weitere Harmonisierungsschritte werden mit Deutschland langfristig jedoch nur unter gewissen Bedingungen möglich zu sein. Die Regierung wird keinen Maßnahmen zustimmen, die den Interessen der deutschen Wirtschaft zuwider laufen. Darüber hinaus wird eine Übertragung weiterer Souveränitätsrechte auf die EU dauerhaft nur mit einer ausreichenden demokratischen Legitimation durchführbar sein. Denn die Rettungsprogramme sind vorwiegend Elitenprojekte, in welche die Bürger kaum miteinbezogen wurden. Für Deutschland ist hier das Bundesverfassungsgericht jedoch bereits mehrfach aktiv geworden und hat sich für die Wahrung der Rechte des deutschen Bundestags eingesetzt. Damit die deutsche Bevölkerung der Integration auch zukünftig zustimmt, müssen insbesondere bei einer weiteren Abgabe nationaler Souveränitätsrechte die Mitentscheidungsmöglichkeiten der nationalen Parlamente auf EU-Ebene gesichert und ausgebaut werden.

5.3.2 Frankreich

Die französische Regierung nahm bereits in den Anfängen der Europäischen Integration eine Führungsrolle ein und gilt bis heute gemeinsam mit Deutschland als Integrationsmotor der Union. Die Angst Frankreichs vor einem wieder erstarkenden Deutschland nach den Schreckensjahren des Zweiten Weltkrieges trieb den Zusammenschluss der europäischen Staaten voran. Zuletzt war es Frankreichs Befürchtung eines europäischen Mächteungleichgewichts durch das wiedervereinte Deutschland, welche die Europäische Währungsunion Wirklichkeit werden ließ. Um die eigenen Interessen auf EU-Ebene bestmöglich durchzusetzen, legte die französische Regierung seit jeher größten Wert auf ein effizientes Koordinationsverfahren und darauf, die französische Position nach außen hin so kohärent und offen wie möglich darzustellen.

Das als semipräsidentiell bezeichnete Regierungssystem Frankreichs beruht auf der von Charles de Gaulle geschaffenen fünften Verfassung der Republik und setzt sich aus zwei Exekutivorganen zusammen: Der Präsident ist französisches Staatsoberhaupt, das als Vorsitzender des Ministerrats und Oberbefehlshaber der Streitkräfte eine ähnliche Position wie die deutsche Bundeskanzlerin einnimmt sowie die französische Regierung, die vom Premierminister geleitet wird und Gesetze ausführt. Der Premierminister ist somit das Bindeglied zwischen dem Parlament, der Regierung und dem Präsidenten. Sowohl der Präsident als auch der Premierminister besitzen allerdings keine hierarchische Gewalt über die Minister, Vorgaben und Anweisungen sind rechtlich nicht bindend (vgl. u.a. Ardant 2005, S. 524; Tricot et al. 1995, S. 314).

Das französische Parlament, das sich aus der Nationalversammlung und dem Senat zusammensetzt, besitzt weit weniger Macht und Einflussmöglichkeiten als der Bundestag im deutschen Regierungssystem (vgl. u.a. Menon 2000, S. 90f.; Hochedez/Patriarche 1998; Lanceron 2007, S. 110ff.). Nur innerhalb explizit in der Verfassung aufgeführter Gebiete darf das Parlament gesetzgeberisch tätig werden. Die begrenzte Einflussnahme der Volksvertretung wurde vorsätzlich in der Fünften Verfassung festgehalten, um Ereignissen wie jenen während der Vierten Republik (1946-1958), in welcher eine starke Legislative zu unzähligen Zerwürfnissen der Regierungen und Parteien und dementsprechend zu großer politischer Instabilität in Frankreich führte, zukünftig vorzubeugen.

EU-Koordination

Die Organisation der französischen Interessensvertretung auf europäischer Ebene nahm bereits während der Gründungszeit der Europäischen Gemeinschaft einen hohen Stellenwert innerhalb der französischen Regierung ein. Der europapolitische Meinungsbildungsprozess und die Koordinierung der französischen Europapolitik werden dabei bis heute – im Gegensatz zu Deutschland – sehr zentralisiert organisiert um außenpolitisch möglichst einheitlich und kohärent aufzutreten.

So entstand 1948 der „Comité Interministériel pour les Questions de Coopération Économique Européenne“ beziehungsweise seit 2005 als „Comité Interministériel sur l'Europe“ bezeichneter Interministerialausschuss für europapolitische Fragen. Unter dem Vorsitz des Premierministers wird hier die Position Frankreichs im Europäischen Ministerrat gemeinsam mit dem Außen-, Finanz-, und Wirtschaftsminister entworfen. Ferner nehmen der Minister für Industrie und Handel sowie weitere betroffene Minister und Regierungsmitglieder an den Zusammenkünften teil. Da die grundlegende Aufbereitung und Entscheidungsvorbereitung jedoch im Secrétariat Général du Comité Interministériel pour le Question du Coopération Economique Européenne (SGCI) stattfindet, ist die Bedeutung des Ausschusses heute gering (Wallace 1973, S. 21).

Koordination im SGCI

Das im Jahre 1952 gegründete SGCI übernahm bereits früh die Vertretung der französischen Regierung innerhalb der Europäischen Gemeinschaft für Kohle und Stahl (EGKS) (Wallace 1973, S. 19f.). Das Ausschusssekretariat entstand aufgrund von Meinungsverschiedenheiten zwischen dem Finanz- und dem Außenminister im Zuge des Marshall-Plans und wurde dem damaligen Ministerpräsidenten Robert Schuman untergeordnet (Lanceron 2007, S. 33ff.). Wie im Comité Interministériel sind sowohl der Finanz- als auch der Außenminister permanente Mitglieder des Ausschusses. Weitere Minister wechseln sich je nach Themengebiet ab. Das SGCI ist im Büro des Premierministers ansässig und wird durch einen Generalsekretär – meist ein „inspécteur des finances“ (Finanzdirektor) – geleitet, welcher zugleich Berater des Präsidenten ist und somit eine streitschlichtende Funktion übernimmt. Das Sekretariat ist in secteurs gegliedert, welche sich zum einen mit Fragen zu den Europäischen Gemeinschaften und zum anderen mit der Innen- und Justizpolitik der EU befassen. So führte das SGCI die Verhandlungen Frankreichs hinsichtlich seiner Beteiligung an den Marschall-Plan Hilfen und vertritt bis heute die ökonomischen Interessen des Landes auf europäischer Ebene. Es gilt als Hauptkoordinator der französischen Europapolitik, erarbeitet Kompromissvorschläge und bereitet Dossiers für den Premierminister vor (Wallace 1973, S. 22). Bei zentralen Fragen zur EG übernimmt allerdings meist das Außenministerium die Führung. Im Jahre 2005 wurde das SGCI umbenannt in „Secrétaire Général des Affaires Européennes“ (SGAE).

Der Sekretariatsausschuss verfügte stets über einen hohen Stellenwert innerhalb der französischen Regierung, da er von Anfang an als neutraler Boden zur Lösung internationaler Konflikte betrachtet wurde. Lange Zeit galt der SGCI dabei gleichwohl vorwiegend als Instrument zur Wahrung der französischen Interessen, da die französische Regierung die Europäische Integration als eine Gefahr für die Souveränität Frankreichs betrachtete. In den 1980er Jahren relativierte sich diese Ansicht schließlich, da Vorteile, wie etwa die erhöhte Durchsetzbarkeit von Reformen, erkennbar wurden (Lequesne 1995, S. 143). Auch die aufkeimende Angst Frankreichs vor einem zu mächtigen Deutschland ließ die Europäische Integration in ein positiveres Licht rücken.

Mit dem Secrétaire Général des Affaires Européennes wurde eine zentralisierte Einrichtung geschaffen, in welcher die französische Europapolitik intensiv aufgearbeitet, koordiniert und an die europäischen Institutionen weitergegeben wird. Diese Zentralisierung ermöglicht es Frankreich, im Gegensatz zu Deutschland auf europäischer Ebene einstimmig aufzutreten. Bezeichnend für die dominierende Stellung des SGCI innerhalb der französischen Regierung ist sein Quasi-Monopol über die Kontakte zwischen Paris und Brüssel. Es ist exklusiv dafür zuständig, der Ständigen Vertretung in Brüssel Anweisungen zukommen zu lassen. Zudem sollte jegliche Korrespondenz zwischen französischen Behörden und EU-Institutionen über das SGCI laufen, was bedeutet, dass das Sekretariat alle Zusammenkünfte von Mitgliedern der Regierung und EU-Beamten kontrolliert und beaufsichtigt (Menon 2000, S. 84).

Zwei Verfahren werden im SGCI zur Entscheidungsfindung angewandt. Im Agenda-orientierten Verfahren werden Treffen des Ministerrats und des Ausschusses der Ständigen Vertreter vorbereitet. Im Dossier-bezogenen Verfahren werden europäische Gesetzesvorschläge bearbeitet. Hierzu werden Vorschläge der Europäischen Kommission zunächst an den SGCI weitergeleitet, der diese wiederum an die betroffenen Ministerien weitergibt (vgl. u.a. Menon 2000, S. 80; Lanceron 2007, S. 79ff.). Nachdem in den jeweiligen Ministerien sowie in interministeriellen Koordinationssitzungen, die vom SGCI veranstaltet werden, eine Position erarbeitet wurde, wird diese über den SGCI an den Ständigen Vertreter in Brüssel mitgeteilt. Kann keine intraministerielle Einigung erzielt werden, wird das Kabinett des Premierministers eingeschaltet. Führen auch hier die Verhandlungen zu keinem Ergebnis – was eher selten der Fall ist – wird der Vorschlag unter dem Vorsitz des Generalsekretärs der Regierung auf Ministerebene verhandelt (Menon 2000, S. 87f.).

Um eine einheitliche Linie Frankreichs bei den Ratstagungen zu garantieren, findet zudem eine Woche vor einer Tagung ein Treffen im SGCI statt, an welchem sowohl Vertreter des Außen- und des Finanzministeriums sowie Vertreter der jeweils betroffenen Ressorts teilnehmen. Hier stehen meist Diskussionen mit dem Finanzminister über die Verteilung finanzieller Mittel für die jeweiligen Ressorts im Zentrum. Ferner kommen die Abteilungsleiter des SGCI, die für EU-Angelegenheiten zuständig sind, unter der Leitung des Generalsekretärs wöchentlich zusammen, um offene Fragen zu klären und einen Überblick über laufende Prozesse zu erhalten (Menon 2000, S. 84).

Im Zuge der Ratifikation des Vertrags von Maastricht 1994 wurde die interministerielle Koordination auf die zweite und dritte Säule der EU ausgeweitet. EU-Sicherheitsfragen werden daher in enger Zusammenarbeit des SGCIs mit dem Verteidigungsministerium bearbeitet. Für den Justizbereich wurde ein Koordinator des Justizministeriums dem Generalsekretär des SGCI zur Seite gestellt. Dieser wurde auch mit der nationalen Umsetzung des Schengen Abkommens beauftragt (Menon 2000, S. 85).

Neben dem SGCI übernahmen der französische Präsident sowie der Premierminister leitende Rollen bei EU-Fragen. Denn die Verfassung der V. Republik gibt in Artikel 52 vor, dass internationale Verträge, die eine Ratifikation benötigen, nicht vom Premierminister sondern vom Präsidenten persönlich abgeschlossen werden müssen (Chaigneau/Seidendorf 2012, S. 347). So ist bis heute der Präsident für die Vorgabe der außenpolitischen Leitlinien französischer Europapolitik verantwortlich und leitet europäische Vertragsverhandlungen. Auch wenn der Präsident, insbesondere in Zeiten der Kohabitation, im Vergleich zum Premierminister nur über begrenzte Ressourcen verfügt, kann er auf die französische Europapolitik doch erheblichen Einfluss nehmen, was insbesondere bei Mitterand sichtbar wurde. Der Premierminister wiederum setzt sich mit den innenpolitischen Konsequenzen europäischer Entscheidungen auseinander und ist gemeinsam mit dem SGCI für die alltägliche Umsetzung in der Regierung zuständig (Müller-Brandeck-Bocquet 2004, S. 192f.). Europäische Beschlüsse werden im Sitz des Regierungschefs im Dabeisein eines Mitarbeiters des Präsidenten vorbereitet.

EU-Koordination im Außenministerium

Innerhalb der Ministerien wurden sowohl horizontale als auch vertikale Fachbereiche für europäische Angelegenheiten geschaffen, denen die sogenannten „conseillers" vorstehen. Diese vermitteln innerhalb der Ministerien und agieren im Namen des Ministers als Kontaktpartner für die Kommission und andere Regierungen (Amblard et al. 1994, S. 751f.).

Das Quai d'Orsay verfügt überraschenderweise erst seit dem Zerfall der UdSSR im Jahr 1993 über eine Europaabteilung. Die „Direction de la Coopération Européenne“ wird von einem Generalsekretär für europäische und wirtschaftliche Angelegenheiten angeführt. Unter Mitterrand wurde außerdem der Posten des sogenannten Europaministers oder „ministre délégué aux affaires européennes“ geschaffen. Dieser nimmt an interministeriellen Treffen teil, vertritt den Außenminister und kann sich an den SCGI wenden, ohne jedoch über Weisungsbefugnisse ihm gegenüber zu verfügen (Amblard et al. 1994, S. 762). Dementsprechend sind die Einflussmöglichkeiten des Europaministers auf die französische Europapolitik äußerst gering.

EU-Koordination in der Ständigen Vertretung

Ein weiterer ausschlaggebender Faktor für die Gewährleistung einer einheitlichen Linie in der französischen Europapolitik sind die Präsentations- und Koordinationsfähigkeiten des Ständigen Vertreters in Brüssel. Dieser sowie sein Stellvertreter übernehmen zum größten Teil die Koordination der einzelnen Ressorts auf der europäischen Bühne, etwa bei offiziellen Sitzungen am Tag vor der Versammlung der Ständigen Vertreter. Die Ständige Vertretung gilt damit als wichtigste Informationsquelle für die französische Regierung und Verwaltung in EU-Fragen (Chaigneau/Seidendorf 2012, S. 350).

EU-Koordination in der Nationalversammlung

Als eines der europaweit schwächsten Parlamente (Döring 1995; Kimmel 2012, S. 83) spielt die Assemblée Nationale bei europapolitischen Fragen ebenfalls eine untergeordnete Rolle, auch wenn es seine Rechte in den vergangenen zwei Jahrzehnten ausbauen konnte. Innerhalb der französischen Nationalversammlung und des Senats sind die „délégations pour l'Europe européenne“ seit 1979 für die Informationsversorgung des Parlaments für die Arbeit der europäischen Institutionen zuständig. Zudem müssen der Nationalversammlung und dem Senat seit 1992 europapolitische Gesetzesentwürfe der Regierung umgehend zur Einsicht weitergeleitet werden (u.a. Hochedez/Patriarche 1998, S. 106; Lanceron 2007, S. 115ff.).

Die marginalisierte Bedeutung der Assemblée Nationale lässt sich zum einen auf das politische System Frankreichs zurückführen. Eine weitere Ursache liegt in der langjährigen europakritischen Haltung der französischen Bevölkerung. Zudem konnte beobachtet werden, dass den Parlamenten in Regierungskoalitionen aufgrund eines erhöhten Kontrollbedarfs häufig eine bedeutendere Rolle zukommt. Da im Gegensatz zu den meisten Ländern der EU die französische Regierung meist ohne eine Koalition regiert, ist auch das Parlament von vornherein weniger stark (Pahre 1997).

Bewertung des französischen Koordinationssystems

Frankreich hat gegenüber einigen seiner europäischen Kollegen Vorteile hinsichtlich seiner Möglichkeiten einer effizienten europapolitischen Koordination. So bringt seine zentralisierte Staatsform durchaus weniger Koordinationsprobleme mit sich als Staaten, die sich mit substaatlichen Regierungen, wie etwa Belgien oder Deutschland und seine Bundesländer, auseinandersetzen müssen. Zudem wird das Koordinationsverfahren durch die relativ schwachen Einflussmöglichkeiten des Parlaments in EU-Themen erleichtert (Menon 2000, S. 96).

Frankreichs ehrgeiziges Streben danach, eine absolut kohärente Position nach außen hin zu vertreten und so die französischen Interessen bestmöglich innerhalb der EU zu vertreten, wird durch das zentralistische System von SGCI und dem Büro des Premierministers erfolgreich umgesetzt und findet häufige Bewunderung. Dennoch weist auch dieses Koordinationssystem einige Schwachstellen auf, die einer effizienten Koordination Grenzen setzen.

So wird das französische Koordinierungsverfahren des Öfteren bezüglich der Kommunikation zwischen Brüssel und Paris, das heißt zwischen der Ständigen Vertretung, den Europäischen Institutionen und der Regierung, kritisiert. Berichte und Dokumente erreichen das SCGI meist mit Verspätung und Informationen werden nicht weitergegeben (Menon 2001, S. 98). Als weiteres Defizit wird das Zeitmanagement der französischen Regierung und des SCGI angeführt. Nationale Vorschläge haben meist Priorität vor den europäischen Dokumenten. Ferner versucht das SGCI nicht, die Kommission in der Anfangsphase neuer Entwürfe zu beeinflussen, sondern beginnt meist mit der Überprüfung ihrer Vorschläge nachdem erste Dokumente an die Mitgliedsstaaten verschickt wurden (Amblard et al. 1994, S. 761). Zudem verzögert sich der Koordinationsprozess dadurch, dass auf Experten der jeweiligen Ressorts zurückgegriffen werden muss.

Ein weiterer Kritikpunkt der von EU-Beamten aufgeführt wird, sind die oft zu kurzfristigen politischen Überlegungen innerhalb der EU-Koordination. Darüber hinaus scheinen die Beamten zu schnell politische Interventionen herbeizuführen, sobald die administrative Koordination problematisch wird (vgl. u.a. Menon 2000, S. 89; Lanceron 2007, S. 106). Ferner ist die französische Politikgestaltung von einer signifikanten Diskrepanz zwischen den administrativen und politischen Ebenen gekennzeichnet. So wird den Ministerien vorgeworfen sich häufig in rein technische Themen einzumischen. Es herrscht demnach eine Tendenz hin zu einer Politisierung des SCGI, insbesondere im juristischen Bereich, da es sich in der Vorbereitung von Positionspapieren häufig an den Wünschen der Politiker orientiert (Lanceron 2007, S. 106f.).

Die zentralistische Koordinierung französischer Europapolitik wird überdies dadurch gefährdet, dass die Regierung im Allgemeinen nur ungern mit Interessensvertretungen und Verbänden zusammenarbeitet. Dies hat zur Folge, dass Verbände sich direkt auf die europäische Ebene begeben, um dort unmittelbaren Einfluss auf die Institutionen auszuüben, womit das SCGI und die Regierung an Kontrolle verlieren (vgl. u.a. Amblard et al. 1994, S. 762f.; Lanceron 2007, S. 162f.; Menon 2001, S. 93).

Schwierig ist außerdem, dass einige Ministerien versuchen, sich von den interministeriellen Koordinationsprozessen zu befreien und ihre Autonomie ausweiten. Das Landwirtschaftsministerium beispielsweise verfügt über eine eigene Rechtsabteilung für rechtliche EU-Fragen sowie über einen Delegierten in der Ständigen Vertretung in Brüssel, welcher als einziger Vertreter der französischen Regierung im Sonderausschuss für Landwirtschaft sitzt und damit über eine weit größere Autonomie verfügt als seine Kollegen. Neben dem Landwirtschaftsministerium hat sich insbesondere das Finanzministerium in der Vergangenheit eine größere Autonomie verschafft (Menon 2000, S. 86).

All diese Punkte erschweren es der französischen Regierung, schnelle Entscheidungen zu treffen und kohärent auf der europäischen Bühne, insbesondere bei Verhandlungen im Europarat, aufzutreten. Gefährdet ist die zentrale Koordination durch eine Schwächung des SGCI, indem es des Öfteren bei internen Verhandlungen von den Ministerien übergangen wird. Eine adäquate Informationsaufbereitung wird damit verhindert. Dies geschieht insbesondere in Bereichen in denen europäische Maßnahmen die französische Innenpolitik betreffen, da hier die Kommunikation mit Brüssel direkt schneller und effizienter erfolgt. Problematisch ist dies insofern, als dass die Kontrolle verloren geht, da die Information nicht mehr zentral bei einer Einrichtung gebündelt werden kann wird (Lanceron 2007, S. 88f.).

Theoretische Einbettung

Ähnlich wie Deutschland hatte auch Frankreich bereits zu Zeiten der Montanunion großes Interesse an einer vertieften Integration der europäischen Staaten. Die französische Regierung wähnte zum einen die Chance ihren schwindenden Einfluss auf dem europäischen Kontinent zu stärken. Zum anderen suchte sie im Zuge der deutschen Wiedervereinigung eine politische Lösung, um ein Wiedererstarken Deutschlands in Grenzen zu halten. Da eine solche Lösung jedoch nur multilateral möglich war, etwa durch die Einbindung der Bundesrepublik in eine Staatengemeinschaft, stimmte Frankreich zunehmenden Kompetenzübertragungen auf die neu geschaffenen supranationalen Institutionen zu. Es bestanden demnach funktionale Notwendigkeiten, nationale Zuständigkeiten zu Gunsten des Friedens in Europa abzugeben. Zur Wahrung französischer Interessen auf EU-Ebene wurde das SGCI geschaffen, welches sich im Zuge zunehmender Integrationserfolge von einem Kontrollinstrument zur Schaltstelle positiver französischer EU-Koordination entwickelte. Dies kann ebenso als Ergebnis funktionaler Notwendigkeiten interpretiert werden. Darüber hinaus bildete sich aufgrund vom Erfolg angetriebener politischer Spillover-Prozesse ein politisches Gemeinschaftsinteresse an der EU in der französischen Öffentlichkeit.

Auch die langjährige Forderung der französischen Regierung nach einem fiskalpolitischen Gegenpol zur Geldpolitik der politisch unabhängigen EZB lässt sich als Hinweis auf neofunktionalistische Tendenzen in Frankreichs EU-Politik beschreiben. Denn um die französischen Ziele – Wirtschaftswachstum und Führungsanspruch in der EU – umsetzen zu können, betrachtete die französische Regierung infolge der Schaffung der EZB die Institutionalisierung makroökonomischer Politikkoordinierung innerhalb einer Wirtschaftsregierung für den Euroraum als unumgänglich.

Die Eurokrise gilt als weiterer Impuls, der Frankreichs Misstrauen in die Märkte und den Wunsch nach einer erhöhten europäischen Regulierung verstärkt hat. So forderte nach Sarkozy auch Präsident Francois Hollande im Mai 2013 die Schaffung einer politischen Union mit einem eigenen Budget und einer Wirtschaftsregierung für die Eurozone (Zeit 2013).

Im Vergleich mit dem deutschen EU-Koordinationsverfahren nimmt das Regierungsoberhaupt in Frankreich eine übergeordnete Rolle ein. Hat innerhalb des europapolitischen Koordinationsverfahrens in Deutschland das Kabinett die letzte Entscheidungsgewalt falls es in den Ministerien zu keiner Entscheidung kommt, so fällt in Frankreich diese Aufgabe dem Premierminister zu (mit der Unterstützung seines Kabinetts). Die Entscheidungsmacht einer einzigen Person hat den Vorteil, dass diese „positiv koordinieren" kann, indem sie zum Wohle der gesamten Bevölkerung und nicht im Interesse einzelner Ressorts entscheidet. Ineffizient wird dieses Verfahren dann, wenn Entscheidungen nachverhandelt werden müssen, da der Premierminister bestimmte Belange nicht berücksichtigt hat. Meist wird jedoch bereits durch die Ministerialverwaltung versucht, diesen letzten Schritt zu verhindern, weshalb es – ähnlich wie in Deutschland – zu negativer Koordination kommen kann (Lamoureux 1995, S. 177).

Frankreichs EU-Politik

Seit Beginn der Europäischen Integration setzte Frankreich alles daran, seinen Führungsanspruch in der EU geltend zu machen. Das Land setzte sich von Anfang an für eine starke EU ein, da es darin seine Chance sah, selbst einflussreicher zu werden. Die EU galt als „multiplicateur de puissance", als Machtmultiplikator (Bertoncini/Chopin 2010, S. 67), weshalb für die Franzosen nur eine Integration in ein starkes, handlungsfähiges Europa annehmbar ist (Chaigneau/Seidendorf 2012, S. 337). Doch in den 65 Jahren seit Gründung der EWG hat sich die Sichtweise auf die EU erheblich verändert. Europäische Regulierungen und Vorschriften werden häufig als eine zu große Einschränkung wahrgenommen. Ferner musste Frankreich erkennen, dass europapolitische Entscheidungen auch ohne die Zustimmung des Landes gemacht werden. Die Angst, in Europa eine zunehmend untergeordnete Rolle zu spielen, schürte in der Folge die Skepsis gegenüber der EU.

Ein wichtiges Merkmal der französischen EU-Politik besteht in der steten Forderung nach einer europäischen Wirtschaftsregierung. So setzt sich die Regierung seit Jahren für eine verstärkte Institutionalisierung makroökonomischer Koordination in der Eurozone ein. Weitere Forderungen umfassen eine verschärfte makroökonomische Überwachung durch den Stabilitäts- und Wachstumspakt, eine erhöhte finanzielle Regulierung, sowohl auf EU-Ebene als auch auf internationaler Ebene, eine wachstumsorientierte Wirtschaftsstrategie sowie den Schutz vor Dumping durch Schwellenländer (Jamet 2011, S. 6f.). Erstmals artikulierte Francois Mitterand die französischen Wünsche im Zuge des Delors-Reports von 1989, in dem die Notwendigkeit einer erhöhten wirtschaftspolitischen Zusammenarbeit in Europa beschrieben wurde, die über die Geldpolitik hinausgeht. Unter Jospin führten diese Forderungen schließlich zur Schaffung der Eurogruppe, die bis heute allerdings eine eher informelle Rolle spielt. Der französische Präsident Francois Hollande unterbreitete hierzu erneut konkrete Vorschläge, welche eine Regierung der Eurogruppe als unabhängiges Organ durch eine eigene Wirtschaftsregierung vorsehen.

Die Hintergründe für den andauernden Wunsch Frankreichs nach einer gemeinsamen Wirtschaftspolitik liegen zum einen in der direktionistischen Wirtschaftskultur des Landes, in der eine verstärkte Regulierung auf Grund von Ängsten vor dem möglichen Versagen der Märkte einer marktwirtschaftlichen Ökonomie vorgezogen wird. Die europäische Schuldenkrise hat das Misstrauen der Franzosen in die Märkte nur bestätigt (Jamet 2011, S. 9). Ein weiterer Grund für die Hartnäckigkeit Frankreichs hinsichtlich der Forderungen liegt in der Hoffnung, mit Hilfe dieses Projekts seinen Einfluss und seine Macht innerhalb der EU-Politik, insbesondere Deutschland gegenüber, zu stärken. Die föderalistische Vorstellung einer Wirtschaftsregierung hat sich in den vergangenen Jahren jedoch mehr und mehr in Richtung des intergouvernementalen Modells verändert. Nach Sarkozy ist die Wirtschaftsregierung nun mehr ein Thema der Regierungschefs und nicht etwa der Kommission, welcher zunehmend Misstrauen entgegengebracht wird (Jamet 2011, S. 16).

Im Zuge der europäischen Schuldenkrise unternahm die EU zahlreiche Schritte, die wirtschaftspolitische Zusammenarbeit in Europa zu reformieren. Der SWP wurde erneuert, der Euro-Plus-Pakt verabschiedet, das Europäische Semester eingeführt und die Bankenunion vorangetrieben. Insbesondere die Verschärfung der finanziellen Überwachung lag dem Land zu Beginn der Krise am Herzen, weshalb es sich auch intensiv dafür einsetzte, den Posten des Kommissars für Binnenmarkt und Dienstleistungen mit dem Franzosen Michel Barnier zu besetzen. Die französische Regierung setzt sich darüber hinaus verstärkt für eine Harmonisierung der europäischen Steuersysteme ein. So setzt es Irland unter Druck, seine Bemessungsgrundlage zur Unternehmenssteuer zu harmonisieren. Auch kündigte das Land unlängst an, die französische Steuerpolitik an die Deutschlands anzugleichen.

Bedingungen für Harmonisierung

Frankreich steht den erforderlichen Harmonisierungsmaßnahmen zur Überwindung der strukturellen Defizite der Europäischen Währungsunion traditionell positiv gegenüber. Die Forderung nach einem institutionalisierten Koordinierungssystem europäischer Fiskalpolitik blieb lange Jahre unberücksichtigt, erhielt im Zuge der Krise jedoch neue Aktualität. Frankreichs Pläne, das französische Steuersystem dem deutschen anzugleichen, kann nun als erster Schritt in die Richtung einer politischen Union gewertet werden. Ein Vorteil, den die französische Regierung gegenüber dem deutschen Regierungssystem hat, ist die äußerst geringe Bedeutung der Nationalversammlung. Bisherige Defizite in der demokratischen Legitimation der EU sollten sich demnach in Frankreich nicht so prekär auf die französischen Integrationsbemühungen auswirken.

Problematisch ist jedoch die derzeitige Wirtschaftslage der Grande Nation. Frankreich befindet sich in einer Rezession, die Arbeitslosigkeitszahlen erreichen neue Rekordstände und Reformen des maroden Renten- und Gesundheitssystems gehen nur schleppend voran. Damit die französische Regierung ihren Einfluss in der EU geltend machen kann, müssen diese innenpolitischen Probleme zunächst gelöst werden. Darüber hinaus werden bisherige Harmonisierungsbemühungen immer wieder durch politische Kontroversen zwischen Paris und Berlin aufgehalten. Ein qualitativer Fortschritt in Richtung einer politischen Union sowie die Überwindung der Krise wird demnach maßgeblich von der Kompromissbereitschaft Frankreichs und Deutschlands abhängen.

Das deutsch-französische Verhältnis während der Eurokrise

Das ambivalente Verhältnis zwischen Frankreich und Deutschland zeichnet sich historisch bedingt durch Kämpfe um die Führungsposition auf dem europäischen Kontinent aus. Der Élysée-Vertrag, die fortschreitende Europäische Integration und schließlich die Gründung der Europäischen Währungsunion beendeten die Erbfeindschaft zwischen den Staaten und zusammen bildeten sie den Integrationsmotor der EU. Frankreichs Unterstützung der EU entstammt dem Wunsch, ein erneutes Erstarken des großen Nachbarn durch die Einbindung in eine gemeinsame Währungsunion im Zaum zu halten. Deutschland sah die EU als willkommene Möglichkeit, die deutsche Wirtschaft zu stärken und auf dem europäischen Kontinent nicht länger isoliert zu sein. Dennoch unterscheiden sich die Vorstellungen der beiden Länder hinsichtlich der Ausgestaltung der EU enorm, was auf kulturelle, politische sowie wirtschaftliche Unterschiede zurückzuführen ist und immer wieder zu politischen Auseinandersetzungen führt. Mit der Eurokrise brachen alte Konflikte wieder auf.

Bereits in den 1990er Jahren gerieten die Staaten in der Diskussion um die Errichtung der Europäischen Zentralbank aneinander. Frankreich sah die Schaffung eines politischen Gegenstücks in Form einer Wirtschaftsregierung, mit welcher die Geldpolitik der Zentralbank gesteuert oder wenigstens beeinflusst werden könne, als unumgänglich. Im Gegensatz zu Deutschland betrachtet Frankreich einzig die demokratisch gewählte Volksvertretung als zuständig für das Treffen geldpolitischer Entscheidungen. Da das Land die Errichtung einer politisch unabhängigen Zentralbank jedoch nicht aufhalten konnte, setzt es sich seitdem für den Aufbau einer „gouvernement économique" innerhalb der Eurogruppe ein (Mussler 2011, S. 46).

Im Zuge der Finanz- und Wirtschaftskrise und späteren Staatsschuldenkrise unterschieden sich die Vorstellungen der beiden Länder enorm darin, wie zum einen kurzfristig auf die Probleme der EU-Länder reagiert werden sollte und wie zum anderen langfristige Reformen der Europäischen Währungsunion zur Stabilisierung des Euro gestaltet werden müssten. So dominiert in Deutschland bis heute das traditionelle ordnungspolitische Wirtschaftsmodell, in welchem die Geldwertstabilität sowie die Unabhängigkeit der Zentralbank oberste Priorität haben. Dementsprechend weigerte sich die deutsche Regierung zunächst aufgrund des „no-bailout" Grundsatzes, den finanziell angeschlagenen Ländern direkte Hilfe zukommen zu lassen und forderte die aktive Beteiligung des IWF. Zudem forderte Deutschland weitreichende Reformen des Stabilitäts- und Wachstumspakts und setzte sich dafür ein, dass die Rettungspläne nicht von der Eurozone, sondern von der gesamten EU entschieden werden. Gründe für Angela Merkels zurückhaltendes Handeln zu Beginn der Krise gehen weniger auf ökonomische Bedenken zurück. Ihr Verhalten war vielmehr von innenpolitischem Druck geprägt, denn von Anfang an war klar, dass Deutschland im Falle finanzieller Hilfeleistungen durch die EU am stärksten zur Kasse gebeten würde. Nur falls die gesamte Stabilität der Eurozone auf dem Spiel stünde, wäre sie damals bereit gewesen, eine finanzielle Beteiligung Deutschlands an Hilfen für Griechenland zu akzeptieren.

Frankreich wiederum verfolgt, ähnlich wie die USA und Großbritannien, eine Strategie der Wachstumsförderung durch Stabilisierung der Nachfrage. Aufgrund der Abhängigkeit des Landes von einer starken Binnennachfrage initiierte Sarkozy für die Jahre 2010 bis 2012 Konjunkturprogramme („Grand emprunt") zur Förderung von Bildung, Forschung, Informationstechnologie und Industrieentwicklung in Höhe von 35 Milliarden Euro (Schwarzer 2013, S. 31).

Doch da auch Frankreich eine zunehmend überbordende Staatsverschuldung aufwies, setzte Sarkozy nach deutschem Vorbild 2011 schließlich ein Gesetz zur Schuldenbegrenzung durch. Zur Rettung Griechenlands forderte Frankreich direkte finanzielle Hilfen und lehnte zunächst eine Intervention durch den IWF ab.

Im Mai 2010 wurde schließlich ein erster Kompromiss zwischen den Staaten gefunden, Griechenland wurden Kredite unter Auflagen und mit der finanziellen und technischen Unterstützung des IWF gewährt. Des Weiteren waren sich alle europäischen Regierungs- und Staatschefs darüber einig, dass die wirtschaftspolitische Zusammenarbeit der EU verbessert werden müsse, indem der institutionelle Rahmen der Eurozone erweitert würde. Darüber, was genau verbessert werden müsse, vertraten die Regierungen jedoch von Anfang an gegensätzliche Meinungen (Mussler 2011, S. 44f.).

Der größte Streitpunkt zwischen Deutschland und Frankreich bleibt das Thema einer möglichen Wirtschaftsregierung verbunden mit den Kompetenzen der EZB. Deutschland besteht zwar auch auf die Verbesserung der wirtschaftspolitischen Zusammenarbeit zwischen den EU-Staaten, dies jedoch ohne der EU weitere Zuständigkeiten zu übertragen. Wo in Frankreich von einem „gouvernement économique" die Sprache ist, meint Deutschland lediglich eine koordinierte „wirtschaftspolitische Steuerung". Als Angela Merkel im August 2011 gemeinsam mit Sarkozy eine „europäische Wirtschaftsregierung" forderte, war sie besorgt über die Versuche der Europäischen Kommission, ihren Einfluss zu vergrößern, indem sie weitere „europäische" Mechanismen zur Krisenbewältigung vorschlug (Mussler 2011, S. 61f.). Denn seit Beginn der Krise herrschte ein Gerangel zwischen den Mitgliedsstaaten und der Kommission um die Krisenführung. Merkel sprach sich infolgedessen für eine verstärkte Mitsprache der Regierungen im Krisenmanagement aus, ohne dabei – wie von Frankreich gefordert – die EZB in ihrer Zuständigkeit einschränken zu wollen. Dabei verkündete sie lediglich, wer diese Wirtschaftsregierung bilden sollte – die Regierungen der 27 EU-Staaten im Europäischen Rat – vermied dabei jedoch Erläuterungen zu den detaillierten Aufgaben dieser Regierung. So konnte sie die Vorschläge der Kommission sowie die Forderungen Frankreichs nach einer „gouvernement économique" vorerst geschickt abwehren.

Frankreich bestand weiterhin auf seiner Forderung nach einer Ausweitung der politischen Einflussmöglichkeiten auf die Geldpolitik der EZB. So setzte sich Sarkozy dafür ein, die Treffen der Staats- und Regierungschefs der Eurozone zu institutionalisieren, um auf diese Weise den Regierungen der Eurozone mehr Macht und Einfluss über die EZB zu verschaffen. Die Einrichtung des europäischen Rettungsmechanismus betrachtete Frankreich als großen Erfolg, den politischen Einfluss auf die EZB zu erhöhen. Dass die Staats- und Regierungschefs grundlegende Entscheidungen zur Rettung der Euroländer und zur Umgestaltung der Währungsunion fällten und die EZB schließlich sogar begann, europäische Staatsanleihen aufzukaufen, um den Euro zu stabilisieren, bewertete Sarkozy als äußerst positiv. Denn die Unabhängigkeit der EZB war damit beschädigt und eine „veritable Wirtschaftsregierung im Euro-Raum" geschaffen (Mussler 2010).

Für Deutschland jedoch bedeuteten diese Entwicklungen Brüche gegen die Vereinbarungen, die einst im Rahmen der Währungsunion getroffen wurden. Aus Angst vor einem Zerbrechen der Eurozone wurde gegen zwei der wichtigsten Bedingungen Deutschlands an die Union verstoßen: Die No-bailout-Klausel wurde missachtet, womit gegen EU-Verträge verstoßen wurde und die Geldpolitik der EZB wurde zunehmend unter politischen Druck gesetzt, wodurch ihre Unabhängigkeit stark gefährdet wurde. Die Reaktion der deutschen Bevölkerung war, wie erwartet, negativ und mündete in einer Vielzahl von Klagen vor dem Bundesverfassungsgericht.

Dennoch versuchte das Tandem aus zunächst Sarkozy und Merkel, auf der Suche nach einem Weg aus der Krise, eng zusammen zu arbeiten. Da die beiden Staatschefs sich schwer taten, einen gemeinsamen Konsens zu dem Thema zu finden, fand im Herbst 2010 ein bilaterales Treffen im normannischen Deauville statt. Nach Verkündung der getroffenen Übereinkunft, in welcher die Umrisse der Reform des SWP festgelegt wurden und das Entscheidungsverfahren in der Krisenbewältigung zu Gunsten der beiden Staaten verändert wurde, erfolgten große Proteste aus den restlichen EU-Staaten, die sich nun von dem Zweiergespann bevormundet fühlten.

Nach der Wahl François Hollandes zum neuen französischen Präsidenten 2012 begann eine neue Ära der deutsch-französischen Beziehungen. Das zuvor so partnerschaftliche Verhältnis kühlte deutlich ab, was Merkels Unterstützung Sarkozys und der gemeinsamen EU-Politik geschuldet war. Zudem stand das Parteiprogramm Hollandes entgegengesetzt zu der Wirtschaftspolitik Sarkozys, die von der deutschen Regierung befürwortet worden war. Hollandes frühes Eingeständnis, dass sein klassisch sozialistisches Wirtschaftsmodell sowie eine Neuverhandlung des Fiskalpakts nicht durchsetzungsfähig sind, verbesserte das Verhältnis zwischen dem Präsidenten und der Bundeskanzlerin kaum (Hilz 2013, S. 28f.).

Es ist jedoch davon auszugehen, dass sich die Regierungschefs der beiden Länder stets bemühen werden, den Kompromiss trotz inhaltlicher und stilistischer Meinungsverschiedenheiten aktiv zu suchen. Denn die Bereitschaft zur Kompromissfindung war seit jeher die Triebkraft der beiden Staaten, um gemeinsame Ziele in Europa als Integrationsmotor erreichen zu können.

5.3.3 Großbritannien

Großbritannien hatte keinen einfachen Start als Mitglied der Europäischen Union. Erst beim dritten Versuch gelang dem Land der Beitritt zur EU und bis heute erscheint das Land eher wie eine dritte Partei bei europapolitischen Verhandlungen und nicht wie ein vollwertiges, zugehöriges Mitglied (Kassim 2000, S. 22). Bereits vor seinem Beitritt zur EWG im Jahr 1973 stand Großbritannien der Europäischen Integration äußerst ambivalent gegenüber. Seine distanzierte Haltung der Europäischen Währungsunion gegenüber einerseits und sein Streben nach einer Maximierung britischen Einflusses innerhalb der EU andererseits erschwerten die europapolitische Zusammenarbeit von Beginn an. Regelmäßig drohen die Briten damit, aus der EU auszutreten oder fordern Sonderrechte für sich ein. Ein Grund für den britischen Euroskeptizismus mag in Großbritanniens imperialistischer Vergangenheit und der damit verbundenen Schwerfälligkeit liegen, mit anderen Nationen zu kooperieren. Einst betonte der Labour Parteivorsitzende, Hugh Gaitskell, dass ein Beitritt zur EWG „the end of a thousand years history" (Gaitskell 1962) bedeute. Im Gegensatz zu den Staaten des europäischen Festlandes war Großbritannien nie von anderen Nationen eingekreist und musste sich nicht zwischen Widerstand oder Aufgabe von Macht entscheiden. So fühlen sich die Briten in einer Sonderrolle im Vergleich zum restlichen Europa. Hinzu kommt, dass sich Großbritannien bereits als eine Union aus mehreren zusammengeschlossenen Nationen versteht (Corner 2007, S. 467). Ähnlich wie die EU betont die britische Regierung, die Identitäten von England, Wales, Schottland und Nordirland nicht zerstören zu wollen. Vielmehr beschreibt es sich als eine allumfassende Gemeinschaft, eine „Britische Union", ein United Kingdom. Doch der britische Vergleich mit der EU hinkt, was schon durch die europafreundliche Haltung der Waliser oder der Schotten erkennbar wird. Denn innerhalb der EU bestehen sehr viel bessere Strukturen zur Wahrung nationaler Identitäten. Im Gegensatz zu Großbritannien werden Entscheidungen nur innerhalb einiger bestimmter Politikbereiche zentral in Brüssel getroffen. Themen wie die nationale Sicherheit und die Verteidigung verbleiben bis heute in nationaler Verantwortung. Souveränität wird lediglich in wirtschaftspolitischen Bereichen zwischen den Staaten der EU koordiniert.

Europapolitische Koordination

Vermutlich aufgrund Großbritanniens gespaltener Haltung gegenüber der europäischen Integration und seiner Rolle darin gilt das europapolitische Koordinierungssystem des Vereinigten Königreichs als äußerst produktiv und ambitioniert. Denn der späte Beitritt in den bereits etablierten Klub verunsicherte den Nachzügler und motivierte ihn, bei EU-Verhandlungen stets kompetent und vorbereitet zu sein. Auch die britische Vorgehensweise im Umgang mit europapolitischen Themen in der britischen Öffentlichkeit erklärt das Bestreben der Regierung, eine effiziente Koordination zu ermöglichen (Bulmer/Burch 1998). Denn im Gegensatz zu anderen EU-Mitgliedern rückten britische EU-Politiker vor der Bevölkerung nie die symbolischen Vorzüge einer Europäischen Gemeinschaft in den Vordergrund, sondern orientierten sich ausschließlich am wirtschaftlichen Nutzen der EU (Sturm 2009, S. 35). Nötige politische Anpassungen oder Einschränkungen werden in der Öffentlichkeit wiederum heruntergespielt. Jeder weitere Schritt in Richtung einer vertiefenden Europäischen Integration wird von großer Angst vor Souveränitätsverlusten begleitet. Abweichend zu den restlichen EU-Staaten existiert weder in der Bevölkerung noch unter den politischen Akteuren ein positiver Konsens über den Wert einer EU-Mitgliedschaft. Die ausgeprägte Ambition in der politischen Koordination scheint auf diese Angst zurückzuführen zu sein.

Das europapolitische Koordinationsverfahren Großbritanniens ist dem nationalen System politischer Koordination sehr ähnlich, was ein Grund für seine hohe Effizienz sein mag. Die ex ante Koordination gewährleistet, dass Großbritannien sehr früh, das heißt noch während der Vorschlagsvorbereitung durch die Kommission, in den europäischen Entscheidungsprozess eingreifen kann. Im Zentrum steht dabei immer das Ziel, eine einheitliche politische Position aller involvierten politischer Akteure zu erreichen. Bereits 1961, als Großbritannien erste Schritte unternahm der EWG beizutreten, wurde über eine Erneuerung seiner Regierungsstruktur zur Handhabung europapolitischer Themen diskutiert und eine erste Koordinationsmaschinerie konstruiert. Als das Land in den 1970er Jahren schließlich der EWG beitrat, wurde das „classical Whitehall arrangement of a Cabinet committee, underpinned by several levels of official-level committees, including one to evaluate the legal implications“ implementiert (Miller 2012, S. 3). Mit der Ausweitung des EU-Einflusses auf nationale Politikfelder wurden schließlich alle Fachressorts des britischen Kabinetts um eine europapolitische Dimension erweitert. Da die Verantwortung hinsichtlich europapolitischer Entscheidungen von Beginn an bei den einzelnen Fachabteilungen der britischen Regierung belassen wurde, entstanden nicht die üblichen Konflikte zwischen dem Außen- und dem Wirtschaftsressort, wie etwa in Deutschland oder Frankreich (Kassim 2000, S. 27). Dennoch wurde ein zentrales Organ innerhalb der Regierung benötigt, welches die europapolitischen Entscheidungen bündelt und koordiniert. Diese Aufgabe übernahm das Cabinet Office European Secretariat (COES), welches ausschließlich für europäische Angelegenheiten eingerichtet wurde und sicherstellt, dass alle Interessensgruppen konsultiert werden und eine einheitliche politische Linie gefunden wird. Weitere wichtige Funktionen wurden dem britischen Außenministerium (Foreign Commenwealth Office) und der Ständigen Vertretung in Brüssel zugeteilt. Das COES ist damit der zentrale Koordinator europapolitischer Entscheidungen innerhalb der britischen Regierung und das Außenministerium die zentrale Verbindung zwischen London und dem Ständigen Vertreter in Brüssel. So gelingt es dem Königreich auf europäischer und internationaler Ebene schnell reagieren zu können und stets eine einheitliche klare Regierungsposition zu vertreten.

EU-Koordination im Kabinett

Die Koordination im britischen Kabinett erfolgt nach dem Prinzip der Kollektivverantwortung, wobei die Regierung den Ministerien gemeinsame Entscheidungen vorgeben kann (Richards 2003, S. 33).

Europapolitische Koordinationsverfahren, wie etwa die Aufbereitung von Informationen und die Vorbereitung von englischen Positionspapieren, erfolgen vorwiegend in den jeweiligen Fachausschüssen, den Cabinet Committees, die als Teil des Cabinet Office den Premierminister und seine Minister bei der Regierungsarbeit unterstützen. Mit europapolitischen Angelegenheiten befasst sich der 1974 gebildete „Europäische Sonderausschuss" (European Select Committee), der von sechs, nach Fachressorts gegliederten, „European Affairs Subcommittees" unterstützt wird (Parliament 2014). Diesen Unterausschüssen steht der Europaminister vor. Etwa 40 Prozent aller EU-Dokumente werden zur Überprüfung und Verarbeitung an die „Subcommittees" weitergeleitet.

Zur übergreifenden europapolitischen Koordination der Behörden von England, Nordirland, Schottland und Wales wurde außerdem 1999 unter dem Vorsitz des britischen Außenministers das Joint Ministerial Committee (Europe) (JMC[E]) gegründet (Scottish Government 2010). Um Zeit zu sparen, ersetzt es heute teilweise die Cabinet Office Subcommittees (Miller 2012, S. 19). Der Ausschuss ist jedoch kein herkömmliches beschlussfassendes Cabinet Committee, sondern steht der Regierung vielmehr beratend zur Seite. Teilnehmer an den Treffen des JMC(E) sind vorwiegend Staatsminister, Staatssekretäre sowie Minister aus Wales, Schottland und Nordirland, gelegentlich sind zudem der Außenminister und der Justizminister anwesend. Hier haben somit auch die einzelnen Landesteile Großbritanniens die Möglichkeit, sich individuell in die britische Europapolitik einzubringen.

Das Cabinet Office European Secretariat

Die Funktion des zentralen Koordinators britischer Europapolitik liegt nicht, wie bei den meisten EU-Staaten, beim britischen Außenministerium. Ein Ministerium, das Ressortinteressen auf zahlreichen Themenfeldern hat, ist nach britischer Auffassung nicht in der Lage, als unparteilicher Koordinator zu agieren (Kassim 2000, S. 34). Vielmehr wurde die allumfassende Verantwortung für die Koordinierung der EU-Politik einem neutralen Gremium übertragen, dem Cabinet Office European Secretariat (COES). Das COES ist eine von vier Abteilungen innerhalb des Cabinet Secretariat. Es zeichnet sich durch seine Nähe zum Prime Minister's Office aus und setzt sich aus „Fast Stream Administrators" und Beamten der Ministerien zusammen. So fungiert heute der Vorsitzende des COES, der Staatssekretär für Europäische und Globale Angelegenheiten (Permanent Secretary for European and Global Issues), der in der Regel ein ranghoher ist, als wichtigster EU-Berater des Premierministers. Bei bedeutenden EU-Verhandlungen tritt er zudem als Vertreter des Premierministers auf. An der Führungsspitze des COES stehen darüber hinaus ein Deputy Secretary, der wie der Vorsitzende eng mit dem Büro des Premierministers zusammenarbeitet sowie drei weitere Deputy Directors, wovon einer für Wirtschaft und zwei für Europaangelegenheiten zuständig sind. Während der 1990er Jahre war das Sekretariat mit einem Beraterstab von nur neun Kabinettsmitgliedern ein relativ exklusiver Kreis. Heute zählt das COES über 20 Mitarbeiter (vgl. u.a. Metcalfe 2004, S. 168; Kassim 2000, S. 34). Der hohe Rang des Führungsstabs gewährleistet den Zugang zu Fachexperten und verleiht dem Sekretariat die nötige Autorität, auch in den Ministerien intervenieren zu können.

Neben der alltäglichen Verteilung und zentralen Erfassung sämtlicher relevanter Dokumente ist das „European Secretariat" auf fünf weiteren Aufgabenfeldern tätig. Seine wichtigste Tätigkeit besteht darin, die interministerielle EU-Koordination zu überblicken und zu steuern. Dabei stellt das COES sicher, dass alle an einer Entscheidung interessierten Departments konsultiert und involviert werden. Des Weiteren wird der Fortgang britischer Anträge und Vorschläge von fünf bis sechs „counsellors" beobachtet, die mit den führenden Experten des jeweiligen Ressorts und der Ständigen Vertretung in engem Kontakt stehen, und bei Problemen jederzeit einschreiten können (Kassim 2000, S. 35f.). Eine weitere Funktion des Sekretariats besteht darin, sicherzustellen, dass die EU-Politik mit der nationalen Regierungspolitik kohärent und konsistent ist. Befürchtet es negative Auswirkungen politischer Entscheidungen, kann das Sekretariat intervenieren. Eine dritte Aufgabe ist die Koordinierung der britischen Position in größeren Politikbereichen, wie etwa im Hinblick auf die Agenda 2000, die Auswirkungen auf die Verantwortungsbereiche mehrerer Minister hatte. Zudem überwacht das European Secretariat das parlamentarische Kontrollsystem, indem es sicherstellt, dass die Ministerien dem Prozedere folgen und das Kontrollgremium des Parlaments über alle Anträge informiert wird. Schließlich agiert das COES unterstützend als Berater für unerfahrene Fachabteilungen der Regierung zu EU-Institutionen und EU-Verfahren. Die Führungsspitze des COES bereitet den Premierminister auf Treffen mit anderen EU-Regierungschefs vor und ist an Beitrittsverhandlungen beteiligt (Kassim 2000, S. 37).

An den regelmäßigen Treffen, die vom Vorsitzenden des Sekretariats geleitet werden, nehmen der Ständige Vertreter sowie weitere Spitzenpolitiker der

Regierung teil. Dabei agiert das COES proaktiv, indem es Maßnahmen und Vorschläge aus Brüssel frühzeitig diskutiert und hinterfragt. Dennoch handelt das COES vorwiegend entscheidungsvorbereitend. Es hält sich aus laufenden Prozessen heraus, ist jedoch in seinen Vorschlägen, die zum Teil direkt an den Premierminister gehen, äußerst kompetent, effizient und einflussreich (Lee et al. 1998, S. 179f.).

EU-Koordination in den Ministerien

Jedes Ministerium innerhalb der britischen Regierung ist selbst verantwortlich für die europapolitische Koordination seines Ressorts. Die Verfahren sind daher von Amt zu Amt verschieden, in der Regel übernehmen jedoch Fachspezialisten die Führungsrolle bei der Festlegung politischer Positionen. Diese stehen zudem in direktem Kontakt mit den Kollegen in den anderen Mitgliedsstaaten sowie mit den jeweiligen Abteilungen der Ständigen Vertretung und mit den EU-Institutionen (Kassim 2000, S. 28). Sowohl die Motivation und Intensität des Koordinationsverfahrens als auch der Euroskeptizismus sind in den Departments ganz unterschiedlich ausgeprägt. Insbesondere Ressorts, die seit langem von der EU mitbestimmt werden, wie etwa das Landwirtschaftsdepartment, weisen eine hohe Koordinationstätigkeit auf. Bereiche, in welchen die Gemeinschaft noch nicht lange involviert ist, behandelt EU-Themen wiederum entweder nur peripher oder steht ihnen ablehnend gegenüber.

Zur übergeordneten Koordination der Ministerien existiert zudem das European Affairs Committee (EAC), das als Diskussionsforum für die Minister dient und damit das Kabinett entlastet.

Auch wenn sein Einfluss seit dem EU-Beitritt abgenommen hat, gilt das Foreign and Commonwealth Office (FCO) neben dem European Secretariat und der Ständigen Vertretung als zentrales Organ innerhalb der britischen Europapolitik (u.a. Kassim 2000, S. 37; Smith et al. 1995, S. 233f.). Es nimmt drei Funktionsbereiche innerhalb der Europapolitik ein. Zum einen ist der Außenminister verantwortlich dafür, die britische EU-Politik als Teil der Außenpolitik Großbritanniens zu definieren. Dabei ist er von den Richtungsvorgaben des Premierministers abhängig. Er begleitet den Premierminister zu Treffen des Europäischen Rates und zu EU-Regierungskonferenzen, nimmt an Verhandlungen des Rats für Allgemeine Angelegenheiten teil und führt Verhandlungen zu Grundsatzentscheidungen mit der EU. Hier gilt das Außenministerium als Verbindung zwischen London und dem Ständigen Vertreter in Brüssel, wobei es nicht nur als Nachrichtenübermittler fungiert, sondern die britischen Interessen deutlich formuliert (Lee et al. 1998, S. 178).

Unterstützt wird der Außenminister vom Staatsminister für Europäische Angelegenheiten. Dieser ist zudem für die diplomatischen Beziehungen mit anderen EU-Staaten verantwortlich und nimmt während der britischen Ratspräsidentschaft eine führende Rolle ein. Von den anderen Departments unterscheidet sich das FCO, da es als Koordinierungsorgan für die gesamte Regierung agiert und sich nicht mit einzelnen Fachbereichen der EU-Politik beschäftigt. Aus der Perspektive des FCOs hängt die Zukunft des Vereinigten Königreichs von der Entwicklung Großbritanniens innerhalb der EU und von der globalen Stellung der EU ab (Smith et al. 1995, S. 237). Auch wenn die Bedeutung des FCOs als strategischer Vordenker und zentraler Knotenpunkt seit den 1990er Jahren signifikant abgenommen hat, da die einzelnen Ressorts vermehrt direkt mit den EU-Behörden und den anderen Mitgliedsstaaten in Verbindung stehen, wird es weiterhin eine zentrale Figur britischer EU-Koordination sein. Insbesondere in der Repräsentation sowie der Ausweitung und Pflege des diplomatischen Netzwerks wird die zukünftige europapolitische Orientierung des Außenministeriums gesehen (Miller 2012, S. 24).

EU-Koordination in der Ständigen Vertretung

Im Vergleich zu anderen Ständigen Vertretungen in Brüssel zeichnet sich die UK Permanent Representation (UKREP) durch ihr enges Verhältnis zur Regierung und zu den Ausschüssen aus. Ihre Aufgabe besteht in der intensiven Verfolgung europapolitischer Verhandlungen der Europäischen Kommission, um London über neue Gesetzgebungsvorhaben zu informieren und um zu kontrollieren, ob britische Positionen sachgemäß vertreten werden. Zudem informiert sie die Regierung über die politischen Standpunkte anderer Mitgliedsstaaten sowie über Entwicklungen, die eine Neuverhandlung der britischen Verhandlungsbasis notwendig machen (Kassim 2000, S. 41).

Im Europäischen Rat ist die UKREP für die Vertretung und Durchsetzung der britischen Standpunkte zuständig, was das hohe Vertrauen der Regierung in den Ständigen Vertreter und seine Mitarbeiter verdeutlicht. Die Unabhängigkeit der Vertretung wird nur durch Vorgaben der Regierung, die über das Außenministerium an sie weitergegeben werden, eingeschränkt.

EU-Koordination im Parlament

Ähnlich wie in den anderen EU-Staaten ist eine Einflussnahme des britischen Parlaments auf die Europapolitik nur beschränkt möglich. Dennoch versucht das Parlament die Exekutive zu kontrollieren. Das House of Commons hat hierfür ein Kontrollgremium eingerichtet, welches Gesetzesvorschläge der Europäischen Kommission untersucht und das House über wichtige Initiativen benachrichtigt. Zudem wurde vereinbart, dass das Parlament nach jedem Ratstreffen über dessen Inhalte mündlich informiert wird. Zudem wurden regelmäßige Debatten anberaumt, in welchen sich das House of Commons zu den Gesetzesvorschlägen äußern kann. Auch das House of Lords hat Ausschüsse zur Bearbeitung europapolitischer Themen gebildet. Der Einfluss auf europapolitische Entscheidungen bleibt dennoch gering, auch weil die Ausschüsse zunehmend überfordert sind mit der anwachsenden Zahl zu bearbeitender Dokumente. Zudem erreichen wichtige Information in häufigen Fällen das Kontrollgremium zu spät, um effizient reagieren zu können (Kassim 2000, S. 43f.).

Bewertung des britischen EU-Koordinationssystems

Zusammenfassend sind bei dem europapolitischen Koordinationsverfahren Großbritanniens auf nationaler Ebene wenige Defizite festzustellen. Als zentrales Koordinationsorgan bereitet das European Secretariat Entscheidungen vor, die Meinung aller interessierten Parteien wird in die Entwicklung der Regierungsposition mit einbezogen und bei Konflikten werden durch das Private Office des Außenministers Kompromissvorschläge unterbreitet. So wird, wann immer nötig, eine einheitliche politische Position entwickelt, die mit der nationalen Politik konsistent ist und EU Gesetze werden effektiv implementiert (Kassim 2000, S. 45). Auch die Rahmenbedingungen des britischen Regierungssystems tragen dazu bei, dass das Koordinationsverfahren effizienter als in anderen EU-Staaten ist. Insbesondere die unitäre Struktur des Staates sowie die politischen Traditionen der Exekutive (Einparteien-Regierung, Zentralisierung) erleichtern den Koordinationsprozess. Der Vorrang des Kollektivprinzips vor dem Ressortprinzip sowie eine homogene Informationskultur aufgrund eines organischen ressortübergreifenden Beamtenapparats wirken sich positiv auf die Koordinationsbereitschaft aus (Bauer et al. 2007, S. 744). Die europaskeptische Haltung motiviert zudem, frühzeitig eine kohärente Position zu finden. Des Weiteren trägt die reibungslose Zusammenarbeit mit der Ständigen Vertretung in Brüssel zu einer effizienten frühzeitigen Koordination bei.

Probleme innerhalb des britischen Verfahrens können allerdings aufgrund des zentralisierten Systems entstehen, sobald das Kabinett uneinig und gespalten ist. Gibt es hier keine Mehrheit, ist das Verfahren manövrierunfähig und es kann keine kohärente Verhandlungsposition geschaffen werden. Insbesondere bei der Bearbeitung von EU-Themen, welche die nationale Politik tangieren, tendiert die Regierung zu einer verstärkten Politisierung. In solchen Fällen wird das herkömmliche Verfahren schließlich von Whitehall in das Büro des Premierministers verlegt (Menon/Wright 1999).

Doch obwohl das Koordinationsverfahren Großbritanniens so produktiv ist, Frankreich es sich sogar zum Vorbild nimmt und Wissenschaftler es als qualitativ hochwertig in seinen politischen Interventionen bewerten, scheint die Regierung paradoxerweise erfolglos darin zu sein, die gewünschte politische Linie auf EU Ebene durchzusetzen (Kassim 2000, S. 23).

Der Grund dafür, dass trotz der effizienten nationalen EU-Koordinierung britische Interessen nur selten in der EU durchgesetzt werden, muss in der britischen EU-Politik auf europäischer Ebene in Brüssel liegen. Hier wird die Effizienz der Briten bei der Entscheidungsfindung vermindert. Denn die britischen EU-Beamten finden in Brüssel eine ihnen fremde politische Kultur des Entgegenkommens und der Kompromissfindung vor, die sie nicht so einfach übernehmen können. Zudem, so beschreiben es Buller und Smith, scheinen sie eher pragmatisch und weniger geschickt im Umgang mit dem „communautaire" Vokabular zu sein (Buller/Smith 1998). Auch die meist fehlenden Fremdsprachenkenntnisse der britischen EU-Beamten wirken sich negativ auf Verhandlungen mit den EU-Kollegen aus. Dies sowie die fehlende Verhandlungsflexibilität aufgrund bereits festgelegter politischer Positionen durch die britische Regierung können die Möglichkeiten einer Koalitionsbildung mit anderen Mitgliedsstaaten erschweren (Kassim 2000, S. 47f.). Hier scheint somit das zentralisierte Koordinationsverfahren der Briten kontraproduktiv zu sein, da mit der geringen Flexibilität auf europäischer Ebene die Leistungsfähigkeit Großbritanniens, den politischen Prozess in wichtigen politischen Bereichen zu beeinflussen, deutlich eingeschränkt wird. Das dadurch entstehende Image eines kompromisslosen und unangenehmen Verhandlungspartners kann schließlich dazu führen, dass Großbritannien von weiteren Integrationsprojekten ausgeschlossen wird.

In der Vergangenheit konnte Großbritannien zwar im Wirtschaftsbereich, in dem die Briten einen beträchtlichen Anteil zur Implementierung des europäischen Binnenmarktprogramms beisteuerten, erfolgreich Einfluss auf politische Entscheidungen nehmen. In anderen Bereichen jedoch, wie etwa auf dem Gebiet der Sozialpolitik, konnte Großbritannien seine Präferenzen nur vereinzelt durchsetzen.

Hier zeigt sich, dass ein effizientes Koordinationsverfahren nicht ausschlaggebend für die politische Effektivität auf EU-Ebene sein muss. Denn die Resultate von EU-Verhandlungen werden von zahlreichen weiteren Faktoren beeinflusst, wie etwa inwieweit nationale Positionen mit den Präferenzen der restlichen Länder übereinstimmen. Es hängt zudem vom augenblicklichen politischen Klima ab, dem Beteiligungsgrad durch das EU-Parlament und der Mobilisierung von Interessensgruppen. Großbritanniens Erfolg auf dem Feld der Wirtschaftspolitik ist demnach nur zum Teil auf seine effektive Koordination und die Bemühungen im Lobbying zurückzuführen. Ohne die Unterstützung der Europäischen Kommission sowie Frankreichs und Deutschlands, aufgrund ihrer neoliberalen Überzeugung, wäre der Europäische Binnenmarkt womöglich nicht zu jener Zeit entstanden.

Theoretische Einbettung

Sowohl das EU-Koordinationssystem als auch die EU-Politik des Vereinigten Königreichs lassen sich nicht mit Hilfe der Theorie des Neofunktionalismus erklären. Zwar strebt das ehemalige British Empire bis heute danach, seinen weltweiten Einfluss zu maximieren, doch nahm es von Anfang an gegenüber der Europäischen Wirtschafts- und Währungsunion eine distanzierte Haltung ein. Mit der Europäischen Integration wuchs in Großbritannien die Angst vor Souveränitätsverlusten. Nur wenn die ökonomischen Vorteile stark überwiegen, ist das Land bereit der EU Zuständigkeiten zu übertragen. Die konfrontative und kompromisslose Verhandlungstaktik in den EU-Institutionen hatte zur Folge, dass das Königreich als unangenehmer Verhandlungspartner in Integrationsprojekte zunehmend geringer eingebunden wurde. Positive Spillover-Effekte, welche weitere Integrationsschritte nach sich zogen, sind kaum zu erkennen.

Großbritanniens Unterstützung der EU entspringt nicht ideologischen Vorstellungen, sondern basiert auf rein pragmatischen Überlegungen. Die EU-Politik des Inselstaats hängt demnach von anderen, vorwiegend innenpolitischen, Faktoren ab, etwa von der augenblicklichen Machtverteilung in der Exekutive und Legislative des britischen Regierungssystems oder von den Mehrheitsverhältnissen im Parlament. So zeichnete sich die Politik unter Tony Blair aufgrund der großen parlamentarischen Mehrheit durch deutlich europafreundlichere Tendenzen aus, als die John Majors, der von parteiinternen Europaskeptikern stark unter Druck gesetzt worden war (Kassim 2004, S. 266f.). Darüber hinaus prägen die jeweils vorherrschenden Debatten innerhalb der EU die europapolitischen Präferenzen des Königreichs.

Aufgrund des zentralen Stellenwerts der nationalen Institutionen in der britischen EU-Politik scheint die Theorie des Neoinstitutionalismus daher geeigneter, die Entstehung europapolitischer Präferenzen Großbritanniens zu verstehen.

Großbritanniens EU-Politik in der Eurokrise

Die britische Europapolitik zeichnet sich vor allem durch eine konfrontative Europaskepsis aus. Ihren Ursprung hatte dies bereits während der Ära Margeret Thatchers, die das kurz vor dem Bankrott stehende Königreich von Grund auf sanierte, das marode Wirtschaftssystem deregulierte und den Arbeitsmarkt reformierte. Mit Hilfe dieser Maßnahmen und dem neu entdeckten Nordseeöl begann sich die britische Wirtschaft in den 1980er und 1990er Jahren zu erholen. Das einstige Argument der Briten, im Zuge der eigenen wirtschaftlichen Schwäche auf die Europäische Gemeinschaft angewiesen zu sein, wurde infolgedessen von Thatcher vom Tisch gefegt. So wehrte sie sich im Zuge der Pläne zur Schaffung des europäischen Binnenmarkts gegen eine damit einhergehende staatliche Reglementierung zugunsten der Schaffung einer politischen Union (Einheitliche Europäische Akte) sowie gegen die Gründung der Europäischen Währungsunion.

Da das Selbstbild des ehemaligen British Empires schon immer positiver ausfiel, als es Außenstehende nachzuzeichnen vermögen, blieb die überhebliche

Haltung gegenüber der EU trotz andauernder wirtschaftlicher Probleme bestehen. Tony Blair, Gordon Brown und David Cameron verfolgten den konfrontativen Weg Thatchers weiter – wenn auch in abgeschwächter Form aufgrund der mittlerweile bestehenden ökonomischen Abhängigkeit von der EU – und verspielten damit die Chance eine Führungsrolle innerhalb der EU einzunehmen (Ludlow 2013). So hat Blair seine „roten Linien“ in den Verhandlungen über die EU-Verträge zum Schutz der britischen Souveränität verteidigt und Premierminister David Cameron rühmte sich mit seinem Veto gegen die Änderung der EU-Verträge zur Lösung der Eurokrise und isolierte das Land damit noch mehr. Doch Cameron hatte es innenpolitisch von Anfang an nicht leicht. Die Bevölkerung steht der EU mehr denn je ablehnend gegenüber, was unter anderem auf die stereotypische, polemische und anti-europäische Regenbogenpresse Großbritanniens zurückzuführen ist (Baker/Seawright 1998), und fordert in der United Kingdom Independance Party sowie im rechten Flügel der Partei Camerons, den Tories, zumindest eine Distanzierung von der EU, wenn nicht sogar einen EU-Austritt.

Auf der Gegenseite der politischen Debatte steht die Londoner Finanzwirtschaft, der liberaldemokratische Koalitionspartner Camerons sowie die oppositionelle Labour Partei, die vehement vor einem solchen Schritt warnen. So sorgte Camerons Grundsatzrede vom Januar 2013 bereits im Vorfeld für Zündstoff. Seine Forderungen nach einer höheren Flexibilität und Wettbewerbsfähigkeit in der EU sowie die Klärung des Verhältnisses zwischen der Eurozone und den restlichen EU-Staaten sind sicherlich Themen, welchen sich die EU in der kommenden Zeit stellen muss. Doch darüber hinaus schlug der Premierminister einen Mittelweg hinsichtlich der zukünftigen Europapolitik vor, der eine Neuverhandlung des Verhältnisses des Königreichs zur EU inklusive der „Repatriierung“ von Kompetenzen beinhalten soll. Welche Kompetenzen dabei zurück geholt werden sollen, blieb dabei unklar. Denn in den Bereichen, in welchen Großbritannien noch keine Opt-out-Möglichkeit besitzt – dem europäischen Binnenmarkt sowie der Außen- und Sicherheitspolitik – sind auch keine Opt-outs erwünscht. Übrig bleibt die europäische Zusammenarbeit in justiziellen Themen, von welcher das Land jedoch auch profitiert (Emerson 2013). Die abgespeckte Version der britischen EU-Beziehungen sollen schließlich 2017 in einem In-Out-Referendum der Bevölkerung zur Abstimmung gestellt werden. Der Vorschlag führte sowohl zu innenpolitischen Protesten als auch zu internationalen Aufrufen etwa seitens der USA, die eine starke britische Stimme in der EU fordern. Auch britische Ökonomen warnen davor, einen Stein ins Rollen zu bringen, der in einem EU-Austritt münden könnte, ganz abgesehen von den ökonomischen Kosten, die aufgrund der nun jahrelang andauernden Unsicherheit, ob das Land in der EU verbleiben wird, entstehen. Ein Ausscheiden aus der

Union würde erhebliche wirtschaftliche Nachteile für Großbritannien mit sich bringen, gar nicht zu sprechen von seiner Stellung in der Welt.

Bedingungen für weitere Harmonisierungsschritte

Das Vereinigte Königreich hat sich seit Beginn der Europäischen Einigung nicht in dem Maße der EU zugehörig gefühlt, wie es bei den restlichen EU-Mitgliedsstaaten der Fall ist. Zu keiner Zeit stand eine britische Regierung zu 100 Prozent hinter der britischen EU-Mitgliedschaft. Ihre Zweifel an dem ökonomischen Nutzen der EU sowie die Ängste vor den innenpolitischen Konsequenzen der vertiefenden Integration konnten bis heute nicht überwunden werden. Auch die britische Öffentlichkeit zeichnete sich in der Vergangenheit überwiegend durch eine europaskeptische Haltung aus, die insbesondere durch die einseitige Tonalität von Presse, Funk und Fernsehen geformt wird.

Die Euroschuldenkrise der vergangenen Jahre hat die bestehende Divergenz zwischen Großbritannien und der EU, insbesondere der Eurozone, nur vergrößert. Die Bevölkerung hat sich mehr denn je von der EU abgewandt. Auf einen nachträglichen Beitritt zum Fiskalpakt, geschweige denn zur Europäischen Währungsunion, besteht derzeit keine Aussicht. Die konfrontative europaskeptische Politik Camerons hat das Land an den Rand der EU gedrängt, was die politischen Beziehungen zu den EU-Mitgliedsstaaten auf lange Frist beeinflussen wird. Die Ausnahmepolitik der Briten mit den Wünschen der anderen EU-Mitglieder nach einer vertieften Integration in Einklang zu bringen, wird zunehmend problematisch. Darüber hinaus könnte die Vertiefung der fiskalpolitischen Koordination innerhalb der EU mittelfristig auf andere Kernbereiche der EU-Politik übergreifen, wobei der freiwillige Verzicht Großbritanniens ungeahnte Einflusseinbußen mit sich bringen würde. Das Land würde vom Gestalter zum Beobachter der EU und zum Konsument des Binnenmarktes werden.

Da die EU der weit größte Absatzmarkt für Großbritannien ist, kann dies jedoch nicht das politische Ziel der Regierung sein. Überdies sind sich britische Politiker darüber im Klaren, dass grenzüberschreitende Probleme wie die Finanzkrise 2008/2009 oder der internationale Terrorismus nur in europäischer Zusammenarbeit gelöst werden können (Sturm 2009, S. 227). Folglich ist eine rasche Abkehr von der Strategie des „defensive engagement" nötig (Baker 2005). Die Regierung muss sich proaktiver in die EU-Politik einbringen, möchte sie nicht zunehmend von EU-Entscheidungen ausgeschlossen werden. Die EU auf Distanz zu halten und die europäischen Institutionen als Hindernis für Wachstum oder als Bedrohung der nationalstaatlichen Souveränität zu behandeln, kann sich das Königreich nicht leisten. Auch die einseitige Medienbeeinflussung der Öffentlichkeit sollte verbessert werden. Die Bevölkerung sollte über die nationalen Vorteile der EU-Mitgliedsschaft und über die Bedeutung für das alltägliche

Leben ausführlich informiert werden. Nur so kann Großbritannien an einer zukünftigen Vertiefung der EU beteiligt werden.

Zwischenfazit

Das Vereinigte Königreich nimmt im Gefüge der Europäischen Union eine Sonderrolle ein. Einerseits gilt es insbesondere außenpolitisch als einflussreiches Land in der EU, welches aufgrund seiner Sprache und seiner Historie als Sprachrohr für die restliche Welt fungiert und daher insbesondere für die USA als unabkömmliches Mitglied der Europäischen Gemeinschaft betrachtet wird. Darüber hinaus ist Großbritannien seit der Schaffung des gemeinsamen Binnenmarktes wirtschaftlich abhängig von der EU. Andererseits fühlte sich das Land nie ganz zugehörig zum europäischen Kontinent und stand der EU und ihren Institutionen aufgrund von Ängsten vor Machtverlusten, innen- wie außenpolitisch, stets kritisch gegenüber. Das ausgezeichnete EU-Koordinationssystem der Briten ist der Versuch, den britischen Einfluss auf die EU-Politik zu optimieren und folglich nicht als Schritt in Richtung eines zusammenwachsenden Europas zu sehen. Der neofunktionalistische Theorieansatz hilft daher nicht, die Europapolitik des Königreichs zu erklären. Durch Integrationserfolge ausgelöste Impulse zur weiteren Integration sind in Großbritannien kaum zu erkennen. Die europäische Einigung wurde in der Vergangenheit aus rein pragmatischen und weniger aus ideologischen Gründen unterstützt. Dabei differiert die Haltung der Regierung gegenüber der EU je nach vorherrschender Machtkonstellation und Mehrheitsverteilung innerhalb des britischen Regierungssystems.

Die im Zuge der Eurokrise verhärteten Fronten zwischen dem Königreich und der EU sowie Camerons Forderung nach Neuverhandlungen der Verträge zwischen der EU und Großbritannien erschweren die Harmonisierungsbemühungen der restlichen EU-Staaten. Möchte das Königreich auch in Zukunft in die Politik der EU involviert werden, muss sich die Einstellung des Landes gegenüber der EU ändern. Die Regierung muss gemeinschaftlich und proaktiv mit der EU einen Kompromiss suchen. Andernfalls wird die Harmonisierung weiterer Politikbereiche mit Großbritannien nicht umsetzbar sein.

5.3.4 Spanien

Neben Polen, Ungarn und Griechenland erhielt Spanien seit seinem Beitritt zur Europäischen Union jährlich rund drei Milliarden Euro aus EU-Subventionen. Dennoch ist das Königreich eines der insolventen Krisenländer, das im Jahr 2012 unter den Rettungsschirm flüchten musste. Um die Ursachen und Probleme der spanischen Regierungspolitik und ihre Auswirkungen auf die EU-Politik analysieren zu können, soll im Folgenden das europapolitische Koordinationsverfahren eines der größten Nehmerländer der EU untersucht werden.

Während des autoritären Regimes unter Franco (1939–1975) blieb Spanien zunächst sowohl internationalen Organisationen wie der NATO als auch europäischen Projekten fern. Mit der raschen Fortschreitung der Europäischen Integration konnte sich Franco dem Prozess jedoch nicht vollkommen entziehen, da eine weitere politische Isolation für das Land, das vom Tourismus und Exporten abhängig war, hohe ökonomische Einbußen bedeutet hätte. In den 1960er Jahren beantragte das Regime deshalb eine Partnerschaft mit der EG, die jedoch mehrfach abgelehnt wurde und erst 1970 in Form eines präferentiellen Handelsabkommens in Kraft trat. Nach dem Tot des Diktators und dem Übergang Spaniens zu einer konstitutionellen Monarchie Mitte der 1970er Jahre befreite sich das Land schließlich vollkommen aus der jahrzehntelangen Isolation. Sowohl aus ökonomischen Gesichtspunkten als auch zum Schutz der jungen Demokratie stellte Spanien 1977 schließlich den Beitrittsantrag zur Europäischen Gemeinschaft (Pfetsch 2005, S. 87). Das Land war zum einen wirtschaftlich abhängig von den Mitgliedsstaaten der EG. Zum anderen musste die spanische Ökonomie modernisiert und liberalisiert werden (Payno Galvarriato 1984). Die Hälfte der spanischen Exporte ging in den 1970er Jahren in die Europäischen Gemeinschaft, insbesondere nach Deutschland und Frankreich, 30 Prozent der Importe stammten aus der EG. Eine Mitgliedschaft im europäischen Klub war ökonomisch daher von großer Bedeutung. Auch politisch war der Beitritt bedeutend, da er das Ende der spanischen Abgeschiedenheit bedeutete und die EG einen Rahmen für die nötige Rekultivierung der Menschenrechte und der politischen Freiheit bildete.

Nach dem Tod Francos wurde in Spanien erstmals ein richtiges parlamentarisches Regierungssystem geschaffen, in welchem die Monarchie zwar aufrecht erhalten wurde, der König jedoch rein repräsentative und formelle Aufgaben, wie die Auslösung des Parlaments oder die Ausfertigung von Gesetzen, wahrnimmt (Nohlen/Hildenbrand 2005, S. 259). 1977 fanden erstmals nach 40 Jahren demokratische Wahlen statt und 1978 wurde die neue spanische Verfassung verabschiedet. Dem Ministerpräsidenten und Staatschef Spaniens, welcher vom König ernannt und vom Parlament bestätigt wird, wird hier eine einflussreiche Stellung zugesprochen, da er das Recht hat, die Cortes, das Parlament, aufzulösen.

Spanien ist in 17 Autonome Gemeinschaften untergliedert, welche nach jahrelanger Unterdrückung das regionale Bewusstsein wieder entdeckt haben. Insbesondere Regionen, in welchen der Regionalismus lange Tradition hat, wie das Baskenland, Galizien oder Katalonien, fordern heute einen privilegierten Status innerhalb der quasi-föderalen Struktur Spaniens ein (Molina 2000, S. 115).

Das politische System Spaniens zeichnet sich durch eine dominante Exekutive aus, die von der Verfassung mit allen Rechten im Bereich der Außenpolitik ausgestattet ist und somit als Schlüsselfigur im europapolitischen Entscheidungsprozess gilt. Die Vormachtstellung der Regierung wurde im Zuge der Europäischen Integration zusätzlich gestärkt und über das Parlament, die Parteien und die Zivilbevölkerung gestellt (u.a. Molina 2001; Heywood/Molina 2000).

Den größten Einfluss hatte die neue EU-Mitgliedschaft auf das Koordinationssystem der spanischen Regierung, da mit der Verschiebung zahlreicher politischer Bereiche auf die EU-Ebene effizientere Mechanismen zur politischen Entscheidungsfindung nötig wurden. Nach spanischer Tradition bedeutet Koordination, eine von der Führungsspitze vorgegebene Position geschlossen nach außen hin zu vertreten (Molina 2000, S. 116). Das Außenministerium sowie das Staatssekretariat für Europäische Angelegenheiten haben dabei die Führungsrolle übernommen.

EU-Koordination

In den ersten Jahren der spanischen EU-Mitgliedschaft konzentrierte sich Spanien vor allem auf die Konsolidierung und Sicherung des jungen demokratischen Systems und stellte ökonomische Interessen zunächst zurück. In den 1980er Jahren begann das Land schließlich langsam, sich auch auf EU-Ebene für die nationalen Interessen einzusetzen, seine Position als eines der fünf größeren Mitgliedsstaaten zu festigen und die Europäische Integration zu fördern, insbesondere um mit Hilfe der EU-Subventionen die Wettbewerbsfähigkeit und die Liberalisierung des Landes voranzutreiben (Molina 2000, S. 115).

Nach Auffassung Molinas hat die Europäische Integration nicht zu einer administrativen Konvergenz in den politischen Systemen der europäischen Mitgliedsstaaten geführt. Vielmehr beobachtet er, dass das spanische System erhalten und sogar gestärkt wurde. Während der Beitrittsverhandlungen Spaniens konnte der Regierungskern den Entscheidungsprozess dominieren. Mit dem Beitritt und der verstärkt benötigten Koordination auf nationaler Ebene mussten jedoch weitere innerstaatliche Hauptakteure in die europapolitischen Entscheidungen mit eingebunden werden. Nachdem diese sich mit der europapolitischen Bühne vertraut gemacht hatten, nahm das eigenständige Handeln deutlich zu und die Kontrolle der Regierung über den europapolitischen Prozess verringerte sich (Molina 2000, S. 118). Heute erfolgt die spanische EU-Politik nicht so strukturiert über ein zentrales Koordinierungsorgan, wie etwa in Frankreich, sondern über zahlreiche informelle Kanäle. Der Ministerpräsident hat dabei die finale Verantwortung für politische Entscheidungen. Lange Zeit existierte in Spanien kein institutioneller Rahmen zur europapolitischen Koordination weshalb die spanische Europapolitik meist die Haltung des Premiers widerspiegelte (Closa/Heywood 2004, S. 60). Um die außenpolitischen Tätigkeiten der Ministerien zu koordinieren, gründete der damalige Ministerpräsident José María Aznar im Jahr 2000 unter seinem Vorsitz schließlich den „Rat für Auswärtige Angelegenheiten". Amtshandlungen wie diese verdeutlichen das präsidentielle System der spanischen EU-Politik.

EU-Koordination in der Zentralregierung

Obwohl das Wirtschaftsministerium und das Büro des Premierministers bedeutende Institutionen in Spaniens politischem System sind, wurde die Verantwortung für die europapolitische Koordination in der Zentralregierung dem Außenministerium übertragen, da EU-Politik als Teil der Außenpolitik aufgefasst wird (Molina 2000, S. 126). Im Gegensatz zu anderen EU-Staaten existiert im spanischen Regierungssystem kein spezifisches Ministerium für EU-Angelegenheiten. Für das „Staatssekretariat für Europäische Angelegenheiten" (SEAE) in Madrid sowie für die Ständige Vertretung in Brüssel ist folglich das Außenministerium zuständig.

Die politische Koordinierung erfolgt über ständige Ausschüsse. Der einzige Ausschuss, der auf EU-Themen spezialisiert ist, ist der Interministerielle Ausschuss für die EU oder „Comisión Interministerial para la Unión Europea". Er wird vom EU-Staatssekretär, der gleichzeitig Vorsitzender des SEAE ist, geleitet und koordiniert die spanische Position, sobald die Interessen mehrerer Ministerien betroffen sind (Closa/Heywood 2004, S. 68). Die zwei Vizepräsidenten des Ausschusses stammen aus dem Wirtschafts- und dem Außenministerium, weitere Mitglieder sind hochrangige Vertreter aller Ministerien. Insbesondere seit seiner Erweiterung im Jahre 1996 fällt die Koordination innerhalb des Ausschusses jedoch schwer. Endgültige politische Entscheidungen werden hier in der Regel nicht gefällt, wodurch er als wenig einflussreich und ineffizient gilt (Dastis 1995, S. 325). Auch ist der Ausschuss kein Gremium, in dem die langfristige strategische Ausrichtung der spanischen EU-Politik diskutiert wird. Dennoch finden sich spezialisierte Arbeitsgruppen innerhalb des Ausschusses, die wichtige Beiträge zur EU-Koordination leisten (Molina 2000, S. 129).

Der Interministerielle Ausschuss für die EU stattet der „Comisión Delegada del Gobierno para Asuntos Económicos" Bericht, ein Ausschuss, der im europapolitischen Bereich, insbesondere im Zuge der fortschreitenden Liberalisierung Spaniens, an Bedeutung gewann. Die Führungsrolle liegt beim Wirtschaftsministerium, das den Vorsitzenden stellt und die Agenda bestimmt (Closa/Heywood 2004, S. 68). Weitere Mitglieder umfassen den Vorsitzenden des Büros des Ministerpräsidenten, zwei Vertreter der Comisión Interministerial para la Unión Europea (der Staatssekretär für die EU sowie ein Vizepräsident), die Generalsekretäre für Finanzen, Handel und Fischerei sowie die Staatssekretäre für Landwirtschaft, Fischerei und Ernährung, Industrie und Energie, Arbeit und soziale Sicherheit. Doch wie auch im Ministerrat findet hier keine wirkliche Koordination statt.

Ein dritter ständiger Ausschuss ist auf juristische EU-Themen spezialisiert und untersucht in der Theorie alle Prozesse, die gegen die spanische Regierung angestrengt werden sowie alle Rechtsfälle, die spanische Interessen berühren. In der Praxis ist es jedoch eher ein Ort des gegenseitigen Informationsaustauschs und weniger eine effiziente Koordinationsarena. Die Festlegung einer Strategie erfolgt vielmehr über informelle Kontakte zwischen Vertretern der relevanten Ministerien und Regionen (Molina 2000, S. 131).

Weitere Ausschüsse zur Koordination von europapolitischen Themen können situationsbedingt ad hoc gegründet werden, wie etwa bei Verhandlungen zur Erweiterung der EU.

Staatssekretariat für Europäische Angelegenheiten (SEAE)

Das Staatssekretariat für EU-Angelegenheiten hat eine Sonderstellung innerhalb der spanischen Zentralregierung. Seinen Ursprung hat es im „Staatssekretariat für Angelegenheiten mit der EG“ und wird heute von einem Staatssekretär und einem Generalsekretär geleitet. Mit den Ministerien ist es über technische Generalsekretariate eng verbunden, da in vielen Ressorts keine EU-spezifischen Abteilungen existieren. 1996 wurde es mit dem „Generalsekretariat für Außenpolitik“ zusammengefasst und trägt heute die Bezeichnung „Staatssekretariat für Außenpolitik und für die Europäische Union“ (Molina 2000, S. 127). Da die beiden Divisionen des Außenministeriums jedoch physisch nicht am gleichen Ort angesiedelt sind und sich in ihrer Tätigkeit voneinander unterscheiden, kann das SEAE weiterhin als alleinstehend beschrieben werden.

Die Aufgaben des SEAE umfassen zum einen die Nachbereitung politischer Entscheidungen in den einzelnen Ressorts durch zwei untergeordnete Generaldirektionen, zum anderen das Treffen von Entscheidungen zu rechtlichen und institutionellen Themen sowie die Pflege der Beziehungen zur Ständigen Vertretung und zu spanischen Verwaltungsorganen. Hier agiert das SEAE als eine Art Mediator. Des Weiteren ist das Staatssekretariat in interministerielle und intergouvernementale Koordinationsmechanismen involviert und übernimmt in den jeweiligen Ausschüssen die Führung (u.a. Closa/Heywood 2004, S. 62f.; Molina 2000, S. 127).

Unterhalb des SEAE angesiedelt, befassen sich zwei weitere Verwaltungsebenen der spanischen Regierung mit den drei Säulen der EU. Während das SEAE Fragen zu Stellenbesetzung und Administration bearbeitet, sind drei untergeordnete Generaldirektionen für Themen der ersten Säule, das heißt für Angelegenheiten der Europäischen Gemeinschaft verantwortlich (Binnenmarkt, Agrarpolitik, Transport, Kommunikation, Umwelt, Kultur, Gesundheit und Bildung). Zwei weitere Generaldirektionen sind für die zweite Säule (gemeinsame Außen- und Sicherheitspolitik) und für die dritte Säule (Polizeiliche und justizielle Zusammenarbeit) zuständig. Diese befinden sich außerhalb des Verantwortungsbereichs des SEAE.

Die Ständige Vertretung

Neben dem Staatssekretariat für Europäische Angelegenheiten ist die, dem Außenministerium unterstellte, Ständige Vertretung in Brüssel das wichtigste Koordinationsorgan innerhalb der spanischen EU-Politik. Sie wurde direkt nach dem EU-Beitritt 1986 gegründet und ist die größte spanische Vertretung weltweit sowie eine der größten Landesvertretungen in Brüssel. Um bei Verhandlungen angemessen repräsentiert zu sein, sind Abgesandte jedes Ministeriums in der europäischen Hauptstadt vertreten. Im Gegensatz zu den europapolitischen Mechanismen anderer EU-Staaten handeln spanische EU-Beamte nicht nach sektoralen Interessen, sondern versuchen – ähnlich wie auf nationaler Ebene – im Konsens zu agieren. So findet täglich ein Koordinationstreffen des Ständigen Vertreters und der Vertreter aller Ministerien statt. Des Weiteren wird die Einigkeit der spanischen EU-Politik durch die Unabhängigkeit der EU-Beamten von Madrid deutlich. Diese engagieren sich in Arbeitsgruppen der Kommission und beraten die spanische Regierung als Experten. Gelegentlich fällen sie auch ohne die Einbeziehung Madrids Entscheidungen, um während der Verhandlungen flexibel sein zu können (Closa/Heywood 2004, S. 64f.). Die definitive Entscheidung zu EU-Themen liegt schließlich beim Fachminister des zu bearbeitenden Themas.

EU-Koordination in den Autonomen Gemeinschaften

Die EU-Mitgliedschaft hat im Besonderen die Zuständigkeiten der Autonomen Gemeinschaften in Spanien verändert. Politische Themen, die früher in regionaler Verantwortung lagen, wie die Landwirtschaft, Umwelt und Infrastruktur, werden heute zentral in Brüssel diskutiert und entschieden. So waren die regionalen Regierungen Ende der 1980er Jahre zunehmend besorgt über die schwindenden Einflussmöglichkeiten auf die europäisierten Politikbereiche. Da die Autonomen Regionen in Spaniens dezentralisiertem System jedoch mit unterschiedlichen Rechten hinsichtlich ihrer Autonomie ausgestattet sind, war die Schaffung von intergouvernementalen Koordinationsmechanismen nicht einfach (Molina 2000, S. 122f.).

Nationalistische Regionen, wie das Baskenland oder Katalonien, lehnten ein multilaterales System zur EU-Koordination ab, andere Regionen haben wiederum gar kein Interesse an europapolitischen Angelegenheiten und die Zentralregierung verfolgt bisweilen Positionen, die nicht mit denen der Autonomen Gemeinschaften übereinstimmen. Infolgedessen findet ein Großteil der spanischen EU-Koordination in Brüssel statt. Mit der wachsenden Mitbestimmung der Regionen auf europäischer Ebene steht die Zentralregierung jedoch zunehmend unter Druck, die regionalen Interessen in die spanische Position miteinzubeziehen. Da die intergouvernementale Koordination nicht wie in anderen dezentralisierten Staaten im Senat stattfindet, wurde in den 1990er Jahren der Ausschuss „Conferencia para Asuntos Relacionados con las Comunidades Europeas“ geschaffen. Hier diskutieren hochrangige Beamte der Zentralregierung horizontale Themen der ersten Säule der EU mit Vertretern der regionalen EU-Koordinierungsorgane, die in allen 17 Regionen bestehen. Vertikale Themen, wie die Verantwortungsaufteilung zwischen der Regierung und den regionalen Verwaltungen in Bereichen, in welchen die Regierungskompetenz geteilt wird, werden in sogenannten „conferencias sectorales“ behandelt. In Gebieten, in denen die Kompetenz bei beiden liegt, muss die Zentralregierung mit der Position der Gemeinschaften übereinstimmen und diese auf EU-Ebene vertreten, wobei sie jedoch das letzte Wort hat. Liegt die Kompetenz ausschließlich bei den Regionen, muss, sofern sich die Autonomen Gemeinschaften einigen können, die gemeinsame Position von der Zentralregierung in Brüssel vertreten werden, unabhängig davon, wie die Zentralregierung zu dem Thema steht.

Mit der Mitsprache der Autonomen Gemeinschaften in über 55 Ausschüssen der Europäischen Kommission sowie der Entsendung eines regionalen Vertreters in die Ständige Vertretung konnten sich die Regionen, trotz des Souveränitätsverlusts durch die EU-Mitgliedschaft, zumindest in der Theorie ihre Einflussnahme auf betreffende Politikfelder sichern. In der Praxis fällt es jedoch äußerst schwer, innerhalb der intergouvernementalen Koordination eine einheitliche Position der Regionen zu finden. Diese Problematik existierte jedoch bereits vor der Europäisierung der spanischen Politik. Aufgrund der Heterogenität regionaler Interessen und Kompetenzen, wurde diese jedoch mit der EU-Mitgliedschaft verstärkt (Molina 2000, S. 125). Diese Heterogenität führte auch dazu, dass diverse Regionen – insbesondere das Baskenland und Katalonien, die aus Angst vor Souveränitätsverlusten das multilaterale Koordinationsverfahren ablehnen – intensivere Beziehungen zu EU-Organen aufbauen als andere. Hier werden die Asymmetrien im politischen System Spaniens noch offensichtlicher.

EU-Koordination im Las Cortes

Auch das spanische Zweikammerparlament hat kaum Mitspracherecht bei EU-Fragen. Da es nach Francos 40-jähriger Herrschaft erst im Jahre 1986 wieder gegründet wurde und sich während der Beitrittsphase zur Europäischen Gemeinschaft neu entwickeln musste, besitzt es kaum Erfahrung im Umgang mit EU-Themen. Dies und die geschlossene Zustimmung aller spanischen Parteien zur Mitgliedschaft in der EU ließ die Bedeutung des Parlaments bei EU-Fragen auf ein Marginales schrumpfen. Hinzu kommt, dass der Senat gemäß Artikel 69,1 der spanischen Verfassung keine wirkliche „Kammer der territorialen Repräsentation“ ist. Es findet kein intergouvernementales Verhandeln zwischen den Autonomen Gemeinschaften statt, auch wenn dies formal in der Verfassung vorgesehen ist (Nohlen/Hildenbrand 2005, S. 262). Die Rolle der Cortes beschränkt sich größtenteils auf die Umsetzung von EU Direktiven und auf die reaktive Kontrolle der Exekutive sowie auf die Überwachung europapolitischer Entscheidungen (Molina 2000, S. 118f.). Dennoch wird der Einfluss des Parlaments mit der zunehmenden Bedeutung der Autonomen Gemeinschaften etwas aufgewertet. So haben die regionalen Verwaltungen im Senat einen Ausschuss ins Leben gerufen, in dem über die regionale Beteiligungen auf EU-Ebene berichtet wird. Solange die spanischen Senatoren und Vertreter der regionalen Verwaltungen jedoch nicht direkt in Brüssel vertreten sind, kann die Zentralregierung relativ autonom über die Position Spaniens in der EU entscheiden.

Bewertung des spanischen EU-Koordinationsverfahrens

Trotz der Bemühungen des SEAE und der Ständigen Vertretung gilt das spanische Koordinationsverfahren als unzureichend. Die Verwaltung wird in den jeweiligen Ministerien ausgeführt, anstatt an einer Stelle gebündelt zu werden. Zahlreiche Koordinationsmechanismen scheinen darüber hinaus unwirksam und impraktikabel zu sein (Dastis 1995, S. 349). Die Hauptursache dafür ist die fehlende Autorität des SEAE gegenüber den zu koordinierenden Bereichen. In Kombination mit der Uneinigkeit zwischen den Ministerien hat dies in der Vergangenheit zu einer hohen Überlastung des SEAE geführt (Molina 1999).

Ein großes Defizit des Koordinationsverfahrens besteht in der unzureichenden Weitergabe von Informationen innerhalb des Koordinationsapparats (Closa/ Heywood 2004, S. 65). Während der EU-Beitrittsverhandlungen tolerierten die Ressorts das SEAE und die Ständige Vertretung sowie eine kleine Gruppe hoher Beamter der Zentralregierung als Schlüsselfiguren der EU-Politik, wodurch eine kohärente Position nach außen hin vertreten werden konnte. Nach dem Beitritt zur Union wurde jedoch das damalige Ministerium für EG Beziehungen (MRCE), das explizit für die Zentralisierung der EU-Politik und für den reibungslosen Informationsaustausch mit der Ständigen Vertretung verantwortlich war, aufgelöst. Da das Außenministerium (MAE) in der Vergangenheit nie von großer Bedeutung war, erschwerte der Wegfall des MRCE es den Ministerien, das MAE als leitende Institution zu akzeptieren. Mit der Zeit sammelten die einzelnen Ressorts genug Erfahrung im Umgang mit EU-Themen, sodass sie sich schließlich von den Schlüsselorganen loslösten und ohne Einbeziehung der ursprünglichen Koordinationsorgane unabhängig von ihnen zu agieren begannen. Informelle Koordinationsmechanismen des SEAE, insbesondere der direkte Kontakt zwischen spanischen Beamten und Politikern und ihren europäischen Gegenspielern, wurden so bedeutender als die Koordination über die formellen Kanäle.

Die Ständige Vertretung und das SEAE mit seinen Beamten aus den Fachministerien gelten jedoch als herausragende Inseln der Effizienz und der horizontalen Kommunikation (Closa/Heywood 2004, S. 66). So hat sich mit der Zeit ein festes Netz aus persönlichen Verbindungen zwischen Madrid und Brüssel entwickelt, in dem eine relativ kleine Gruppe hochrangiger Beamter die Zügel der Koordination in der Hand hält und diese effizient durchführt. Aufgrund der Bewahrung von Flexibilität am Verhandlungstisch hat sich die informelle Koordination spanischer EU-Politik als durchaus funktionell erwiesen (vgl. Wright 1996, S. 165).

Die EU-Mitgliedschaft hat sowohl negative als auch positive Veränderungen im politischen Systems Spaniens bewirkt. Als negative Auswirkung ist die Verstärkung der traditionell starken Fragmentierung innerhalb der spanischen Politikgestaltung zu erwähnen. Positiv hingegen ist die beschriebene Entwicklung zahlreicher politischer Netzwerke zwischen den Organen und den Beamten zu beurteilen, da diese die Dominanz der Zentralregierung etwas zu mindern scheint (Molina 2000, S. 134f.). Insgesamt hat sich der EU-Beitritt Spaniens am stärksten auf das Mächtegleichgewicht zwischen der Zentralregierung, dem Parlament, den Autonomen Gemeinschaften und anderen Schlüsselfiguren des politischen Systems ausgewirkt. Die Exekutive wurde durch die Schaffung zentraler Koordinationsorgane gestärkt, die Bedeutung des Parlaments verringerte sich und die Autonomen Gemeinschaften konnten ihre Einflussmöglichkeiten vergrößern. Die Modernisierung des politischen Systems in Spanien ist jedoch zu einem großen Teil auf die Demokratisierungsprozesse nach dem Ende des Franco-Regimes zurückzuführen und wäre auch unabhängig vom EU-Beitritt erfolgt. Eine Europäisierung der Institutionen an sich ist demnach nicht ganz so offensichtlich erkennbar.

Theoretische Einbettung

Die spanische EU-Politik lässt sich mit Hilfe der Theorie des Neofunktionalismus nur begrenzt beschreiben. So war der EU-Beitritt Spaniens, entgegen der neofunktionalistischen Theorie, nicht von ideologischen Motiven und dem Ziel der Bewahrung des Friedens und Wohlstands auf dem europäischen Kontinent geleitet. Vielmehr strebte Spanien die EU-Mitgliedschaft aus pragmatischen Gründen an. Das Land wollte sich aus der politischen Isolation befreien und mit Hilfe der EU seinen maroden Wirtschaftssektor reformieren. Eine Mitgliedschaft in der EU galt darüber hinaus als Garant für den Erhalt und den Ausbau der jungen Demokratie des Landes.

Die enthusiastische und integrationsfreundliche EU-Politik Spaniens zu Beginn seiner Mitgliedschaft kann dahingegen als funktionaler Impuls zur Förderung der europäischen Einigung im Sinne des Neofunktionalismus gedeutet werden. Der institutionelle Aufbau der EU wurde mit der Erweiterung allmählich zu klein und musste ausgebaut werden. Zudem gingen von Spanien zahlreiche integrationsvertiefende Initiativen aus, wie etwa seine Vorschläge zur Unionsbürgerschaft, die im Vertrag von Maastricht eingeführt wurde. Die deutsche Wiedervereinigung wurde von der spanischen Regierung zunächst als einmalige Chance betrachtet, ein politisch vereintes Europa zu schaffen. Die spanische Regierung sah in der Vertiefung der Gemeinschaft eine Möglichkeit, das Risiko in der Peripherie Europas zurückzubleiben, zu minimieren.

Das jähe Ende des spanischen EU-Enthusiasmus und die darauffolgende Phase der Desintegration widersprechen dahingegen neofunktionalistischen Annahmen. Die Forderungen, die aus dem Vertrag von Maastricht und der damit verbundenen Verpflichtung zur Wirtschafts- und Währungsunion resultierten, führten in der Diskussion um die Europäische Integration in den 1990er Jahren erstmals seit Spaniens EU-Beitritt zu innenpolitischen Divergenzen. Darüber hinaus sah sich das Land mit dem Ende des Kalten Krieges geopolitischen Veränderungen gegenüber. Die Befürchtung einer wirtschaftlichen Neuausrichtung der EU nach Osteuropa auf Kosten der südeuropäischen Staaten beendete schließlich die integrationsfreundliche Haltung der spanischen Politik. Die Neuausrichtung der spanischen EU-Politik beinhaltete die Ablehnung der voranschreitenden Osterweiterung der EU und eine verstärkte Durchsetzung nationaler Interessen sowie die Schließung neuer intergouvernementaler Allianzen innerhalb der EU. Ökonomische Themen wie der Kohäsionsfonds, die Euroeinführung und die Stabilisierung der spanischen Wirtschaft hatten unter den Regierungen González (1986-1996) und Aznar (1996–2004) höchste Priorität (Orosz 2009, S. 246). Die Präferenzbildung in der spanischen Politik folgte hier eher den Prinzipien des Liberalen Intergouvernementalismus, die spanische Regierung definierte ihre Interessen durch rationale Überlegungen und war bereit, ihre nationale Souveränität zugunsten ökonomischer und machtpolitischer Nutzenmaximierung aufzugeben.

Auch die Auswirkungen der EU auf das institutionelle Gefüge Spaniens – die dominierende Führungsrolle der Zentralregierung sowie die Vormachtstellung der Exekutive – können eher mit dem Liberalen Intergouvernementalismus erklärt werden.

Spaniens EU-Politik während der Eurokrise

Die nach Europa übergreifende US-Finanzkrise ließ ab 2007 auch in Spanien die jahrelang aufgeblähte, durch EU-Subventionen finanzierte, Immobilienblase platzen. Parallel zur Immobilienbranche brach auch der Bausektor, welcher in der ersten Dekade des 21. Jahrhunderts ein Drittel des spanischen BIP erwirtschaftet hatte, ein. Dies hatte Auswirkungen auf die gesamte spanische Wirtschaft, die Arbeitslosenrate stieg in den folgenden Jahren auf über 25 Prozent an und Kreditinstitute mussten von der EZB gestützt werden, da sie sich aufgrund von massiv gestiegenen Zinsen und Bonitätsverlusten nicht mehr selbstständig am Markt refinanzieren konnten. Um die Staatsverschuldung des Landes einzudämmen, begann die sozialdemokratische Regierung unter Ministerpräsident Zapatero im Jahr 2008, zunächst etwas holprig, mit einer autoritären Austeritätspolitik, die strikte Sparmaßnahmen und Konjunkturprogramme umfasste. Doch die spanische Wirtschaftslage verschlechterte sich unaufhaltsam, sodass das Land im Jahr 2012 schließlich finanzielle Hilfen im Rahmen des EU-Rettungsschirms beantragen musste. Doch auch Ende 2013 steckte Spanien noch immer tief in der Krise, die Arbeitslosenrate lag im Oktober 2013 bei 26,7 Prozent (Eurostat 2014) und das Bruttoinlandsprodukt ging 2012 um 1,64 Prozent zurück (Weltbank 2014). Die Bevölkerung reagierte auf die Sparpolitik der Regierung immer wieder mit tagelangen Straßenprotesten.

Die großen innenpolitischen Probleme der spanischen Regierung schwächten das Land auch auf der europäischen Bühne. So stand die vierte spanische Ratspräsidentschaft in der ersten Jahreshälfte 2010 im Schatten der Eurokrise. Als erster Amtsinhaber nach Inkrafttreten des Vertrags von Lissabon musste sich Spanien darüber hinaus mit einer neuen Führungsstruktur des Europäischen Rats auseinandersetzen, denn der Vertrag beinhaltet die Einsetzung eines ständigen Ratspräsidenten sowie eines Hohen Vertreters für Außen- und Sicherheitspolitik. Gemeinsam teilte sich das Trio die Kompetenzen des Europäischen Rats. Aufgrund Spaniens hohen Staatsdefizits und einer Arbeitslosenrate von über 20 Prozent stand das Land jedoch bereits zu jenem Zeitpunkt unter zunehmendem Druck durch die EU-Institutionen und wurde sowohl von den europäischen Finanzministern als auch von der US-Regierung angehalten, Maßnahmen zu ergreifen (Devrim 2010, S. 23). Eine Führungsrolle in europapolitischen Debatten zu übernehmen, wurde für Spanien unter diesen Umständen unmöglich. Darüber hinaus hatte das Land aufgrund seiner mehrjährigen Wirtschaftskrise und der damit verbundenen sozialen und politischen Instabilität seinen allgemeinen Einfluss und seine Anerkennung in Brüssel als fünftgrößtes Mitgliedsland eingebüßt. Keiner der relevanten EU-Posten war im Jahr 2012 mit einem Vertreter Spaniens besetzt und der Beitrag Spaniens zu Themen der europäischen Außen- und Sicherheitspolitik wurde gleichgesetzt mit dem Griechenlands und Rumäniens (Molina 2013, S. 3). Kleinere Länder wie Polen oder Schweden sowie von der Krise gebeutelte Länder, wie Italien, hatten während dieser Zeit mehr Macht und Einfluss in der EU als Spanien. Der Machtverlust Spaniens wurde durch die spanische Wirtschaftskrise jedoch nur verstärkt, eingebüßt hatte das Land seinen Einfluss bereits in den Jahren zuvor. Auf Jahre der EU-Euphorie folgte mit dem Ende des Kalten Krieges und der EU-Osterweiterung eine Phase der De-Europäisierung und des Widerstands gegen europäische Maßnahmen durch die Regierung Aznar. So boykottierte Aznar den EU-Vertrag und unterstützte gemeinsam mit Großbritannien den Irakkrieg, womit er zur Irakkrise 2003 beisteuerte. Mit Zapatero erfolgte zwar eine Kursänderung, der Widerstand gegen die EU-Verfassung wurde aufgegeben und der Irakkrieg als „Desaster" bezeichnet (Wieland 2004), doch die Stellung des Landes in Brüssel war nachhaltig geschwächt.

Im Zuge seiner Wirtschaftskrise musste sich Spanien schließlich Reformen von der EU auferlegen lassen, die mit den nationalen Präferenzen nicht immer übereinstimmten. Dennoch hat die Krise zu einem erneuten integrationsfreundlicheren Kurswechsel in Spanien geführt. Da das Schicksal des Staates eng verbunden mit dem der Europäischen Währungsunion ist, ist es das große Ziel Spaniens, seinen Einfluss und seine Bedeutung in der EU, die ihm als fünftgrößtes Land zustehen, wiederzuerlangen, um die Zukunft des Landes in Europa mitgestalten zu können.

Bedingungen für weitere Harmonisierungsschritte

Spanien, als eines der stark betroffenen Krisenländer der EU, wird in den kommenden Jahren maßgeblichen Einfluss auf den Erfolg weiterer Integrationsbemühungen der EU haben. Innenpolitisch wird das Land seine Strukturkrise überwinden müssen, was nur gelingen wird, wenn es seine begonnen Sparmaßnahmen sowie Reformen im öffentlichen Sektor diszipliniert umsetzt.

Zudem muss das Koordinationssystem verbessert werden, die horizontalen Akteure der spanischen Regierung gestärkt werden und die Autorität des SEAE wieder hergestellt werden. Denn die spanische Öffentlichkeit wird die Europäische Integration auf Dauer nur unterstützen, wenn es seine Interessen in Brüssel ausreichend vertreten sieht. Zudem wird Spanien seinen Einfluss in der EU nur stärken können, wenn es mit einer einheitlichen Position nach außen hin auftritt.

Die Vorschläge zur politischen Union werden von der spanischen Regierung unterstützt. Ein gestärktes Spanien würde die Umsetzung der Harmonisierung demnach fördern.

Zwischenfazit

Die spanische Europapolitik zeichnete sich in der Vergangenheit vorwiegend durch eine positive integrationsfreundliche Haltung aus. Das Land profitierte ökonomisch enorm von seinem Beitritt zur EU. Sowohl das junge demokratische System als auch die spanische Wirtschaft konnten mit Hilfe der EU stabilisiert werden. Machtpolitisch gelang es der spanischen Regierung jedoch nicht, ihren Einfluss in Brüssel zu maximieren. So war das Land bis zur Einführung des Euro stets besorgt, in die Peripherie Kerneuropas abgedrängt zu werden.

Der neofunktionalistische Theorieansatz ist zur Erklärung der spanischen EU-Politik kaum dienlich, da er die Phasen der Desintegration und des Euroskeptizismus nicht erklären kann. Besser lässt sich die pragmatische Unterstützung des bisherigen europäischen Einigungsprozesses durch die spanischen Eliten mit Hilfe des Liberalen Intergouvernementalismus erklären.

5.3.5 Schweden

Mit Schweden wird ein Land in die Analyse einbezogen, das als die am stärksten ausgeprägte Sozialdemokratie der Welt gilt. Das Königreich verfolgte während des 20. Jahrhunderts – ähnlich wie die Schweiz und Österreich – im Zuge seiner aus der geografischen Lage zwischen der Sowjetunion und Westeuropa resultierenden antagonistischen Haltung eine Neutralitätspolitik und nahm damit eine Sonderposition in Europa ein. Tägil beschreibt Schwedens Verhältnis zur EU wie folgt:

> „Es hat den Anschein, als wollten die Schweden sich sowohl als Mitglieder Europas auffassen wie als außenstehende Beobachter. Man sieht in Europa offenbar zugleich eine Verheißung und eine Gefahr." (Tägil 1990, S. 25)

Neben Großbritannien und Spanien ist Schweden die dritte konstitutionelle Monarchie in der Untersuchung. Sie verfügt über eine parlamentarische Regierung und wurde seit Beginn des 20. Jahrhunderts von sozialdemokratischen Strömungen dominiert. Der schwedische König verfügt heute über keinen politischen Einfluss mehr, sondern nimmt lediglich repräsentative Aufgaben wahr.

Das Regierungssystem Schwedens zeichnet sich durch einige Besonderheiten aus. Zum einen wird nicht wie üblich das Staatsoberhaupt, sondern der Sprecher des Parlaments mit der Regierungsbildung beauftragt. Außerdem bedarf es nicht der Zustimmung zur Regierung durch das Parlament in Form eines Zustimmungsvotums. Die Regierung muss sich lediglich versichern, dass im Parlament keine Mehrheit gegen sie spricht (Grädel 2007, S. 55; Jahn 1999).

Ein weiteres Merkmal des politischen Systems ist die relativ kleine Größe der schwedischen Staatsverwaltung und die begrenzte Macht der Ministerien. Die Ministerien sind ausschließlich für die Politikformulierung, die Ausarbeitung von Gesetzesvorlagen sowie für strategische Grundsatzentscheidungen zuständig. Die Steuerung der ausführenden Organe erfolgt vielmehr über zahlreiche Regierungsagenturen (ämbetsverk), die unabhängig von der Einflussnahme durch die Ministerien Entscheidungen treffen (Jahn 1999, S. 93–99). Somit herrscht eine strikte Trennung zwischen Politikformulierung und politischer Ausführung. Weisungen an die Agenturen und Beschlüsse können nur durch das gesamte Kabinett als Kollektivorgan und nicht durch einzelne Minister erfolgen, was das Kabinett zum zentralen politischen Akteur macht. Ein weiterer Grund für die geringe Größe der schwedischen Regierungsverwaltung ist, dass die Vorbereitung politischer Entscheidungen an Expertenausschüsse (statsutredningar) delegiert wird, die aus Vertretern der jeweiligen betroffenen Regierungsagenturen, Interessensverbände und Parteien bestehen. Die Ergebnisse dieser Kommissionen fließen direkt in die Gesetzesentwürfe ein.

Der Regierungschef Schwedens hat, auch wenn dies in der Verfassung nicht eindeutig festgehalten wurde, eine einflussreiche Führungsposition und kann die Politik entscheidend mitprägen. Durch das Parlament erhält der Regierungschef den Auftrag zur Regierungsbildung und kann vollkommen eigenständig sein Kabinett zusammenstellen. Während seiner Amtszeit kann er Minister jederzeit durch neue ersetzen. Er ist für die politische Koordination innerhalb der Regierung sowie für die strategische Ausrichtung der schwedischen Politik verantwortlich und verfügt damit de facto über eine Vormachtstellung (Grädel 2007, S. 155).

Das schwedische Parlament ist, ähnlich wie in anderen Staaten, vorwiegend ein Kontrollorgan, das sich kaum an der Politikgestaltung beteiligen kann. Parteien und Interessensverbände spielen dahingegen eine einflussreiche Rolle im politischen System Schwedens. Sie prägen politische Entscheidungen in jeder Phase ihrer Entstehung deutlich mit.

Die politische Kultur Schwedens ist geprägt von einer hohen Kompromissbereitschaft und dem gegenseitigen Respekt anderen politischen Lagern gegenüber (Grädel 2007, S. 53). So gilt Schweden als Vorreiter des „nordischen Wohlfahrtstaats“, dessen Ausbau durch die intensive Zusammenarbeit der Regierung mit den Gewerkschaften und Unternehmensverbänden gefördert wurde (Luif 2007, S. 51). Als eines der wenigen europäischen Länder überwand Schweden den Zweiten Weltkrieg ohne große Zerstörungen der nationalen Infrastruktur und Wirtschaft und auch in der Phase des Kalten Krieges hielt sich das Land aufgrund seiner neutralen Positionierung aus den Machtkämpfen der großen Nationen heraus.

Schwedens Weg in die EU

Da Schweden sich in seiner Historie sowohl mit Russland als auch mit westeuropäischen Nationen verbündete, fiel es dem Land im Zuge des Marshallplans zunächst schwer, auf seine neutrale Position, die es im Ersten und Zweiten Weltkrieg eingenommen hatte, zu verzichten und sich der OECD anzuschließen (Luif 2007, S. 62). Mit der Bewahrung seiner Neutralität wollte Schweden zum einen der Sowjetunion signalisieren, dass von ihm keine Gefahr droht und zum anderen als Puffer zwischen den westeuropäisch orientierten NATO-Mitgliedern Norwegen und Dänemark und dem russlandorientierten Finnland agieren (Grädel 2007, S. 140). Als Schweden schließlich der OECD beitrat, die kurze Zeit später Handelsrestriktionen für Osteuropa beschloss, steckte das Land bereits in außenpolitischen Schwierigkeiten.

Auch der Europäischen Gemeinschaft für Kohle und Stahl (EGKS) trat Schweden aufgrund seiner Neutralität nicht bei, obwohl Stahlexporte einen großen Teil der schwedischen Wirtschaft ausmachten. Um von der EGKS nicht vollständig ausgeschlossen zu werden, entsandte das Land jedoch eine Ständige Mission zur Hohen Behörde.

Als 1960 die EGKS Staaten die Europäisches Wirtschaftsgemeinschaft gründeten, um die wirtschaftliche Zusammenarbeit in Europa voranzutreiben, reagierten die restlichen westeuropäischen Staaten, darunter auch Schweden, mit der Errichtung der Europäischen Freihandelsassoziation (EFTA). Ein Beitritt zur EWG kam für Schweden nicht in Frage, da dies in Osteuropa als Vorstufe zu einem NATO-Beitritt angesehen werden könnte. Zudem sah das rohstoffreiche Land im Gegensatz zu Großbritannien keine wirtschaftliche Notwendigkeit, sich der EWG anzuschließen. Ein Beitritt würde nur die Souveränität im Bereich der Wirtschafts- und Sozialpolitik gefährden und wohlfahrtsstaatliche Errungenschaften zunichte machen, so die Meinung der schwedischen Regierung. Gemeinsam mit Österreich und der Schweiz begann Schweden jedoch Ende 1961 Verhandlungen über ein Assoziationsabkommen mit der EWG, wobei Einschränkungen zur Bewahrung der Neutralität der Länder[11] festgehalten wurden (Färm 1992, S. 51f.). Im Zuge der Zuspitzung des Ost-West-Konflikts während der folgenden Jahre zogen die Schweiz und Schweden ihren Antrag aber zurück und auch die Verhandlungen mit Österreich scheiterten. Als Großbritannien 1967 erneut einen Beitrittsantrag zur EG stellte, schloss Schweden sich aufgrund innenpolitischen Drucks unter Vorbehalt der Neutralität an. Nach erneuter Ablehnung des Beitrittsgesuchs Großbritanniens planten die skandinavischen Staaten schließlich eine Zollunion, die an einem Rückzieher Finnlands scheiterte.

Die jahrelangen Verhandlungen mit der EG endeten zuletzt mit den Freihandelsverträgen von 1973/74, mit welchen bilaterale Freihandelszonen für Industriewaren zwischen der EG und den restlichen westeuropäischen Staaten geschaffen wurden.

Im Zuge der Ölkrisen in den 1970er und 1990er Jahren wandelte sich Schweden vom reichsten Staat Europas zu einem Staat mit großen wirtschaftlichen Problemen, womit sich die Bedürfnisse des Landes änderten. Eine zunehmende Anzahl schwedischer Firmen verlegte seine Produktionsstätten in EG-Staaten, um vom Binnenmarkt nicht isoliert zu werden. Die Sympathie der Bevölkerung für die Europäische Gemeinschaft und die Angst, von ihr ausgeschlossen zu werden, nahm mit der Verschlechterung der Wirtschaft stetig zu.

---

11 Unabhängigkeit in außenwirtschaftlichen Beziehung außerhalb der EWG, Möglichkeit der Aussetzung des Vertrags bei bewaffneten Konflikten, Möglichkeit der Vorsorge für Maßnahmen der Versorgung in Kriegszeiten

Der von Jacques Delors initiierte „soziale Dialog", in dem sozialpolitische Themen zwischen den europäischen Staaten und den EG Institutionen diskutiert werden sollten, motivierte die schwedischen Gewerkschaften dazu, sich mit der Frage einer EU-Mitgliedschaft intensiver auseinanderzusetzen. Auch Arbeitgeber- und Industrieverbände nahmen eine zunehmend positive Haltung einem EU-Beitritt gegenüber ein (Grädel 2007, S. 141). Ende der 1980er Jahre gab es auch im Parlament und in der Regierung erste Überlegungen eines potenziellen EU-Beitritts. Im Jahr 1988 wurde ein ständiger Ausschuss für europäische Integration sowie ein Sekretariat für Integrationsfragen und ein Rat für Europafragen gebildet, um sich mit der Europafrage auseinanderzusetzen. Als Jacques Delors den EFTA Staaten 1989 den Vorschlag eines gemeinsamen Europäischen Währungsraums anbot, stimmte die schwedische Regierung, erfreut darüber, eine Alternative zu einem EG-Beitritt zu erhalten, zu (Luif 2007, S. 84). Eine erneute Rezession in Schweden, die auf den schwächelnden Absatzmarkt in den USA im Herbst 1989 zurück ging, sowie unzureichende Mitentscheidungsmöglichkeiten der EFTA-Staaten im EWR ließen den schwedischen Enthusiasmus über das Abkommen jedoch sehr schnell abflauen.

Mit den geopolitischen Veränderungen durch das Ende des Kalten Krieges verlor das dominierende Argument gegen den EU-Beitritt – die Bewahrung der politischen Neutralität Schwedens – schließlich an Bedeutung und so war der Weg nach Brüssel frei. Eine Woche nach dem Fall der Berliner Mauer forderte Bengt Westerberg, damaliger Vorsitzender der Liberalen Partei, als erster schwedischer Politiker den EG-Beitritt Schwedens bis spätestens zum Jahr 2000. Ähnliche Stimmen folgten, sodass die schwedische Regierung am 1. Juli 1991 schließlich ihr Beitrittsgesuch – ohne Neutralitätsklausel – in Brüssel einreichte.

Nachdem die anfängliche Begeisterung darüber, nun nicht mehr „committed Neutral", sondern „commited European" zu sein, verebbte, nahmen Meinungsverschiedenheiten zum Europathema zu (Grädel 2007, S. 152; Huldt 1996, S. 22). Ab 1992 wurde eine zunehmende Spaltung der Regierung und der befürwortenden Parteien bezüglich eines EG-Beitritts sichtbar, was sich schließlich im Referendum zum EU-Beitritt 1994 widerspiegelte. Es fiel mit nur 52 Prozent der „Ja"-Stimmen knapp aus.

Am 1. Januar 1995 wurden Schweden, Finnland und Österreich in die EU aufgenommen. Doch im Gegensatz zu Österreich unterzeichneten die Schweden und Finnen weder das Schengener Abkommen noch schlossen sie sich dem Europäischen Wechselkursmechanismus an. Auch der dritten Stufe zur Wirtschafts- und Währungsunion, der Einführung des Euro, stimmte der schwedische Reichstag 1997 nicht zu, mit der Begründung, dass ein Großteil der Bevölkerung gegen eine schwedische Mitgliedschaft sei (Luif 2007; Widfeldt 2003; Ådahl/Eklund 2003). Der Reichstag behielt Recht, denn in einem Referendum über die Europäische Währungsunion stimmten im September 2003 56 Prozent der Bevölkerung gegen einen Beitritt.

Dem Schengener Abkommen traten die Schweden schließlich im Jahr 2001 bei, nachdem es im Zuge des Vertrags von Amsterdam in den EU-Vertrag übertragen worden war.

Da die Mitgliedschaft in der Europäischen Währungsunion im Vertrag von Maastricht als eine der wichtigsten Komponenten für die weitere Europäische Integration betrachtet wurde, setzte sich auch Schweden im Zuge seines Beitritts zur EU mit einer potenziellen Teilnahme an der EWU auseinander. Das Schweden über kein „Opt-out" verfügte, sollte das Land der Währungsunion beitreten, sobald die Rahmenbedingungen stimmen. Um sich als vollwertiges Mitglied der EU zu qualifizieren, reformierte Schweden daher seine Verfassung. Insbesondere der gesetzgeberische Rahmen zur Regelung der Riksbank wurde angepasst, wodurch die Riksbank unabhängiger von der schwedischen Politik wurde (Miles 2000, S. 146). Dennoch war die Frage der EWU-Mitgliedschaft Schwedens umstritten.

Skeptiker befürchteten eine Bevormundung der schwedischen Währungspolitik durch die Europäische Zentralbank. Im Zuge der schwedischen Wirtschaftskrise Anfang der 1990er Jahre verschlechterte sich die haushaltspolitische Lage und damit das Vertrauen in die schwedische Währungsstabilität rapide, sodass eine EWU-Mitgliedschaft als einzige Alternative für Schweden schien. Doch die Reformen zur Regulierung der schwedischen Riksbank erwiesen sich im Laufe der späten 1990er Jahre als so erfolgreich, dass Schweden die Stabilitätskriterien aller Erwartungen zum Trotz erfüllen und die Inflation niedrig halten konnte. Das gängige Argument, eine Nichtmitgliedschaft in der Währungsunion würde inakzeptabel hohe Inflationsraten und eine volatile schwedische Krone mit sich bringen, verlor damit seine Überzeugungskraft (Miles 2000, S. 151ff.).

Die Calmfors Kommission untersuchte schließlich die möglichen Vor- und Nachteile einer EWU-Mitgliedschaft und kam zu dem Schluss, dass die politischen Vorteile bei einem Beitritt zur Währungsunion deutlich überwiegen würden, die ökonomischen Argumente zu jener Zeit (1997) jedoch dagegen sprachen. Das gewichtigste politische Argument war, dass ein Beitritt den Einfluss Schwedens innerhalb der EU erhöhen würde. Zudem wäre diese weitere ökonomische Integration ein wichtiger Schritt, der die politische Integration erleichtern würde. Die Kommission fügte dabei jedoch an, dass auch ohne die EWU die politische Integration fortschreiten würde. Ökonomische Argumente beinhalteten, dass eine gemeinsame Währung zwar Effizienzgewinne mit sich bringen würde, diese jedoch begrenzt wären und andere strukturelle Faktoren für die Effizienz der schwedischen Ökonomie gewichtiger wären. Zudem würde eine Mitgliedschaft die Glaubwürdigkeit des schwedischen Finanzsystems zwar verbessern. Reformen, welche die Riksbank unabhängiger machen, hätten jedoch vergleichbare Konsequenzen. Auf die ökonomische Stabilität hätte ein Beitritt zur EWU gemäß der Kommission keinen Einfluss. Gleiches gilt für den Arbeitsmarkt. Allerdings wäre die Volatilität in der schwedischen Produktivität, beim Arbeitsertrag und in der Arbeitslosenrate, wohl höher als bei der Bewahrung der schwedischen Krone. Zudem führte die Calmfors Kommission an, dass die schwedische Konjunktur stärker mit der Großbritanniens und der USA korreliert als mit der EU. Somit schlussfolgerte der Untersuchungsausschuss, dass Schweden der EWU zunächst nicht beitreten, sondern abwarten sollte.

Im Jahr 2003 wurde schließlich über einen Beitritt zur Europäischen Währungsunion in der Bevölkerung abgestimmt, wobei sich die Euro-Kritiker mit 56,1 Prozent durchsetzten. Da Schweden jedoch rechtlich gesehen über keine Option verfügt, der Währungsunion fern zu bleiben (Opt-out), verhindert es bis heute absichtlich den Beitritt zum Wechselkursmechanismus II (EWS) – eine der fünf Konvergenzkriterien, welche für den Beitritt zur Währungsunion erfüllt sein müssen. Somit kann Schweden weiterhin seine Geld- und Währungspolitik selbst bestimmen. Die schwedische Wirtschaftspolitik unterliegt jedoch dem gemeinschaftlichen Interesse, weshalb auch Schweden jährlich der Europäischen Kommission ihr Konvergenzprogramm, das heißt ihren Budgetplan vorlegen, welcher vom ECOFIN-Rat genehmigt werden muss.

Über kurz oder lang wird sich Schweden jedoch nochmals mit dem Thema auseinandersetzen müssen, da fragwürdig ist, ob das Land langfristig gesehen als EU-Land voll akzeptiert wird, ohne Teil der Europäischen Währungsunion zu sein.

EU-Koordination in Schweden

Das wichtigste EU-Koordinierungsorgan im politischen System Schwedens war während der Beitrittsphase das EU-Sekretariat. Es ist im Außenministerium angesiedelt und wurde zunächst von einem Staatssekretär geleitet. EU-Beauftragte aus den jeweiligen Ministerien koordinieren hier die Standpunkte der Ressorts und versuchen, eine gemeinsame Position zu finden, die schließlich an die Ständige Vertretung in Brüssel weitergeleitet wird (Luif 2007, S. 102). Der Staatssekretär Gunnar Lund galt zwischen 1996 und 1999 als oberster Verhandlungspartner bei EU-Fragen und besaß die volle Kontrolle über alle Dokumente, die mit EU-Verhandlungen in Zusammenhang standen.

Die Position des EU-Ministers, welcher mit den strategischen Fragen betraut war, wurde im Jahr 1996 von Ministerpräsident Göran Persson abgeschafft, da die Ressorts ihre betreffenden EU-Themen selbstständig bearbeiten sollten. Im Hinblick auf Schwedens erste EU-Ratspräsidentschaft im Jahr 2001 verkündete er zudem, dass die übergeordnete Verantwortung für die EU-Koordination von nun an bei seinem eigenen Büro liegen solle. EU-Aktivitäten sollten nicht länger als rein außenpolitische Angelegenheit behandelt werden (Miles 2005, S. 69). So folgte eine vollständige administrative Reorganisation aller Ministerien, die im Regierungsbüro unter dem Ministerpräsidenten zusammengeführt wurden.

Die Rolle des schwedischen Ministerpräsidenten und seines Büros hat insbesondere im Zuge dieser administrativen Reorganisation zunehmend an Bedeutung gewonnen. Mittag und Wessels sehen dies als einen Indikator dafür, wie wichtig es für die erfolgreiche EU-Politik Schwedens ist, das politische System zentralisierter zu organisieren und die politische Fragmentierung abzubauen (Mittag/Wessels 2003, S. 427). Die Position des Ministerpräsidenten als strategischer Leiter der schwedischen EU-Koordinierung wurde durch die Einrichtung einer kleinen EU-Abteilung im Büro des Regierungschefs ausgebaut. Als Leiter wurde ein Staatssekretär ernannt, wobei gleichzeitig der Posten des Staatssekretärs im EU-Sekretariat abgeschafft wurde (Ekengren/Sundelius 2002, S. 241). Der Staatssekretär ist dabei vorwiegend in Bereichen politisch aktiv, in welchen langfristige strategische Entscheidungen zur zukünftigen Entwicklung der EU nötig sind. Im Jahr 2005 erfolgte eine weitere Stärkung des Ministerpräsidenten. Der stellvertretende Ministerpräsident wurde zum „Minister für die Koordinierung der horizontalen Aufgaben" (EU-Verträge, EU-Institutionen, Lissabon-Prozess etc.) ernannt und erhielt hierfür eine Kanzlei, die im Büro des Ministerpräsidenten eingerichtet wurde (Luif 2007, S. 102f.). Auch diese untersteht der Leitung eines Staatssekretärs. Heute wird die schwedische EU-Politik eng mit der Rolle des Ministerpräsidenten in Verbindung gebracht. Lee Miles nimmt an, dass die Reorganisation des schwedischen Koordinierungssystems das britische Kabinettsystem, in welchem das Büro des Premierministers eine zentrale Rolle im Bereich der EU-Politik spielt, zum Vorbild hatte (Miles 2000, S. 60).

EU-Koordinierung im Außenministerium

Neben dem Büro des Premierministers sind das Finanz- und das Außenministerium die zentralen Koordinierungsorgane der schwedischen EU-Politik. Sämtliche Ministerien, welche von der EU-Mitgliedschaft betroffen sind, sind verantwortlich für die Beobachtung der politischen Entwicklungen in Brüssel, für die Formulierung einer gemeinsamen europapolitischen Position und die Vorbereitung schwedischer Gesetzesinitiativen in Brüssel sowie für die aktuelle Informationsversorgung des Parlaments (Miles 2000, S. 58).

Auch im Außenministerium wurden im Zuge des schwedischen EU-Beitritts einige organisatorische Anpassungen vorgenommen. So wurde ein EU-Sekretariat zur Koordinierung der schwedischen Europapolitik eingerichtet. Des Weiteren wurden 1995 eine Einheit für EU-Korrespondenzen sowie ein Sekretariat für rechtliche Fragen zur EU gebildet. Zudem wurden Abteilungen für Europäische Integration und für Europäische Sicherheitspolitik errichtet (Miles 2005, S. 76).

Das EU-Sekretariat nahm innerhalb des Außenministeriums eine Führungsposition ein und war damit beauftragt, die Richtlinien für die Koordination der schwedischen EU-Politik festzulegen sowie sicherzustellen, dass zu jedem aktuellen EU-Thema eine eindeutige schwedische Position besteht. Hierzu steht das Sekretariat in stetem Kontakt mit der Ständigen Vertretung in Brüssel sowie mit den jeweiligen EU-Koordinatoren in jedem Ministerium (Miles 2000, S. 60). Nach der Verlagerung des Sekretariats in das Büro des Ministerpräsidenten ist es heute unter der Führung des Staatssekretärs für EU-Angelegenheiten neben der EU-Koordination verantwortlich für die Schlichtung von Konflikten zwischen den Ministerien, die Behandlung besonders wichtiger und heikler EU-Themen sowie die Unterstützung des Premierministers bei den Vorbereitungen der regelmäßigen Treffen des Europäischen Rats und bei den Vorbereitungen der schwedischen Ratspräsidentschaft.

Im Rahmen der staatlichen Reorganisation nationaler EU-Politik wurden auch im Außenministerium in den Jahren 1996-98 sowie 1999-2001 strukturelle Änderungen vorgenommen. Um die EU-Koordination effizient mitgestalten und die zusätzliche Arbeit bewältigen zu können, wurden die Abteilungen des Ministeriums in geografische und fachliche problemlösungsorientierte Einheiten aufgeteilt, gefolgt von der Bildung einer Planungseinheit sowie einer Unterabteilung für Personal und Verwaltung innerhalb des zentralen Verwaltungsamts des Ministeriums (Ekengren/Sundelius 2002, S. 241). Mit der Aufhebung der traditionellen fachlichen Aufteilung der Abteilungen zeichnet sich das Außenministerium nun durch eine sehr viel flachere Hierarchie aus, in welcher zahlreiche Minister (der Außenminister, der stellvertretende Außenminister, welcher für Entwicklung und Migration zuständig ist sowie der stellvertretende Außenminister, der für den Handel verantwortlich ist) und Staatssekretäre für die verschiedensten Bereiche der Außenbeziehungen verantwortlich sind (Miles 2005, S. 76).

Weitere Anpassungen wurden wiederum vorgenommen, um sicherzustellen, dass die nationale EU-Politik nicht ausschließlich in den Händen des Außenministeriums liegt. 1999 wurde das EU-Sekretariat und die Abteilung für Europäische Integration zu einer neuen Abteilung für die Europäische Union zusammengefasst, welche, wie bereits erwähnt, einige Zeit später vollständig in das Büro des Ministerpräsidenten verlegt wurde, um so dem gesamten Kabinett und nicht nur dem Außenministerium zu Verfügung zu stehen.

Dennoch bleibt das Außenministerium ein zentrales Organ innerhalb der schwedischen EU-Politik, welches insbesondere im Bereich der politischen Umsetzung vom Büro des Ministerpräsidenten benötigt wird, da dieses nicht über die Ressourcen und das administrative Know-how verfügt. Die alltägliche Koordination schwedischer Positionen kann schon allein aus diesen technischen Gründen nur vom Außenministerium durchgeführt werden. Somit ist das Außenministerium noch immer für über 95 Prozent der europapolitischen Initiativen und Stellungnahmen an die Ständige Vertretung in Brüssel zuständig und agiert dabei häufig ohne jegliche Beteiligung des Büros des Premierministers. Dabei hat das Außenministerium Zugang zu den wichtigsten Informationskanälen zwischen Brüssel und Stockholm.

Im Zuge der Europäisierung der Schwedischen Regierung sind neben dem Finanz- und dem Außenministerium auch andere Ministerien in die nationale EU-Politik involviert, allen voran das Justiz- und das Innenministerium.

EU-Politik im Parlament

Auch in Schweden spielt das Parlament im Bereich der EU-Politik eine eher nebensächliche Rolle. Im Zuge des EU-Beitritts wurde im schwedischen Parlament ein Beratungsausschuss für EU-Angelegenheiten geschaffen, der im Gegensatz zu seinem dänischen Vorbild nur über ein Kontrollrecht, nicht jedoch über ein Beschlussfassungsrecht verfügt. Durch die Regierung wird das Komitee mit Informationen zu den Aktivitäten der EU-Institutionen versorgt, wobei die Regierung die Dokumente bereits nach Priorität sortiert hat. Der Beratungsausschuss tritt wöchentlich zusammen und beschäftigt sich damit, einen Überblick über alle EU-orientierten Aktivitäten der schwedischen Regierung zu erhalten sowie eine eigene Position zu formulieren. Er besteht aus 17 Mitgliedern und 25 Stellvertretern, welche alle im Parlament vertretenen Parteien repräsentieren. Vor einem Treffen des EU-Rats nimmt auch der Premierminister an dem Freitagstreffen des Ausschusses teil. Zudem sind die Minister der jeweiligen zu besprechenden Themen anwesend.

Neben dem EU-Beratungsausschuss sind zusätzliche ständige Kommissionen für die Positionsfindung im Riksdag zuständig (Miles 2000, S. 56). Sie decken sämtliche Politikfelder ab, die von EU-Aktivitäten betroffen sind und beschäftigen sich mit deren spezifischen Problemstellungen sowie mit den relevanten Ereignissen in Brüssel.

Vertritt das Parlament eine divergierende Meinung zur Regierung, wird die Position der Minister nochmals überarbeitet und angepasst. Zudem kann das Parlament Beschlussanträge machen und Anfragen an die Regierung stellen (Luif 2007, S. 104).

Defizite in der EU-Politik des Riksdag bestehen zum einen darin, dass die Ausschüsse noch immer zu wenig detaillierte Information über Gesetzesvorschläge, die in Brüssel vorbereitet werden, erhält (Miles 2000, S. 57). Zudem überlappen sich die Zuständigkeiten zwischen den ständigen Komitees und dem Beratungsausschuss, wobei zahlreiche Politiker Mitglied in mehreren Ausschüssen sind. Ferner wurde hier keine optimale Lösung gefunden, die Arbeit all dieser Komitees zu koordinieren.

Die Ständige Vertretung

Das wichtigste Bindeglied zwischen der Ständigen Vertretung Schwedens in Brüssel und dem Außenministerium ist das Amt für die Europäische Union des Außenministeriums. Es ist dafür verantwortlich, dass die schwedische Position in allen Bereichen der EU-Politik angemessen formuliert und vertreten wird. Zudem koordiniert das Amt die Beziehungen zwischen den Regierungsministerien und dem Parlament.

Die Ständige Vertretung Schwedens gilt, wie auch bei anderen Mitgliedsstaaten, als zentrales strategisches Organ schwedischer EU-Politik und ist heute eine der größten Vertretungen in Brüssel. Die Netzwerke in Brüssel und Stockholm sowie die technische Expertise ermöglichen es den Beamten der Vertretung, nationale Positionen und deren Formulierung auf EU-Ebene zu beeinflussen (Miles 2005, S. 94). Sie formen und verfeinern die schwedischen Positionen, um sie in Brüssel leistungsfähig zu machen.

Bewertung des schwedischen EU-Koordinierungssystems

Seit dem Beitritt Schwedens zur Europäischen Union hat die Regierung einiges unternommen, um den Einfluss des Landes auf die Europapolitik zu maximieren und so die nationalen Interessen in der EU angemessen zu vertreten. Die Stärkung des Büros des Premierministers und die strukturellen Reformen im Außenministerium haben das Koordinierungssystem effizient und leistungsstark gemacht. Schweden ist zu einem wichtigen Akteur in Brüssel geworden. Das effektive und leistungsorientierte System der inter- und intraministeriellen Koordination ermöglicht es dem Königreich, in geschlossener Haltung zuverlässige Verhandlungsstrategien zu verfolgen.

Als defizitär ist dabei jedoch, wie in den Parlamenten so vieler anderer EU-Staaten, auch hier die bisherige Koordinationsfähigkeit zwischen dem schwedischen Riksdag und dem Europäischen Parlament zu bezeichnen (Miles 2005, S. 120). Ebenso birgt die Einbindung der schwedischen Parlamentarier in das gesamte europapolitische Geschehen Verbesserungspotenzial. Die nationalen Parlamente sind noch immer vergleichsweise machtlose Akteure in der europäischen Politarena, die sich bis heute mit der Anpassung an die europapolitischen Anforderungen schwer tun.

Theoretische Einbettung

Schwedens langer Weg in die EU wird von zahlreichen Integrationsforschern mit Hilfe der Theorie des Neofunktionalismus erklärt. So beschreibt Thomas Pederson den ersten Versuch, sowohl die EG-Staaten als auch die EFTA-Staaten in einem gemeinsamen Binnenmarkt zu vereinen, als funktionalen Spillover-Prozess. Beide Seiten verhandelten intensiv über das Abkommen, um Ungleichgewichte im Europäischen Wirtschaftsraum (EWR) zu verhindern. Im Zuge der langwierigen Verhandlungen und der Angst der EFTA-Staaten, neben den EG-Staaten ihren Einfluss auf politische Entscheidungen zu verlieren, strebten sie jedoch schließlich eine volle Mitgliedschaft in der Europäischen Gemeinschaft an (Pedersen 1994, S. 16). Im Zuge dessen wurden erste Institutionen innerhalb des schwedischen Regierungssystems eingerichtet, die sich mit einer potenziellen Mitgliedschaft in der EU auseinander setzten und schließlich als Impulsgeber in Richtung eines EU-Beitritts fungierten.

Auch Peterson und Bomberg (1998) erklären die Integration Schwedens in die EU mit dem Neofunktionalismus, wobei sie die erste Phase, in welcher der Europäische Wirtschaftsraum geschaffen wurde, als funktionalen Spillover beschreiben. Da die Institution des EWR aufgrund der mangelhaften Mitentscheidungsmöglichkeiten durch die EFTA-Staaten versagte, was als institutioneller Impuls auf die nächste Phase gedeutet werden kann, wandte Schweden sich verstärkt der EU zu. Das Scheitern des EWR führte schließlich zum Beitritt Schwedens zur EU. Politische Spillover-Mechanismen ergaben sich daraufhin während des Prozesses der Gewöhnung an die EU als neue politische Arena (Peterson/ Bomberg 1998, S. 44).

Der neofunktionalistische Theorieansatz lässt jedoch einige Fragen offen. Denn bis heute zeichnet sich Schweden durch seine skeptische Haltung der EU gegenüber aus. Aufgrund des negativen Referendums von 2003 weigert sich die schwedische Regierung noch immer, der Europäischen Währungsunion beizutreten. Darüber hinaus überwiegen die Stimmen, welche sich lediglich eine begrenzte Union souveräner Staaten und weniger eine föderale Europäische Union wünschen (Schlich 2004, S. 147). Auch die emotionalen und politischen Schwierigkeiten sowie die feinen Nuancen der schwedischen Beitrittsdebatten, welche die schwedische Politik während der Beitrittsphase prägten, können nicht mit Hilfe der Spillover-Mechanismen erklärt werden (Miles 2005, S. 18f.). Das schwedische Beispiel zeigt, dass nationale Unterschiede, Nationalismus und politische Kultur einen ebenso bedeutenden Einfluss auf die Europapolitik haben, wie supranationale politische Akteure und, dass sich die Europäische Integration nicht vollständig mit der Theorie des Neofunktionalismus erklären lässt.

Auch zur Zukunftsprognose scheint der neofunktionalistische Theorieansatz nicht geeignet zu sein. Denn folgt man der Theorie, so müsste die fortschreitende Integration innerhalb der EU-Institutionen ebenfalls Auswirkungen auf die schwedische EU-Politik haben. Der nächste Integrationsschritt Schwedens würde den Beitritt zur Währungsunion beinhalten. Dieser scheint mittelfristig jedoch nicht in Frage zu kommen. Während der Euro-Krise ist die Unterstützung der EU durch die schwedische Bevölkerung auf ein Allzeittief gefallen (Bittner 2012).

Schwedische EU-Politik während der Eurokrise

Die Volkswirtschaft Schwedens litt aufgrund seiner Beteiligungen im Baltikum während der Finanzkrise mehr als die Eurozone. Die darauf folgende Eurokrise schien jedoch keine großen Auswirkungen auf das Land zu haben. Während das restliche Europa vorwiegend von einer Rezession betroffen war, wuchs die Wirtschaftsleistung Schwedens. Dennoch ist das Land von der EU abhängig. Über 35 Prozent aller schwedischen Exporte gehen nach Europa und so nahm auch die schwedische Wirtschaftsleistung in den vergangenen Jahren ab. Diese Abhängigkeit besorgte die Regierung in den vergangenen Jahren, sodass Schwedens Finanzminister Anders Borg im Juli 2012 ankündigte, Schweden müsse sich neu orientieren, da Europa für das Land an Bedeutung verliere. Eine europäische Finanztransaktionssteuer sowie Eurobonds kommen für die Schweden nicht in Frage.

Bedingungen für weitere Harmonisierungsschritte

Ein erster, wichtiger Schritt, um die Bedingungen für weitere Harmonisierungsschritte zu erfüllen, bestünde in Schwedens Beitritt zur Europäischen Währungsunion. Denn im Zuge weiterer Integrationsschritte würde das Land Gefahr laufen, Teil einer Fiskalunion zu werden, in welcher es die Regeln nicht mitbestimmen kann.

Doch die Eurokrise hat die kritische Haltung Schwedens gegenüber der Währungsunion nur verstärkt. Zudem halten die Schweden einen Beitritt zum Euro derzeit für unnötig. Ein solides jährliches Wirtschaftswachstum, ein Haushaltsüberschuss sowie Arbeitslosenzahlen unter dem EU-Durchschnitt stellen im Jahr 2012 die Nachteile, nicht Teil des Euroraums zu sein, in den Schatten. Solange die Eurokrise nicht überwunden ist und die Währungsunion nicht ähnlich gut funktioniert wie die Volkswirtschaft Schwedens, kommt auch nach Meinung des schwedischen Finanzministers und einstigen Euro-Befürworters, Anders Borg, ein Beitritt zum Euro nicht in Frage (Bittner 2012). Auch eine europäische Fiskalunion lehnt der Finanzminister strikt ab und wirft der EU vor, zu zentralistisch zu werden (Deutsche Wirtschaftsnachrichten 2013).

Zwischenfazit

Schweden zählt neben Großbritannien derzeit zu den größten Kritikern der Europäischen Wirtschafts- und Währungsunion. Die positive ökonomische Entwicklung des Landes, trotz ihres noch immer ausstehenden Beitritts zur Währungsunion, bestätigt die schwedische Regierung in ihrer abwartenden Haltung.

Ferner überwiegen bis heute die Ängste vor einer föderalen EU. Die Union wird vielmehr als ein Zusammenschluss souveräner Staaten im intergouvernementalen Sinne verstanden. Die seit jeher abwartende Haltung Schwedens gegenüber der Europäischen Integration ist somit nur begrenzt mit Hilfe des neofunktionalistischen Theorieansatzes zu erklären.

Dementsprechend gilt das skandinavische Land als Widerstandskraft gegen weitere Integrationsbemühungen in Richtung einer politischen Union. Da eine Fiskalunion für den Euroaußenseiter eine weitere Verringerung politischen Einflusses in der EU mit sich bringen würde, ist eine schwedische Unterstützung weiterer Harmonisierungsschritte nur mit einem Beitritt zur Europäischen Währungsunion wahrscheinlich. Dieser ist mit der andauernden Eurokrise jedoch vorerst in weite Ferne gerückt.

5.3.6 Zusammenfassung der Länderanalyse

Im vorangegangen Abschnitt wurden fünf Mitgliedsstaaten der EU hinsichtlich der Funktionalität und Effizienz ihrer europapolitischen Koordinierungssysteme untersucht. Dabei wurden zahlreiche Kriterien für die Bewertung der Systeme berücksichtigt: Die Fähigkeit, neues EU-Recht und dessen Auswirkungen auf die nationale Gesetzgebung zu antizipieren, die Befähigung, die EU-Politik mitzugestalten und vorhandene Ressourcen der EU zu nutzen sowie die Fähigkeit, europäische Gesetze möglichst reibungslos und rasch in nationale Gesetze zu übersetzen und diese zu implementieren. Im nächsten Schritt wurde analysiert welche strukturellen und politischen Anpassungen in den Ländern nötig wären, um weitere Harmonisierungsschritte zur Überwindung der Defizite in der Wirtschafts- und Währungsunion umsetzen zu können. Hierzu diente – wo möglich – der neofunktionalistische Theorieansatz als Hilfestellung.

Zusammenfassend ergibt sich ein durchmischtes Bild. So profitieren Großbritannien und Frankreich von ihrem zentralisierten Regierungssystem, in dem ein zentralisiertes Koordinationssystem die Bildung einer einheitlichen Position auf effizientem Weg ermöglicht. Auch die schwedische Regierung bemühte sich seit ihrem Beitritt zur EU um einen konzentrierten EU-Koordinationsapparat, um die eigenen Interessen möglichst einheitlich und effizient in Brüssel vertreten zu können.

Das deutsche sowie das spanische Regierungssystem zeichnen sich dahingegen durch eine hohe politische Fragmentierung aus, was sich in den Koordinationssystemen widerspiegelt. So verfügt Deutschland über sehr viel kompliziertere interne Koordinationsmechanismen ohne eine zentrale Koordinierungsstelle, was zuweilen zu widersprüchlichen Aussagen in Brüssel führt. Spanien wiederum verfügt zwar über ein zentrales Gremium zur Koordinierung, doch dem Staatssekretariat für EU-Angelegenheiten (SEAE) mangelt es an ausreichender Autorität, um eine Bündelung der EU-Politik zu erreichen. Zudem erschweren in beiden Staaten die zahlreichen Akteure aus Bund und Ländern beziehungsweise autonomen Regionen sowie Konkurrenzen zwischen Parteien und Ministerien die Bildung einer geschlossen Position auf EU-Ebene.

Effizienz der nationalen Koordinationssysteme

Die Staaten unterscheiden sich unter anderem darin, welches Gremium die Steuerung der europäischen Koordination dominiert, mal sind es Ministerien, mal zentrale Einrichtungen, wie das SGCI in Frankreich, oder im Büro des Premierministers eingerichtete Europaabteilungen. Auch in der weiteren Verteilung von Verantwortung sowie in den Mechanismen zur Koordinierung unterscheiden sich die Systeme voneinander.

Positiv ist die stete Weiterentwicklung der Koordinationssysteme in den vergangenen Jahren zu bewerten. Die ähnlichen Anforderungen, welchen die Staaten im Zuge der Globalisierung und der fortschreitenden Integration gegenüberstehen, sowie die Interaktion in einem gemeinsamen politischen System führen darüber hinaus zu einer strukturellen Konvergenz zwischen den administrativen Systemen. So haben die Staaten durch die Interaktion in den EU-Institutionen gegenseitig voneinander gelernt, wie man die Herausforderungen der EU-Mitgliedschaft am besten meistert. Robert Harmsen ist davon überzeugt, dass seit Jahren eine Konvergenz in den nationalen Koordinierungsmechanismen hin zu dem effektivsten System stattfindet (Harmsen 1999). Zudem entwickeln die Staaten aufgrund der engen Zusammenarbeit in den EU-Institutionen gemeinsame Werte und Vorstellungen. Auch die EU leistet einen Beitrag zu dieser Konvergenz. Die Kommission führt Schulungen und Trainings für die EU-Beamten durch. Vorgaben, die gleichen Mechanismen und Methoden anzuwenden, bringen darüber hinaus eine gewisse Anpassung der administrativen Systeme mit sich. Dennoch spielen die verschiedenen Kulturen und Traditionen der Staaten noch immer eine große Rolle in der politischen Meinungsbildung, weshalb eine vollständige Konvergenz auch in Zukunft nicht stattfinden wird.

In allen untersuchten Koordinationssystemen konnten jedoch auch Defizite entdeckt werden. So mangelt es in Großbritannien an einer zugkräftigen Koordination innerhalb des EU-Gefüges. Das Königreich konnte seine Ziele in der Vergangenheit trotz des effizienten nationalen Koordinationssystems nur unzureichend in Brüssel durchsetzen, da kulturelle und sprachliche Unterschiede sowie fehlende Flexibilität in den Verhandlungen aufgrund bereits früh festgelegter Positionen zu Konflikten führten. In Deutschland und Spanien wiederum erschwert eine starke Sektoralisierung die Bildung einer einheitlichen Position zu EU-Themen. Zudem führen in allen Staaten Ängste vor Machtverlusten und Ressortkonkurrenzen dazu, dass über informelle Kanäle separate Netzwerke zwischen Brüssel und den einzelnen Ressorts und Regionen unabhängig von der Zentralregierung geschaffen werden, wodurch eine zentrale Koordination in den Staaten behindert wird. Weitere Probleme sind häufige Überlastungen in den zentralen Koordinationsstellen der Mitgliedsstaaten sowie eine oft träge und unvollständige Kommunikation zwischen Brüssel und den Regierungen.

Ähnlich wie bei der integralen Koordination innerhalb der EU-Institutionen besteht auch in der nationalen EU-Koordination das bedeutendste Defizit jedoch in der mangelnden demokratischen Legitimation. Die Parlamente werden unzureichend in die Entscheidungsfindung miteingebunden und verfügen darüber hinaus über zu wenige Mechanismen zur intergouvernementalen Koordinierung sowie zur Koordinierung mit dem EU-Parlament.

Theoretische Einbettung

Die Theorie des Neofunktionalismus konnte in der Länderanalyse nur begrenzt Anwendung finden. So lässt sich die EU-Politik Deutschlands nur bis zu Beginn der Eurokrise eindeutig mit dem Theorieansatz erklären, zur Analyse der Europapolitik Großbritanniens und Spaniens ist er kaum dienlich. Sowohl in Deutschland als auch in Frankreich und Spanien fanden zu Beginn der EU-Mitgliedschaft funktionale Spillover-Prozesse statt. Die Staaten hatten die Wahrung des Friedens und ökonomischen Wohlstands in Europa zum Ziel und waren dafür bereit Kooperationen auszuweiten und Zuständigkeiten an die EU-Institutionen abzutreten. In Schweden kann das Scheitern des Europäischen Wirtschaftsraums (EWR) sowie eine andauernde Rezession als funktionaler Impuls gedeutet werden, welcher die Zuwendung des Landes zur EU forciert hat. Strukturelle und politische Spillover-Prozesse folgten. Koordinationsmechanismen und EU-Abteilungen wurden in den Mitgliedsstaaten errichtet und es entwickelte sich ein politisches Gemeinschaftsinteresse an der EU. Die Phase der Desintegration in Spanien im Zuge der EU-Osterweiterung sowie die nach wie vor bestehende Euroskepsis der Schweden lässt sich jedoch mit Hilfe der neofunktionalistischen Theorie nicht erklären.

In den Jahren der Eurokrise herrschte schließlich eher eine Vermischung von neofunktionalistischen und intergouvernementalen Prinzipien vor. Um die Auswirkungen der hohen ökonomischen Abhängigkeiten der EU-Staaten kontrollieren zu können, wurden Entscheidungen nicht mehr nach der Gemeinschaftsmethode, sondern vorwiegend auf intergouvernementaler Basis im Europäischen Rat und im Ministerrat getroffen. Die Kommission trat dabei in den Hintergrund und agierte meist reaktiv auf Anweisung der Staaten. Intergouvernemental beschlossene Maßnahmen, wie der Fiskalpakt und die Finanzierung der verschuldeten Staaten durch den ESM, führten darüber hinaus zu einer Dominanz der führenden EU-Staaten gegenüber den kreditnehmenden Ländern.

Aus der neofunktionalistischen Perspektive wirkte der Druck der Krise auf die Währungsunion wie ein funktionaler Spillover, welcher mit dem Fiskalpakt und dem europäischen Bailout sowie der Institutionalisierung des Stabilitätsmechanismus ESM zu einem „Integrationsschub wider Willen" (Böhme et al. 2010) führte. Die vertiefte europäische Zusammenarbeit resultierte dabei allerdings nicht – wie es die Theorie vorgibt – aus einer gesellschaftlichen Willensbildung heraus, sondern wurde von den Entwicklungen auf den Finanzmärkten angetrieben.

Sowohl die Theorie des Liberalen Intergouvernementalismus als auch der Neofunktionalismus sehen sich hier aber einem Paradox gegenüber. Denn in beiden Theorien endet der Integrationsprozess mit Misserfolg. Im Liberalen Intergouvernementalismus sind Kompetenzübertragungen auf EU-Institutionen nur bei ökonomischem Erfolg möglich. Im Neofunktionalismus sind Integrationserfolge die Antriebskraft für weitere Spillover-Prozesse. Dass während der Krise nun dennoch eine Vertiefung der europäischen Zusammenarbeit stattfindet und der EU weitere Kompetenzen übertragen werden, widerspricht den Annahmen beider Theorien.

Da die Währungsunion während der Krise wie ein Schutzmantel wirkte, der die Staaten vor noch größeren ökonomischen Divergenzen schützte und damit als positives Ereignis zu bewerten ist, lässt die neofunktionalistische Theorie den Schluss zu, dass nach Überwindung der Krise weitere Schritte zur Vertiefung der Gemeinschaft nötig werden. Auf diesem Weg kann Konfliktpotenzialen durch verschärften Wettbewerb und den damit verbundenen Gefahren des ökonomischen Wohlstands in Europa entgegengewirkt werden.

Bedingungen für weitere Harmonisierungsschritte

Damit die Harmonisierungsbemühungen zur Überwindung der Defizite in der Wirtschafts- und Währungsunion erfolgreich sein können, ist zunächst die Schaffung der Voraussetzungen zur Bildung einer europäischen Identität nötig, um das durch den fehlenden europäischen Demos hervorgerufene Demokratiedefizit zu überwinden. Die Schaffung einer europäischen Öffentlichkeit und die Aufklärung über die Funktionsweise der europäischen Politikgestaltung sind dabei essenziell, um die politische Partizipation der Bevölkerung in der nationalen Koordination hinreichend herzustellen. Die Erzeugung von Transparenz sowie eine geschlossene Überzeugung für gemeinsame Lösungswege in der politischen und gesellschaftlichen Elite sind notwendig zur Wiederherstellung des Vertrauens in die EU. In Großbritannien ist zudem eine Abkehr von der skeptischen hin zu einer proaktiven EU-Politik unumgänglich, möchte das Königreich zukünftig nicht von EU-Entscheidungen gänzlich ausgeschlossen werden.

Die britische Bevölkerung sollte über die Vorteile der EU aufgeklärt werden, die einseitige Medienberichterstattung müsste sich in eine neutrale wandeln. In Spanien würde eine Verbesserung des Koordinationssystems etwa durch die Wiederherstellung der Autorität des SEAE die Einflussmöglichkeiten des Landes auf europäischer Ebene erweitern und für die Stellung Frankreichs in Brüssel und die Durchsetzung seiner integrationsfreundlichen Politik ist die Stabilisierung der französischen Wirtschaft dringend notwendig. Überdies wird die Kompromissbereitschaft der EU-Staaten, insbesondere jedoch der Integrationsmotoren Deutschland und Frankreich, ausschlaggebend für die Überwindung der Krise und der strukturellen Defizite der EWWU sein.

5.4 Schlussfolgerungen aus der Konstellationsanalyse

5.4.1 Intergouvernementale vs. Integrale Koordination

Zur Zusammenfassung der Ergebnisse aus der Konstellationsanalyse soll die Koordinationsfähigkeit der Staaten innerhalb der Europäischen Union aus zwei Perspektiven betrachtet werden. Die intergouvernementale Perspektive beschreibt die zwischenstaatliche Koordination und Kooperation der Staaten außerhalb des EU-Institutionengefüges und die integrale Perspektive stellt die Koordination der EU-Länder in den europäischen Institutionen dar. Während im Zuge des Integrationsfortschritts in der EU die integrale Perspektive zunehmend an Bedeutung gewonnen hat, scheint die Eurokrise die intergouvernementale Perspektive wieder in den Vordergrund treten zu lassen.

Integrale Koordination in den EU-Institutionen

Die integrale Koordination der europäischen Politik hat seit Gründung der Europäischen Union zunehmend an Bedeutung gewonnen. Die Europäische Kommission hat als Hüterin der Verträge gemeinsam mit den anderen EU-Institutionen ein Netz aus europäischen Richtlinien und Gesetzen geschaffen, die heute das Leben eines jeden EU-Bürgers maßgeblich beeinflussen. Zudem fand ein Anpassungsprozess in den politischen Strukturen der Staaten statt, indem Vertretungen der Regierungen, Regionen, Industrieverbänden und Interessensgemeinschaften in Brüssel eingerichtet wurden, um die Mitbestimmung in der europäischen Politik auf allen Ebenen gewährleisten zu können.

Die europaweite Krise seit 2009 hat die Zentren der Politikgestaltung jedoch verschoben. So agieren der Europäische Rat und der Ministerrat als Zentrum des Krisenmanagements, in welchem intergouvernementale Entscheidungen durch die Regierungen getroffen werden. Die Initiative zur Krisenbekämpfung ging nun weniger von der Kommission aus. Sie agierte meist reaktiv auf Anweisung der Staaten. Durch das Krisenmanagement fand somit eine Entpolitisierung statt. Die politische Willensbildung erfolgte nicht mehr pluralistisch, sondern die Regierungen griffen in einem bisher unbekannten Ausmaß von oben in die EU-Politik ein. Dabei treffen sich die Staaten nicht auf Augenhöhe, vielmehr geben die Gläubigerstaaten den kreditnehmenden Ländern die politischen Leitlinien vor.

Intergouvernementale Koordination der EU-Staaten

Mit dem Voranschreiten der Europäischen Integration war die intergouvernementale Koordinierung in vielen Bereichen durch die Koordinierung innerhalb der neu geschaffenen EU-Institutionen abgelöst worden. Doch die Eurokrise verlieh der zwischenstaatlichen Koordinierung außerhalb Brüssels wieder zunehmende Bedeutung. Denn im Zuge der Krise galt es als höchste Priorität der Staaten, die Auswirkungen der hohen ökonomischen Interdependenz der Euroländer unter Kontrolle zu bekommen. Zu Beginn der Krise initiierten die Staaten zunächst getrennt voneinander eigene Konjunkturförderprogramme zur Bekämpfung der Rezession. Die fehlende Kooperation mit anderen EU-Staaten hatte jedoch schon bald eine Divergenz der Krisenbetroffenheit der Staaten in der Eurozone zur Folge, was zur Erkenntnis führte, gemeinsam handeln zu müssen. So ist das ökonomische Interesse an der Überwindung der Eurokrise heute mehr denn je staatenübergreifend und resultierte in einer vertieften Zusammenarbeit der EU-Mitgliedsstaaten. Auch die Krisenstaaten zeigten sich in den vergangenen Jahren trotz massiver Einschnitte in die nationalen Haushaltsrechte sehr kooperativ und europafreundlich, was die erfolgreiche Volksabstimmung in Irland vom Mai 2012 über den Fiskalpakt zeigt.

Ein Großteil der gemeinsamen Krisenpolitik erfolgt dabei jedoch außerhalb Brüssels in bilateralen und multilateralen Krisengesprächen. Auf intergouvernementaler Basis wurden Allianzen gebildet, bereits vor den Gipfeltreffen im Europäischen Rat wurden Positionen und Ideen festgehalten.

5.4.2 Erklärungswert des Neofunktionalismus

Die Konstellationsanalyse hat die Theorie des Neofunktionalismus zur Hilfe genommen, um die Geschehnisse während der Euroschuldenkrise ab 2009 erklären zu können und um eine Lösung zur Überwindung der Probleme innerhalb der Europäischen Wirtschafts- und Währungsunion zu finden. Ihre besondere Stärke liegt in der Bestimmung der Voraussetzungen für Integration unter Zuhilfenahme des Spillover-Mechanismus. Doch die Entwicklungen während der Eurokrise konnten nur teilweise mit dem Neofunktionalismus erklärt werden. Nicht alle EU-Staaten haben sich so verhalten, wie es die Theorie prognostiziert hat und auch wenn von einem Integrationsschub wider Willen gesprochen werden kann, herrschten während der Krise verstärkt intergouvernementalistische Prinzipien vor (vgl. Kapitel 5.3.6.) Überdies lässt sich die verstärkte Koordination zwischen den EU-Staaten während der Krise weder mit dem Neofunktionalismus noch mit der Theorie des Intergouvernementalismus erklären, da beide weitere Integrationsschritte nur nach positiven Integrationserfolgen vorsehen. Somit kann der Neofunktionalismus nicht als alleinige Theorie verwendet wendet werden, um eine Lösung zur Überwindung der Eurokrise und der Defizite der Europäischen Wirtschafts- und Währungsunion zu finden. Um die komplexen Vorgänge innerhalb der EU vollständig zu erklären, sollte vielmehr ein eklektizistischer Ansatz, das heißt eine Kombination aus mehreren Ansätzen Anwendung finden.

Dennoch kann versucht werden, mit Hilfe der Theorie eine Prognose für die weitere Entwicklung der Europäischen Integration zu machen. Die Währungsunion sowie ihre Rettungsmaßnahmen hat die Krise in den PIIGS-Ländern deutlich abgefedert und die EU vor noch erheblicheren wirtschaftlichen Divergenzen bewahrt. Wird dies als ein positives Resultat der Integration bewertet, so werden gemäß der Theorie auch nach Überwindung der Krise weitere vertiefende Integrationsschritte erfolgen, um Konfliktpotenzialen durch Wettbewerbswettläufe zwischen den EU-Staaten und daraus resultierenden ökonomischen Einbußen vorzubeugen.

5.4.3 Fazit

Die Entwicklungen der vergangenen Jahre werfen die Frage auf, ob sich die beschriebenen Perspektiven gegenseitig befruchten oder konterkarieren. Vor der Eurokrise hatte es den Anschein, dass sich die integrale und die intergouvernementale Koordinationsform innerhalb der europäischen Politik zu ergänzen vermochten. Was innerhalb der europäischen Institutionen noch nicht möglich war, da die strukturellen oder kulturellen Umstände es noch nicht zuließen, wurde auf intergouvernementaler Ebene geklärt. In einem Europäischen Rat, welcher nur viermal im Jahr zusammentrifft, kann selbstverständlich nicht die zunehmende Masse an Themen der gemeinsamen Europapolitik diskutiert werden, weshalb schon vor den Krisenjahren zusätzliche Zusammenkünfte der Regierungsvertreter in variierenden Konstellationen stattgefunden haben.

Die Einmischung der EU-Staaten in Form von Notfallinterventionen während der Krise hat das Gleichgewicht der beiden Koordinationsformen jedoch ins Wanken gebracht. Die entstandene Dominanz der intergouvernementalen Entscheidungen, welche die Gemeinschaftsmethode vorerst außer Kraft setzen ließ, hat zu einer Entpolitisierung geführt und die integrale Koordinierung in den Hintergrund treten lassen. Es scheint, als wären den Mitgliedsstaaten die bestehenden Interdependenzen zwischen den Eurozonenstaaten und die damit einhergehenden Effekte auf die nationalen Ökonomien erstmals bewusst geworden. Ein zu schwaches Vertrauen in die europäischen Institutionen sowie die fehlende demokratische Legitimation der EU verhinderten weitere Souveränitätsabgaben und führten zu den Interventionen der Staaten. Doch der weitere Integrationsfortschritt kann nur erfolgen, wenn die integrale Koordination funktioniert, denn ohne sie verliert das gesamte institutionelle Gefüge der EU an Glaubwürdigkeit und Autorität. Damit die beiden Koordinationsformen wieder ins Gleichgewicht kommen, sind dementsprechend eine Überwindung des bestehenden Demokratiedefizits sowie die Herstellung von Vertrauen in die EU und ihre Institutionen unabdingbar.

6 Politische Kultur in Europa

> „Every political system is embedded in a particular pattern of orientations to political action. I have found it useful to refer to this as the political culture.“ (Gabriel A. Almond, 1956)

Im vorangegangen Teil der Arbeit wurden die politischen Strukturen des Institutionengefüges der EU sowie die integrale und intergouvernementale Koordinationsfähigkeit der Mitgliedsstaaten untersucht. Sowohl bei der Institutionenanalyse als auch bei der Länderanalyse ließ sich als wichtigstes Defizit die mangelhafte demokratische Legitimation und Einbindung der Bevölkerung in die Politikgestaltung der EU feststellen. Gründe dafür liegen zum einen in dem politischen Machtgefüge der nationalen und europäischen Institutionen. Zum anderen jedoch setzen sich die EU-Bürger und ihre politischen Vertreter in den Parlamenten noch immer zu wenig für eine Veränderung dieser Strukturen und eine stärkere Demokratisierung der europäischen Politik ein. Die Bürger haben weder ausreichendes Interesse noch ausreichendes Vertrauen in die EU und ihre Institutionen, da sie sich nicht mit der EU ausreichend verbunden fühlen. Darüber hinaus ist ein Großteil der europäischen Bevölkerung nur in geringem Maße über die EU, ihre Institutionen und Politikgestaltung informiert. Solange die Bevölkerung jedoch nicht vollständig in den Integrationsprozess involviert wird und diesen mehrheitlich unterstützt und solange sie nicht ausreichend am politischen Entscheidungsprozess auf Europäischer Ebene eingebunden wird, kann die Europäische Integration nicht vollendet werden.

In der folgenden Länderanalyse wird untersucht, wie sich die politische Kultur in den Mitgliedsstaaten der EU in den vergangenen 60 Jahren in Folge der Europäischen Integration verändert hat. Analysiert wird dabei, ob eine Kongruenz der politischen Kulturen stattgefunden hat und wo bereits Ähnlichkeiten zwischen den Ländern zu finden sind. In einem weiteren Schritt wird untersucht, inwieweit innerhalb der EU bereits ein europäisches Identitätsgefühl und eine europäische politische Kultur bestehen. Schließlich sind die Auswirkungen der Europäischen Integration auf die europäische Gesellschaft sowie der Einfluss der gesellschaftlichen Orientierungen hinsichtlich der Europäischen Integration zu prüfen, um aufzuklären, ob weitere Harmonisierungsschritte gesellschaftlich überhaupt durchsetzbar wären.

6.1 Politische Kultur im Europa des 20. Jahrhunderts

Im 20. Jahrhundert gründete die politische Kultur in Europa auf einem Identitätsbewusstsein, welches vorwiegend auf nationaler und auf regionaler Ebene angesiedelt war. Die Bürger identifizierten sich mit dem Ort, aus dem sie stammten und dem Land, in dem sie lebten. Dennoch erlebte der Patriotismus der europäischen Bevölkerung während der ersten Hälfte des 20. Jahrhunderts große Erschütterungen durch zwei große Weltkriege, welche aus dem imperialistischen Streben der europäischen Mächte nach einer Ausdehnung ihrer Staatsgrenzen resultierte. So erlebte Europa eine Reihe von Machtwechseln und sich ablösenden Regierungsformen. Das Vereinigte Königreich verlor mit dem Ende seiner Kolonialherrschaft den Status als Weltmacht. Deutschlands, Italiens und Spaniens junge Demokratien wurden von gewaltverbreitenden Diktaturen abgelöst.

Dabei gilt insbesondere Deutschland als ein Land, welches sich im 20. Jahrhundert sehr schwer tat eine einheitliche politische Kultur und ein nationales Identitätsgefühl zu entwickeln. Die wechselnden Regierungsstrukturen vom Kaiserreich über die demokratische Weimarer Republik bis hin zur Diktatur unter Hitler hatten zur Folge, dass das Nationalgefühl der Deutschen stets verwirrt und mit dem Ende des Nationalsozialismus schließlich nahezu vernichtet wurde. Auch die anschließende Teilung Deutschlands, in BRD und DDR, erschwerten die Bildung eines deutschen Identitätsbewusstseins. Mit dem über die Jahre langsam wieder erstarkenden Nationalstolz der Deutschen halten Diskussionen über den optimalen Grad deutschen Nationalgefühls bis zum heutigen Tage an, da die Welt noch immer Angst vor einem erneuten Aufkommen des deutschen Nationalsozialismus hat.

In der zweiten Hälfte des 20. Jahrhunderts und nach Beendigung des Kalten Krieges konnten zuletzt nahezu alle europäischen Staaten die Demokratie als führende Regierungsform durchsetzen. Allein aufgrund dieser in Europa gemeinsam vorherrschenden demokratischen Ordnung näherten sich die Bevölkerungsorientierungen und Einstellungen europäischer Bürger hinsichtlich nationaler politischer Ordnungen, Systeme und Objekte in den letzten Jahren aneinander an.

Es kann folglich bereits von der Existenz einer europäischen Identität – wenn auch ohne gemeinsamen Demos als Grundlage – gesprochen werden. Diese umfasst Orientierungen bezüglich der politischen Ordnung sowie einen mehrheitlich anerkannten Wertekodex. Dennoch sind die politischen Kulturen in den EU-Staaten auf verschiedenste Arten ausgeprägt, was auf historisch bedingte Erfahrungen und Traditionen zurückzuführen ist.

6.2 Politische Kultur und Europäische Integration: Länderanalyse

In der folgenden Länderanalyse werden, angelehnt an die Länderanalyse aus Kapitel 5.3., die Bevölkerungsorientierungen einiger ausgewählter EU-Staaten untersucht, um Veränderungen in Folge der Eurokrise zu analysieren. Repräsentativ für die Europäische Union werden die Bevölkerungen Deutschlands, Frankreichs, Großbritanniens, Spaniens und Schwedens analysiert, die im Zuge der Europäischen Integration in den vergangenen Jahrzehnten großen strukturellen Umgestaltungen in den politischen Systemen ausgesetzt waren. Hierzu werden Veränderungen in der politischen Ordnung der Staaten sowie in dem Grad der Unterstützung der politischen Gemeinschaft durch die Bevölkerung geprüft. Weitere zu analysierende Faktoren umfassen Veränderungen im Vertrauen der Bürger in die politischen Herrschaftsträger sowie in der Unterstützung des politischen Systems als Ganzes. Schließlich werden die Ergebnisse zusammengefasst miteinander verglichen, um herauszufinden, ob eine Kongruenz in den politischen Kulturen stattgefunden hat.

In einem weiteren Schritt wird schließlich untersucht, inwieweit und unter welchen Voraussetzungen die Bevölkerung der EU-Staaten dazu bereit wäre, weitere Souveränität an die EU abzugeben und verstärkte Harmonisierungsschritte zuzulassen.

Zu untersuchende Faktoren der politischen Kultur

Die politische Kultur ist geprägt durch die Orientierungen der Bevölkerung hinsichtlich der politischen Ordnung eines Raumes, das heißt hinsichtlich der „für ein politisches System grundlegenden Werte und Normen sowie das Gesamtgefüge der politischen Institutionen“ (Westle/Gabriel 2009, S. 97). Darüber hinaus wird die politische Kultur einer Gesellschaft durch Orientierungen gegenüber der politischen Gemeinschaft und den politischen Herrschaftsträgern geprägt.

Die Forscher orientieren sich bei der Untersuchung von Bevölkerungsorientierungen vorwiegend an Eastons Konzept der politischen Unterstützung. Eastons zentrale Behauptung dabei lautet, dass in „stabilen politischen Systemen die diffuse Unterstützung der politischen Gemeinschaft und die diffuse Unterstützung der politischen Ordnung weiter verbreitet und stabiler sein sollten als die leistungsabhängige, spezifische Unterstützung der amtierenden politischen Herrschaftsträger“ (Gabriel 2009, S. 26). Voraussetzung dafür ist jedoch, dass die Bürger zwischen den verschiedenen Ebenen des politischen Systems unterscheiden können und die Unzufriedenheit mit der aktuellen Regierung nicht auf das politische System an sich übertragen.

Die politische Ordnung europäischer Staaten und der EU als Ganzes lässt sich anhand von Bevölkerungsorientierungen bezüglich ihrer demokratischen

Werte und Normen sowie gegenüber ihrer demokratischen Regierung analysieren. Orientierungen gegenüber der politischen Gemeinschaft lassen sich wiederum über das Nationalbewusstsein und den Nationalstolz der Bürger messen. Dabei unterscheidet Easton zwischen diffuser und spezifischer, leistungsabhängiger Unterstützung. Die Unterstützung der politischen Gemeinschaft ist meist von Dauer und bleibt in der Regel auch dann erhalten, wenn sich die politische Ordnung oder die Herrschaftsträger ändern. Um die Orientierungen gegenüber den politischen Herrschaftsträgern einer Gesellschaft zu untersuchen, werden Einstellungen gegenüber den Parteien, dem Parlament und der Regierung sowie gegenüber dem Rechtssystem analysiert. Die Repräsentanten der politischen Institutionen sind insbesondere von Bedeutung, wenn die demokratische Tradition eines Gesellschaftsraums und die Systemperformanz nur schwach ausgeprägt sind (vgl. Klingemann et al. 1991).

6.2.1 Politische Orientierungen in Deutschland

Politische Ordnung

Die politische Kultur in Westdeutschland entwickelte sich erst nach dem Zweiten Weltkrieg von einer Untertanenkultur[1] zu einer Staatsbürgerkultur, in welcher die Bevölkerung ihre demokratischen Rechte gesteigert wahrnimmt und sich aktiv am politischen Geschehen beteiligt. Während der gesamten ersten Hälfte des 20. Jahrhunderts bestand die deutsche politische Kultur aus einer Untertanenkultur, die sich auch mit dem Ende des Kaiserreichs und der Einführung der Weimarer Republik nicht änderte. Zahlreiche Forscher sind davon überzeugt, dass die erste Demokratie Deutschlands scheiterte, weil die politische Kultur zu jenem Zeitpunkt nicht passend und entwickelt genug war, wodurch die uneingeschränkte Unterstützung des neuen demokratischen Systems durch die Bevölkerung fehlte (vgl. Gabriel 1994; Almond/Verba 1989). Mit dem finalen Wandel der deutschen politischen Kultur erhielt das politische System in Deutschland schließlich die nötige Basis und damit die nötige Unterstützung und Überzeugung der Bürger von der demokratischen Ordnung.

Isabell Thaidigsmann führte Meinungsumfragen zur Demokratie und ihren Merkmalen durch, um die deutschen Bevölkerungsorientierungen zur politischen Ordnung seit dem Zweiten Weltkrieg zu untersuchen (Thaidigsmann 2009, S. 101). Umfragen, sowohl in Westdeutschland als auch in den neuen Bundes-

---

1 Die Untertanen- oder Subjekt-Kultur bezeichnet nach Almond/Verba eine politische Kultur, in welcher die Bevölkerung die politischen Objekte rein passiv wahrnimmt. Die Bürger realisieren bestehende politische Strukturen und beurteilen diese, ohne aktiv in deren Entwicklung einzugreifen und sich am politischen Geschehen zu beteiligen (Westle/Gabriel 2009, S.19).

ländern, ergaben positive Orientierungen der Bürger hinsichtlich des demokratischen Systems in Deutschland, auch wenn die Einstellungen der Ostdeutschen weniger fest in der Bevölkerung verwurzelt zu sein scheinen, als in der westdeutschen Bevölkerung. Im Jahr 2013 waren 70 Prozent der gesamtdeutschen Bevölkerung mit der Art und Weise wie die Demokratie in Deutschland funktioniert, zufrieden (Europäische Kommission 2013, S. 57). Es lässt sich zusammenfassend feststellen, dass die Deutschen die politische Ordnung ihres Landes unterstützen.

Politische Gemeinschaft

Die Bevölkerungsorientierungen zur politischen Gemeinschaft, welche vordergründig das Zusammengehörigkeitsgefühl einer Nation beschreiben, können unter anderem anhand von Meinungsumfragen zum Nationalstolz gemessen werden. Ein hoher Grad nationaler Identifikation lässt auf eine hohe Unterstützung der politischen Gemeinschaften schließen. Es ist äußerst wichtig für das Überleben eines politischen Systems, dass ein Volk einen gewissen Grad an Patriotismus und Stolz für sein Land in sich trägt. In Deutschland wird das jedoch auf Grund der Geschehnisse unter dem NS-Regime stets mit einem kritischen Auge beobachtet. In Westdeutschland wurde in der zweiten Hälfte des vergangenen Jahrhunderts als Folge des Hitler-Regimes meist ein relativ geringer nationaler Stolz erfasst, welcher mit der zunehmenden demokratischen Etablierung und schließlich mit der deutschen Wiedervereinigung jedoch langsam wieder anwuchs (Westle/Gabriel 2009, S. 64ff.). Bis heute liegen die deutschen Werte jedoch unter dem EU-Durchschnitt, nach Messungen des World Value Surveys aus dem Jahr 2006 lagen die Deutschen mit Bulgarien sogar an letzter Stelle. Etwa 72 Prozent der Deutschen gaben an, stolz auf ihr Land zu sein.

Politische Herrschaftsträger

Die Bevölkerungsorientierungen gegenüber der politischen Gemeinschaft und dem politischen Regime gelten als ausschlaggebende Faktoren für die Existenz eines politischen Systems wie das der Demokratie. Eine weitere Bedingung, welche die Politische-Kultur-Forschung aufstellt, ist neben der mehrheitlichen Unterstützung des politischen Systems eines Staats die Notwendigkeit von Vertrauen der Bürger in die politische Führungselite (Craig 1993). Denn in komplexen Demokratien, wie wir sie heute innerhalb der Europäischen Union vorfinden, sind politische Eliten unerlässlich für ihr dauerhaftes Funktionieren.

Melanie Walter-Rogg ging der Frage nach, in welchem Ausmaß in der deutschen Bevölkerung Vertrauen gegenüber den politischen Herrschaftsträgern vorhanden ist (Walter-Rogg 2009, S. 138ff.). Dabei konzentrierte sie sich auf die Orientierungen der Bürger gegenüber der deutschen Regierung, den politischen Parteien und den Politikern in Deutschland. Ihre Untersuchungen ergaben, dass sich die Zufriedenheit der gesamtdeutschen Bevölkerung mit der Regierungsarbeit seit der Wiedervereinigung im mittleren Bereich befindet und gelegentlichen Schwankungen unterworfen ist. Das Vertrauen in politische Parteien fiel sogar leicht negativ aus. Bei den ostdeutschen Bundesländern wurde zudem beobachtet, dass sich hier bisher noch keine stabile Parteiidentifikation entwickelt hat und die Wahlen stark von den jeweiligen Kandidaten und deren Themen beeinflusst sind. Im Jahr 2009 sprachen in Erhebungen der Europäischen Kommission im Eurobarometer 24 Prozent der gesamtdeutschen Bürger den Parteien ihr Vertrauen aus. Was die Bevölkerungsorientierungen gegenüber den deutschen Politikern direkt angeht, so konnte seit den 1990er Jahren ein deutlicher Rückgang der Zufriedenheit festgestellt werden. Im Jahr 2001 fühlten sich lediglich 27 Prozent der Westdeutschen und 15 Prozent der Ostdeutschen von den politischen Eliten akzeptabel vertreten (Walter-Rogg 2009, S. 179).

Fasst man diese Ergebnisse deutscher Bevölkerungsorientierungen zusammen und betrachtet sie im Hinblick auf Eastons Hypothese der Unterstützungshierarchie, dann fällt auf, dass die deutschen Orientierungen dieser Hypothese widersprechen. Denn Easton nimmt in seinem Konzept der politischen Unterstützung an, dass zur Gewährleistung der Stabilität eines politischen Systems die diffuse Unterstützung der politischen Gemeinschaft und die diffuse Unterstützung der politischen Ordnung weiter verbreitet sein sollten als die spezifische Unterstützung der amtierenden politischen Herrschaftsträger (Easton 1965, 1975). Während – entsprechend dieser Theorie – die Unterstützung der politischen Ordnung in Deutschland stets den ersten Platz einnahm, bleibt die Unterstützung der politischen Gemeinschaft in Form von Nationalstolz oder sozialem Vertrauen meist hinter der spezifischen Unterstützung der politischen Herrschaftsträger, das heißt der deutschen Bundesregierung und ihrer Leistungen, zurück. Dennoch konnte man während dieser Jahre nicht beobachten, dass die Stabilität des demokratischen Systems in Deutschland in Gefahr gewesen wäre. Als mögliche Erklärung für die Abweichung von Eastons Theorie führt S. Isabell Thaidigsmann eine möglicherweise sehr geringe Bindung an die politische Gemeinschaft der Deutschen an. Andernfalls können die Ergebnisse auch aufgrund ungünstig genutzter Indikatoren entstanden sein.

Europäische Union

Untersucht man die Einstellungen der deutschen Bevölkerung hinsichtlich der Europäischen Union, ergibt sich ein gemischtes Bild. So war im Frühjahr 2013 die Hälfte der deutschen Bürger mit der Funktionsweise der Demokratie in der EU zufrieden, eine Steigerung um sieben Prozent verglichen mit dem Jahr 2006.

Umfragen zum Europastolz aus dem Jahr 2006 ergaben jedoch, dass nur knapp die Hälfte der Deutschen stolz darauf ist, Europäer zu sein, womit

Deutschland im unteren Mittelfeld liegt. Als zweiter Indikator zur Untersuchung der Orientierungen zur politischen Gemeinschaft wird die Verbundenheit mit der EU analysiert. Anfang 2013 fühlten sich 56 Prozent der Deutschen mit der EU verbunden. Über zwei Drittel der Bürger sehen sich zumindest als Bürger der EU. 29 Prozent der deutschen Bevölkerung gaben dahingegen an, sich nur mit Deutschland verbunden zu fühlen.

Das Vertrauen in die politischen Herrschaftsträger hat seit Beginn der Eurokrise in den meisten EU-Staaten abgenommen, jedoch nicht in dem Ausmaß, in dem es in Spanien der Fall gewesen ist. Hatten vor der Krise im Jahr 2006 noch 38 Prozent Vertrauen in die EU als Gesamtkonstrukt, so waren es im Frühjahr 2013 noch 30 Prozent, womit Deutschland im Mittelfeld im Bezug auf diese Frage liegt.

Das Vertrauen in das Europäische Parlament liegt etwas höher bei 58 Prozent im Jahr 2007 und bei 45 Prozent im Herbst 2012 – auch hier liegen die Werte im Mittelfeld. Der Europäischen Kommission vertraute 2007 noch etwa die Hälfte der Bürger, 2012 waren es jedoch nur noch 39 Prozent, womit sich Deutschland im unteren Drittel der EU-Staaten befindet. Das Vertrauen in den Rat der EU nahm seit 2007 dahingegen nur leicht ab, im Herbst 2012 sprachen ihm noch ein Drittel der Deutschen das Vertrauen aus. Die größten Verluste musste die EZB hinnehmen. Das Vertrauen in das europäische Geldinstitut sank zwischen 2007 und 2012 von 65 Prozent auf 40 Prozent. Auch diese Entwicklung ist im Vergleich mit den anderen EU-Staaten nicht außergewöhnlich. Über die Hälfte der EU-Bürger haben im Jahr 2013 der EZB gegenüber Misstrauen empfunden (Europäische Kommission 2013, S. 94).

Zwischenfazit

Die politische Kultur Deutschlands ist 25 Jahre nach der Wiedervereinigung gekennzeichnet durch eine stabile demokratische Ordnung, die mehrheitlich durch die Bevölkerung unterstützt wird. Auffällig ist jedoch, dass die spezifische Unterstützung der politischen Herrschaftsträger stärker ausgeprägt zu sein scheint, als die diffuse Unterstützung der politischen Gemeinschaft. Der geringe Nationalstolz der Deutschen könnte darauf hindeuten, dass die Bindung an die politische Gemeinschaft noch nicht so gefestigt ist, wie das bei sehr viel länger bestehenden politischen Kulturen der Fall ist.

Auf europäischer Ebene hingegen scheinen die Ergebnisse des Eurobarometers in eine andere Richtung zu weisen. Hier sind die deutschen Orientierungen hinsichtlich der politischen Objekte zwar noch jung und nicht sehr tief ausgeprägt, dennoch unterstützen bereits heute über die Hälfte der deutschen Bevölkerung die politische Ordnung der Europäischen Union und fühlen sich mit der EU und ihrer politischen Gemeinschaft verbunden. Diese Verbundenheit blieb während der Krisenjahre 2007 bis 2013 konstant, wohingegen das Vertrauen in die politischen Herrschaftsträger der EU krisenbedingt abgenommen hat. Hier scheint demnach Eastons Theorie zuzutreffen, die diffuse Unterstützung der politischen Ordnung und die diffuse Unterstützung der politischen Gemeinschaft scheint weiter verbreitet und stabiler zu sein als die spezifische Unterstützung der amtierenden politischen Herrschaftsträger.

6.2.2 Politische Orientierungen in Frankreich

Das Denken und Handeln der Franzosen ist wie in kaum einem anderen Land von seiner Historie geprägt und folgt einer lange bestehenden demokratischen Tradition (Ziebura 2003, S. 297ff.). Die Demokratie als politische Ordnungsform setzte sich im Zuge der französischen Revolution in Frankreich in ersten Ausprägungen bereits im 18. Jahrhundert durch und entwickelte sich seitdem kontinuierlich fort. Ganz im Sinne der jakobinisch-zentralistischen Tradition und des Gaullismus war die Entwicklung des französischen Nationalstaats stets untrennbar verbunden mit der Entwicklung der Demokratie (Schild 2002, S. 46). Heute sieht sich Frankreich den politischen und gesellschaftlichen Herausforderungen des europäischen Integrationsprozesses gegenüber. Die tiefe Verwurzelung des souveränen Nationalstaats, als Teil der politischen Identität Frankreichs, erschwert es den Franzosen, sich an die neuen europäischen Integrationsstrukturen anzupassen. Es ist daher interessant zu erfahren, ob sich die politische Kultur in Frankreich in den vergangenen 50 Jahren im Zuge der Europäisierung verändert hat und inwieweit sich die französische Bevölkerung der europäischen Idee geöffnet hat. Die nachfolgenden Ergebnisse beziehen sich auf Erhebungen des Eurobarometers zwischen 1999 und 2013 sowie auf die Ergebnisse der vierten[2] und fünften[3] Erhebungswelle des World Value Surveys (WVS).[4]

Politische Ordnung

Um die Orientierungen zur politischen Ordnung Frankreichs zu untersuchen, wird im Folgenden zwischen Messungen zur Unterstützung der Demokratie als Idee und der Beurteilung der Umsetzung der demokratischen Idee in der Wirklichkeit unterschieden. Umfragen des WVS zur Demokratie, als ideale politische Ordnungsform, ergaben in Frankreich über den gesamten Zeitraum stabile Werte, zwischen 1981 und 2006 befürworteten etwa 90 Prozent der Franzosen das demokratische System als bestmögliche Ordnungsform.

---

2 Der aggregierte Datensatz zur 4. Welle des WVS beinhaltet Erhebungen der Jahre 1981, 1990, 1995/1998 sowie 1999/2000.

3 Die 5. Welle des WVS beinhaltet Erhebungen aus den Jahren 2006-2008.

4 World Value Survey, http://www.wvsevsdb.com/wvs/WVSAnalizeStudy.jsp.

Messungen des Eurobarometers zu Bewertungen hinsichtlich der Umsetzung der demokratischen Ordnung in der Realität ergaben weniger eindeutige Ergebnisse. In den westeuropäischen Staaten fallen die Beurteilungen vorwiegend mittelmäßig aus, so auch in Frankreich. In den vergangenen zehn Jahren waren die Orientierungen deutlichen Schwankungen ausgesetzt. Im Frühjahr 2013 lag die Zufriedenheit der Franzosen mit der Funktionsweise der nationalen Demokratie bei 60 Prozent, etwa dem Mittelwert der vergangenen Jahre entsprechend.

Politische Gemeinschaft

> „Man (ist) Franzose durch den Gebrauch einer Sprache, durch das Lernen einer Kultur, durch den Willen, am wirtschaftlichen und politischen Leben teilzunehmen."

fasst die Soziologin Dominique Schnapper die Einstellung der französischen Bürger gegenüber ihrer Nation zusammen (Kempf 2007, S. 24). Um die Unterstützung der nationalen politischen Gemeinschaften zu untersuchen, wird das Ausmaß des Nationalstolzes untersucht. In einigen europäischen Ländern, insbesondere in Deutschland, aber auch in Holland, Belgien, Frankreich und Luxemburg, hat der Begriff „Nationalstolz" wie bereits erwähnt vor allem aufgrund des Nationalsozialismus während des Zweiten Weltkrieges ein negatives Image. Nur wenige Länder sehen den Nationalstolz als ihre „Bürgerpflicht" an (Westle/Gabriel 2009, S. 253f.).

Das Bekenntnis zur französischen Nation ist bei den französischen Bürgern tief verankert und so ergaben Erhebungen des Eurobarometers und des World Value Survey ein überwiegend hohes Ausmaß an Nationalstolz, welcher in den Jahren 1999 bis 2006 zwischen 85 Prozent und 89 Prozent lag.

Ein weiterer Indikator, welcher häufig zur Bemessung der Bevölkerungsorientierungen gegenüber der politischen Gemeinschaft verwendet wird, ist die Verbundenheit mit dem eigenen Land. Hierzu werden die Bürger befragt, ob sie sich eher dem Ort oder der Stadt, der Region oder dem Bundesland, dem Land insgesamt, einem anderen Land oder Europa zugehörig fühlen (Westle/Gabriel 2009, S. 260ff.). 2010 bestand für 95 Prozent der französischen Bürger eine tiefe Verbundenheit zu ihrem Land, 81 Prozent fühlen sich zudem ihrer Region und 73 Prozent ihrer Stadt zugehörig, wobei die Zugehörigkeit zu einer Stadt im Zuge der Globalisierung und veränderter Arbeitsmarktbedingungen jedoch zunehmend an Bedeutung verliert.

Insgesamt lässt sich in Frankreich somit ein hoher Unterstützungsgrad der politischen Gemeinschaft feststellen.

Politische Herrschaftsträger

Zur Untersuchung der Bevölkerungsorientierungen gegenüber politischen Herrschaftsträgern unterscheiden Forscher zwischen den Ebenen „einzelne Akteure“, „amtierende Regierung“, „Opposition“ und „die Gesamtheit der politischen Akteure“ (Westle/Gabriel 2009, S. 379). Eine anwachsende Unzufriedenheit der Bürger auf einer der Ebenen kann langfristig eine Abfärbung auf alle weiteren Ebenen zur Folge haben. Final kann diese Unzufriedenheit als diffuse Unmut gegen die ordnungspolitischen Rahmenbedingungen heranwachsen, welches die Stabilität des politischen Systems in Gefahr bringen könnte.

Um die Orientierungen der französischen Bürger auf diesen Ebenen zu untersuchen, werden als Indikatoren Erhebungen zum Vertrauen der Bevölkerung in die nationalen Parteien, zur Zufriedenheit mit der nationalen Regierung sowie zum Vertrauen in die Regierung, in das Parlament und in das Rechtssystem Frankreichs verwendet.

Den politischen Herrschaftsträgern wird im Kontrast zu den positiven Einstellungen gegenüber der politischen Gemeinschaft traditionell mit großem Misstrauen begegnet. Staatliche Eingriffe werden abgelehnt und dennoch stellen die Bürger enorm hohe Anforderungen an die politische Elite und sehen den Zentralstaat in der Verantwortung all ihre Probleme zu lösen (Schild 2005, S. 20f.).

Das Vertrauen der Bürger in die politischen Parteien lag in den vergangenen 20 Jahren in Frankreich, aber auch in zahlreichen anderen mitteleuropäischen Staaten, auf einem sehr niedrigen Niveau. Zwischen 1999 und 2013 hatten weniger als ein Viertel der französischen Bevölkerung Vertrauen in die nationalen politischen Parteien. Das Vertrauen in die Regierung lag in den Jahren 2006 bis 2013 ein wenig höher, bei etwa 30 Prozent. Eine Ausnahme bildete das Wahljahr 2012, in welchem nahezu die Hälfte aller Bürger der Regierung ihr Vertrauen aussprach. Das Vertrauen in das französische Parlament lag 2013 nur geringfügig höher, bei etwa einem Drittel der Bevölkerung. Über die Hälfte der französischen Bürger scheinen demnach den politischen Herrschaftsträgern Frankreichs zu misstrauen.

Ein vereinzelter Anstieg nach den Wahlen im Jahr 2012 lässt sich auch bei dem Vertrauen der Bürger in das französische Rechtssystem feststellen. Etwa zwei Drittel der Franzosen sprachen hier dem französischen Rechtsstaat ihr Vertrauen aus, im Jahr 2013 ergaben Messungen des Eurobarometers wieder einen Rückgang auf etwa 53 Prozent, womit die Zahl im Rahmen des langjährigen Mittelwerts liegt.

Die relativ hohe Unzufriedenheit der Bevölkerung mit den politischen Institutionen und ihren Akteuren wird von zahlreichen Forschern damit begründet, dass die tatsächliche Leistung der politischen Herrschaftsträger im Vergleich zu früher schlechter geworden ist und dass die politischen Aufgaben durch die Globalisierung und Internationalisierung komplexer geworden und damit schwieriger erfolgreich zu bewältigen sind (u.a. Hardin 2000; Crozier et al. 1976). Andere führen wiederum an, dass die Bevölkerung selbstbewusster geworden ist und höhere Leistungsforderungen an die politische Elite stellt. Ebenfalls scheinen sich die Bürger selbst heute als politisch kompetenter einzuschätzen und äußern daher schneller und häufiger Kritik und Unzufriedenheit (u.a. Westle 1989; Inglehart 1999; Dalton 2000). Als weiteres Argument findet die zunehmende Politikverdrossenheit durch negative Medienberichterstattung Anwendung.

Europäische Union

Untersuchungen zu den Einstellungen der französischen Bevölkerung gegenüber der Europäischen Union ergeben im Vergleich zu den Einstellungen gegenüber den nationalen politischen Objekten weit schlechtere Zahlen. Sichtbar wurde der Euroskeptizismus der französischen Bevölkerung in dem gescheiterten Referendum im Jahr 2005 zum europäischen Verfassungsvertrag. Nur durch eine Abänderung der französischen Verfassung konnte ein weiteres Referendum zur Abstimmung über den abgeänderten Vertrag nach jahrelanger Denkpause umgangen und schließlich im französischen Parlament ratifiziert werden. Das Scheitern des Referendums und die zurückhaltende Bewertung der Europäischen Integration durch die französische Bevölkerung werden häufig mit dem stark ausgeprägten nationalen Identitätsgefühl der Franzosen begründet. Zudem gilt das Votum als Kritik an der Entwicklung der Europäischen Union und ihrer Marktintegration, welche zunehmend als Bedrohung des französischen Sozialmodells wahrgenommen wird (Schild 2012, S. 59).

Im Jahr 2013 war nur die Hälfte der Franzosen mit der Funktionsweise der Demokratie in der Europäischen Union zufrieden, ein Wert, der seit 15 Jahren stabil war und von der Eurokrise kaum beeinträchtigt wurde.

Auch die Bindung zur europäischen politischen Gemeinschaft ist nicht vergleichbar mit der Unterstützung der nationalen Gemeinschaft. Letzte Umfragen zum Europastolz ergaben, dass etwa 60 Prozent der französischen Bürger stolz darauf sind, Europäer zu sein (Europäische Kommission 2006, S. 115). Mit der EU verbunden fühlt sich überdies nur etwa die Hälfte der französischen Bevölkerung. Auch dieses Ergebnis hielt sich über die vergangenen 20 Jahre konstant.

Untersucht man ferner die Einstellungen zu den politischen Herrschaftsträgern der EU, so fällt auf, dass 40 Prozent der Franzosen der Europäischen Kommission im Jahr 2013 vertrauten und ihr damit mehr Vertrauen schenkten als der französischen Regierung. Dem Europäischen Parlament vertrauen 42 Prozent der Befragten, wohingegen dem Ministerrat sowie der EZB mehrheitlich ein deutliches Misstrauen entgegengebracht wurde (Europäische Kommission 2013). Der EU insgesamt sprachen im Frühjahr 2013 nur ein Drittel der französischen Bürger das Vertrauen aus. Der Vergleich mit Messungen des Eurobarometers in den Jahren zuvor zeigt einen starken Rückgang des Vertrauens in die politischen Herrschaftsträger der EU, was vermutlich auf die Eurokrise und auf einen daraus resultierenden Euroskeptizismus zurückzuführen ist.

Zwischenfazit

Die politische Kultur Frankreichs blickt auf eine sehr viel längere und konstantere demokratische Tradition zurück, als dies in anderen EU-Staaten der Fall ist. Die enge Verbindung zwischen der Demokratieentwicklung und der Entwicklung Frankreichs zu einem souveränen Nationalstaat seit dem 18. Jahrhundert ermöglicht eine hohe Stabilität im politischen System Frankreichs. Die ausgeprägte Staatsidentität erschwert jedoch andererseits bis heute den Anpassungsprozess der Franzosen an die neuen gesellschaftlichen und politischen Strukturen, die im Zuge der europäischen Integration innerhalb der EU entstanden sind. Frankreich versucht sehr viel stärker als Deutschland, an der Unabhängigkeit des unitarisch-zentralistischen Nationalstaats festzuhalten und hemmt damit die französische Europapolitik.

Nachdem die keynesianische Wirtschaftspolitik Frankreichs in den 1980er Jahren aufgrund externer Faktoren der globalisierungsgetriebenen Wirtschaft scheiterte und die außenpolitische Rolle Frankreichs im Zuge der Beendigung des Ost-West-Konflikts an Gewicht zu verlieren drohte, erfolgte in der politischen und gesellschaftlichen Elite Frankreichs jedoch ein Paradigmenwechsel, der zu einer tiefen Spaltung in der Parteienlandschaft führte (Schild 2002, S. 49; Schild 2012). Die Neogaullisten verfolgten von nun an das europäische Modell, in welchem sie die französische Staatsidentität auf die europäische Ebene übertragen wollten und mit der Europäischen Integration die Chance sahen, ihren Einfluss auf Europa als „puissance" auszuweiten, um auf europäischer Ebene die politischen Ziele zu erreichen, die auf nationaler Ebene nicht zu verwirklichen waren – die aktive Bekämpfung der Arbeitslosigkeit und eine Konjunktursteuerung durch eine koordinierte Wirtschafts- und Haushaltspolitik (Schild 2002, S. 53f.). Dem entgegen standen nationalrepublikanische Bewegungen, die eine Rückkehr zum französischen Republikanismus mit seinen egalitären Werten und die Abkehr von der europäischen Integration, dem Globalisierungsprozess und der Abgabe von Souveränität an die EU-Institutionen forderten.

Die Europadebatte erreicht in Frankreich nicht nur die politische Elite, sondern dringt tief in die französische Gesellschaft ein. So geht der politische Graben durch die gesamte französische Bevölkerung. Die Gewerkschaften stehen dem Europäisierungsprozess kritisch gegenüber und globalisierungskritische Bewegungen finden mehr Anhänger, als dies in Deutschland der Fall ist. Joachim Schild bemerkt darüber hinaus jedoch, dass die EU in Frankreich häufig als Bollwerk gegen die USA und die Auswirkungen der Globalisierung verstanden wird, was zur Entstehung einer europäischen Identifikation in der französischen Bevölkerung beiträgt (Schild 2002, S. 54).

Solange eine Mehrheit der französischen Bürger die Europäisierung französischer Politikbereiche als Chance versteht, nationale Ziele effektiv umzusetzen und hier auch Erfolge sieht, wird sich die Bevölkerung nicht gegen weitere Integrationsschritte stellen. Ob die tiefe Verwurzelung nationalstaatlicher Traditionen jedoch zugunsten der Herausbildung einer europäischen Identität überwunden werden können, bleibt fraglich.

6.2.3 Politische Orientierungen in Großbritannien

Gabriel Almond und Sidney Verba stellten 1963 in ihrer Studie „The Civic Culture" die Behauptung auf, dass Großbritannien mit seiner politischen Mischkultur aus parochialen, partizipativen und Untertanen-Elementen über eine sehr viel stabilere Demokratie verfügt, als es in Frankreich oder Deutschland der Fall ist. Denn mit der Durchsetzung der Bill of Rights wurden im Vereinigten Königreich bereits über 100 Jahre vor der französischen Revolution erste demokratische Strukturen errichtet, die ohne Unterbrechungen bis zum heutigen Tage bestehen. Dennoch unterscheidet sich das politische System und die politische Kultur Großbritanniens deutlich von den politischen Kulturen anderer EU-Staaten. So existieren große Unterschiede zwischen dem deutschen Rechtsstaat und der britischen „Rule of Law". Hier steht britisches Gewohnheitsrecht, das von Richtern gestaltet wird, dem deutschen Grundgesetz gegenüber, welches von Richtern lediglich angewandt wird. Die britische Legislative ist dabei vollkommen souverän und wird nicht wie in Deutschland durch ein Bundesverfassungsgericht kontrolliert.

Politische Ordnung

Um die derzeitigen Orientierungen der Briten hinsichtlich ihrer politischen Ordnung zu analysieren, wurden auch hier Erhebungen des World Value Survey sowie des Eurobarometers herangezogen. Messungen der Jahre 1990 bis 2006 zeigen, dass über 90 Prozent der britischen Bevölkerung die demokratische Ordnungsform befürworten. Die Funktionsfähigkeit der Demokratie in Großbritannien schneidet dahingegen eher mittelmäßig ab. Im Frühjahr 2013 bewertete nur etwa die Hälfte der Briten die Funktionsfähigkeit der Demokratie im Vereinigten Königreich als zufriedenstellend.

Politische Gemeinschaft

Die Orientierungen der britischen Bevölkerung gegenüber der politischen Gemeinschaft werden mit Hilfe von Messungen des Nationalstolzes sowie der Verbundenheit mit dem eigenen Land aufgezeigt.

Erhebungen zum Nationalstolz ergaben in Großbritannien ähnliche Daten wie in anderen westeuropäischen EU-Staaten. Ein Großteil der britischen Bevölkerung, im Durchschnitt etwa 90 Prozent, gaben zwischen 1990 und 2006 an, stolz auf ihr Land zu sein. Auch die nationale Verbundenheit ist im Vereinigten Königreich sehr ausgeprägt. Bettina Westle hat in ihrer Studie zur politischen Gemeinschaft einen Zusammenhang zwischen dem allgemeinen Nationalstolz und den affektiven Bindungen an die Nation sowie an subnationale und supranationale Einheiten hergestellt (Westle 2009, S. 282). Eine starke Bindung zur Nation steht demnach meist in Verbindung mit einem deutlich ausgeprägten Nationalstolz. Bürger, die sich vorwiegend Europa oder der Welt zugehörig fühlen, verfügen meist nur über einen schwach ausgeprägten Nationalstolz. Auch neue Daten bestätigen dies, denn in Großbritannien sind sowohl der Nationalstolz als auch die Bindung zur Nation stark ausgeprägt. Der EU fühlt sich nur eine Minderheit der Briten zugehörig.

Darüber hinaus bestätigten im Jahr 2010 etwa 91 Prozent der Briten, sich mit ihrem Land verbunden zu fühlen. Eine ähnlich hohe Verbundenheit bestand auch gegenüber der Region und der Stadt.

Zusammenfassend besteht demnach auch in Großbritannien ein hoher Unterstützungsgrad der politischen Gemeinschaft.

Politische Herrschaftsträger

Um die Orientierungen der britischen Bürger hinsichtlich der politischen Herrschaftsträger in Großbritannien zu untersuchen, werden Messungen zum Vertrauen der Bevölkerung in die nationalen Parteien, zur Zufriedenheit mit der nationalen Regierung sowie zum Vertrauen in die Regierung, in das Parlament und in das Rechtssystem Großbritanniens verwendet.

Umfragen zum Vertrauen der Bürger in die politischen Parteien ergaben auch in Großbritannien relativ niedrige Werte. Zwischen 2006 und 2013 hatten nur durchschnittlich 18 Prozent der britischen Bevölkerung Vertrauen in die nationalen politischen Parteien. Mehr als zwei Drittel der britischen Bürger sprachen der Regierung in der gleichen Zeitspanne ihr Misstrauen aus. Das Vertrauen in das britische Parlament hat seit Beginn der Eurokrise 2007 abgenommen und lag im Jahr 2013 bei 25 Prozent.

Dem britischen Rechtssystem vertraut etwa die Hälfte der Bevölkerung des Vereinigten Königreichs, was dem europäischen Durchschnitt entspricht.

Europäische Union

Großbritannien zählt zu den europaskeptischsten Ländern der Europäischen Union. Die einseitige, vorwiegend negative Berichterstattung der britischen Medien trägt ihren Teil dazu bei, dass die Orientierungen der Bevölkerung gegenüber der Europäischen Union vorwiegend negativ sind. Darüber hinaus haben die Briten seit jeher Schwierigkeiten sich als Europäer zu identifizieren, was unter anderem auf seine geografische Exposition zurückzuführen ist.

So war die Hälfte der Briten im Jahr 2013 mit der Funktionsweise der Demokratie in der EU unzufrieden und nur ein Drittel der britischen Bürger war bei der letzten Umfrage des Eurobarometers aus dem Jahr 2006 stolz darauf, Europäer zu sein (Europäische Kommission 2006, S. 116). Auch die geringe Verbundenheit der Briten mit der EU während der vergangenen zehn Jahre ist ein Hinweis darauf, dass in Großbritannien keine Bindung an die politische Gemeinschaft entsteht und keine Anpassung der politischen Kultur an die Europäische Union stattfindet. Nur ein Drittel der Briten fühlten sich 2012 mit der Europäischen Union verbunden.

Auch die Einstellungen zu den politischen Herrschaftsträgern der EU fallen seit jeher negativ aus. Mit der Eurokrise sanken die Vertrauenswerte nun auf Rekordtiefststände. Während zu Beginn der Finanzkrise 2007 noch etwa ein Drittel der britischen Bevölkerung dem Europäischen Parlament und der EU-Kommission ihr Vertrauen aussprach, waren es im Jahr 2012 gerade noch ein Viertel der Bürger (Europäische Kommission 2013, S. 93ff.). Dem Ministerrat sprach im Frühjahr 2013 über die Hälfte der Briten in Umfragen des Eurobarometers das Misstrauen aus. Der EU als Gesamtkonstrukt vertrauten im Herbst 2013 nur 19 Prozent, womit die Werte auf dem tiefsten Stand seit 2004 liegen (Europäische Kommission 2013, S. 33).

Zwischenfazit

Großbritannien fühlt sich seit jeher sowohl aus historischen als auch aus geografischen Gründen nicht mit dem europäischen Kontinent verbunden. So nahm der Inselstaat zwischen 1999 und 2013 stets die letzten Plätze ein, wenn es um Vertrauen in die EU und ihre politischen Herrschaftsträger ging. In Jahren der sich vertiefenden Europäischen Integration konnten die britischen Bürger keine nachhaltige Bindung zur politischen Gemeinschaft aufbauen.

Die einseitige negative Medienberichterstattung sowie die euroskeptische Haltung der amtierenden Regierung unter Cameron haben die antieuropäische Haltung der Bevölkerung in den Jahren der Krise weiter verstärkt, sodass in einer Umfrage des Eurobarometers vom Frühjahr 2013 über die Hälfte der Briten der Aussage zustimmte, dass Großbritannien ohne eine Mitgliedschaft in der EU besser für die Zukunft gewappnet wäre (Europäische Kommission 2013,

S. 70). Mit Vorschlägen Camerons, die Freizügigkeit innerhalb der EU einschränken zu wollen, die Sozialleistungen für EU-Ausländer einzuschränken und ein Referendum über einen EU-Austritt abzuhalten, facht die Regierung die euroskeptische Stimmung in der Bevölkerung weiter an.

Doch um weitere Integrationsschritte in der EU zukünftig erfolgreich durchführen zu können, ist die Unterstützung und die demokratische Legitimierung der EU-Institutionen durch die Bevölkerung unabdingbar. Um die Defizite der EU zu beheben, besteht die Möglichkeit die Europäische Währungsunion von den restlichen EU-Staaten stärker zu trennen und nur dort weitere Integrationsschritte einzuleiten – was jedoch letztendlich der europäischen Einigungsidee zuwider laufen würde. Alternativ muss sich die britische Regierung entscheiden, ob sie entweder aus der EU austritt oder ob sie ein vollwertiges EU-Mitglied bleiben und die Europäische Integration unterstützen möchte. Damit dies erfolgreich gelingen kann, müsste jedoch auch die Bevölkerung hinter der EU stehen. Wichtig wäre deshalb, die Bevölkerung intensiv über die Funktionsweise und die Vorteile der EU aufzuklären, denn über die Hälfte der Briten geben an, nicht zu verstehen wie die Europäische Union funktioniert (Europäische Kommission 2013, S. 114). Überdies müsste die einseitige negative Berichterstattung über die EU aufhören, um den Bürgern die Möglichkeit zu eröffnen, sich ein unabhängiges Bild über die EU zu machen. Nur so besteht die Möglichkeit, mit der Zeit eine Bindung zur europäischen politischen Gemeinschaft aufzubauen, sodass die britische Bevölkerung eines Tages Teil einer europäischen Identität werden kann.

6.2.4 Politische Orientierungen in Spanien

Politische Ordnung

Spanien konnte sich als letztes westeuropäisches Land in den 1970er Jahren von der Diktatur befreien. Erst zu jenem Zeitpunkt fand schließlich ein Wandel statt, von der parochialen politischen Kultur hin zu einer partizipativen Untertanenkultur mit der Demokratie als vorherrschendes politisches Ordnungsprinzip.

So zeigten Messungen des World Value Survey in den Jahren 1990 bis 2006, dass über 90 Prozent der spanischen Bevölkerung die Demokratie als die ideale Ordnungsform betrachten. Mitglied der Europäischen Union zu sein, wurde als Garant für eine langfristige Etablierung eines stabilen, demokratischen Ordnungssystems in Spanien angesehen und so bewerteten vor dem Ausbruch der Euroschuldenkrise fast drei Viertel der Spanier die Funktionsfähigkeit der Demokratie in ihrem Land als positiv. Mit der Finanz- und Schuldenkrise in Spanien und den Sparmaßnahmen der spanischen Regierung, welche zu einem enormen Anstieg der Arbeitslosigkeit führte, nahm die Zufriedenheit der Bürger mit der Demokratie in Spanien jedoch radikal ab. Die pessimistische Stimmung der Spanier aufgrund der schlechten Wirtschaftslage übertrug sich auf die Wahrnehmung der Politik. War es im Jahr 2010 noch die Hälfte der Bevölkerung, die mit der Demokratie in ihrem Land zufrieden war, bewerteten im Frühjahr 2013 nur noch 23 Prozent der Bürger die Funktionsfähigkeit als zufriedenstellend.

Dies veranschaulicht das Misstrauen der Bürger gegenüber den politischen und gesellschaftlichen Eliten in Spanien und zeigt, wie instabil die demokratische Ordnung in Spanien bis heute ist.

Politische Gemeinschaft

Die politische Gemeinschaft wird von der spanischen Bevölkerung dahingegen mehrheitlich unterstützt. Untersuchungen des spanischen Nationalstolzes zeigen, dass in den letzten 15 Jahren durchschnittlich fast 90 Prozent der Spanier angaben, stolz auf ihr Land zu sein. Zudem fühlen sich die spanischen Bürger sehr mit ihrer Stadt, ihrem Land und ihrer Region verbunden. Die Verbundenheit mit ihrer Region ist mit 90 Prozent besonders stark ausgeprägt, was sogar zu Separationsbewegungen in vereinzelten Regionen, wie etwa in Katalonien, führt. Mit ihrer Stadt fühlen sich sogar 93 Prozent der spanischen Bürger verbunden (Europäische Kommission 2010, S. 69).

Insgesamt lässt sich in Spanien folglich ein hoher Unterstützungsgrad der politischen Gemeinschaft feststellen.

Politische Herrschaftsträger

Die Spaltungen, die Franco mit seinem Diktatorenregime der spanischen Bevölkerung zugefügt hat, sind noch immer nicht vollkommen überwunden und so herrscht bis heute ein großes Misstrauen der spanischen Bürger gegenüber den soziopolitischen Eliten. Deutlich wird dies anhand der Messungen der Einstellungen gegenüber den politischen Herrschaftsträgern in Spanien.

So hatte im Jahr 2007 noch ein Drittel der Spanier Vertrauen in die politischen Parteien, im Frühjahr 2013 war dieses Vertrauen auf fünf Prozent gesunken, womit Spanien nach Griechenland und Slowenien den niedrigsten Wert innerhalb der EU aufwies.

Ähnlich verhält es sich mit dem Vertrauen der Spanier in die nationale Regierung und in das Parlament. In Umfragen des Eurobarometers sprach im Herbst 2007 noch etwa die Hälfte der Bevölkerung der Regierung und 42 Prozent dem Parlament das Vertrauen aus. Mit der Unzufriedenheit über das Krisenmanagement der Politiker sank schließlich auch hier in den vergangenen Jahren das Vertrauen immens, sodass das Vertrauen gegenüber der Regierung im Frühjahr 2013 nur noch bei acht Prozent lag. Dem Parlament vertrauten nur noch sieben Prozent der spanischen Bürger. Auch in dieser Frage besetzten die Spanier den letzten Rang und lagen damit noch hinter Griechenland und Slowenien.

Diese hohen Vertrauensverluste in nur fünf Jahren zeigen, wie instabil die politische Kultur und wie wenig gefestigt die gemeinschaftliche Überzeugung, hinsichtlich des demokratischen politischen Systems, in Spanien bis heute ist.

Europäische Union

Mit dem Beitritt zur Europäischen Union ging für die spanische Bevölkerung ein langersehnter Traum in Erfüllung. Denn die EU schien den Erhalt und den Ausbau des jungen demokratischen Systems in Spanien zu garantieren und den Wohlstand zu fördern. Die Euphorie über den Wirtschaftsaufschwung in den ersten Jahren der Mitgliedschaft führte dem Schein nach zu einer Anpassung der politischen Kultur an die neuen Gegebenheiten der EU. Doch mit der Eurokrise und den damit verbundenen innenpolitischen Spannungen hat die Überzeugung von dem europäischen Projekt an Stärke verloren. Dennoch schneidet die Europäische Union in Erhebungen des Eurobarometers zu den Orientierungen der spanischen Bürger derzeit bedeutend besser ab, als die Indikatoren zur Messung der nationalen politischen Kultur.

Während 2006 noch 60 Prozent der Spanier mit der Funktionsweise der Demokratie in der EU zufrieden waren, war es im Frühjahr 2013 noch nicht mal mehr ein Drittel der Bevölkerung. Die Verbundenheit zur EU hat sich dahingegen in den Jahren der Krise nicht herausragend geändert. Etwa die Hälfte der Bürger fühlen sich als Spanier und als Europäer. Ein Drittel der Bevölkerung fühlt sich ausschließlich seinem Land verbunden. Mit der EU insgesamt fühlten sich in der letzten Erhebung von 2007 über 60 Prozent der spanischen Bürger verbunden. Ebenso viele Bürger waren im Jahr 2006 stolz darauf, Europäer zu sein.

Die größten Vertrauensverluste sind bei den politischen Herrschaftsträgern der EU zu verzeichnen. Haben in den Jahren 2007/2008 noch über die Hälfte der Spanier den europäischen Institutionen, das heißt dem Europäischen Parlament, der Kommission, dem Rat der EU sowie der EZB ihr Vertrauen ausgesprochen, waren es im Jahr 2013 nur noch zwischen 17 (EZB) und 25 (Europaparlament) Prozent. Das Vertrauen in die EU insgesamt erreichte 2013 mit 17 Prozent seinen Tiefststand, womit das krisengeschüttelte Land nach Zypern das geringste Vertrauen aufweist.

Zwischenfazit

Die Analyse der Indikatoren zur Messung der politischen Kultur Spaniens zeigt, dass die politische Kultur des Landes noch nicht ausreichend gefestigt ist, um eine Krise wie die Euroschuldenkrise unbeschadet zu überstehen. Die zentrale Hypothese Eastons, dass in stabilen politischen Systemen die diffuse Unterstützung der politischen Ordnung und die diffuse Unterstützung der politischen Gemeinschaft weiter verbreitet und stabiler sein sollte als die spezifische Unterstützung der amtierenden politischen Herrschaftsträger, traf in Spanien zwar vor Ausbruch der Krise zu. Doch die Auswirkungen des drastischen Wirtschaftseinbruchs und des Krisenmanagements der politischen Elite haben in Spanien zu politischer Instabilität und zu einer massiven Unzufriedenheit der Bevölkerung mit der demokratischen Funktionsweise und den politischen Herrschaftsträgern geführt. In keinem Land der EU ist das Vertrauen in die politische Elite derart eingebrochen. Die Finanzkrise hat sich zu einer sozialen Krise und einer Krise der Demokratie entwickelt.

Bemerkenswert dabei ist, dass das Vertrauen der Spanier in das System der Europäischen Union derzeit stärker ausgeprägt ist als das Vertrauen in das nationale politische System. Dennoch haben sich auch hier die Bewertungen in den vergangenen fünf Jahren massiv verschlechtert. Mit nur 17 Prozent der Bevölkerung, die der EU vertrauen, weist Spanien den schlechtesten Wert innerhalb der EU auf.

Dennoch stimmen nur 26 Prozent der Spanier der Aussage zu, dass Spanien ohne eine Mitgliedschaft in der EU besser für die Zukunft gewappnet wäre. Die Verbundenheit der Spanier in die EU ist nach wie vor ähnlich stark ausgeprägt wie in Deutschland und Frankreich, was als Hinweis darauf gedeutet werden kann, dass die spanische Bevölkerung sich mehr und mehr mit Europa identifiziert.

Doch die Krise zeigt, wie wenig gefestigt die politische Ordnung des noch jungen demokratischen Landes ist. Die Bevölkerung schafft es noch nicht, zwischen den verschiedenen Ebenen des politischen Systems zu differenzieren. Sie überträgt ihre Unzufriedenheit mit der Regierung und ihrem Krisenmanagement auf das demokratische Ordnungssystem an sich.

Die Finanzkrise scheint Ende 2013 zum größten Teil überwunden zu sein, das Hilfsprogramm der EU zur Stützung der spanischen Wirtschaft ist ausgelaufen, neue Finanzhilfen scheinen nicht mehr nötig zu sein. Doch damit Spanien zukünftig wieder als gewichtige Stimme in der EU wahrgenommen wird und weitere Integrationsschritte unterstützen kann, muss auch die soziale Krise überwunden werden.

6.2.5 Politische Orientierungen in Schweden

Politische Ordnung

Nach Finnland gilt das politische Ordnungssystem Schwedens als das demokratischste der Welt. Nahezu die gesamte Bevölkerung Schwedens unterstützt die Demokratie als Idee und bezeichnet sie als das ideale Ordnungssystem für ihr Land (World Values Survey Association 2006).

Im Gegensatz zu einer jungen Demokratie wie Spanien ist die Überzeugung der schwedischen Bevölkerung von ihrem politischen System so tief verwurzelt, dass die Bewertungen der politischen Objekte auch während der Finanzkrise unverändert stabil blieben oder sich sogar leicht verbessert haben. Während im Jahr 2006 knapp drei Viertel der Schweden die Funktionsfähigkeit der Demokratie in ihrem Land als zufriedenstellend bewertet haben, waren es im Frühjahr 2013 sogar 81 Prozent der Bürger.

Politische Gemeinschaft

Zur Analyse des Zusammenhalts der schwedischen Bevölkerung innerhalb der politischen Gemeinschaft werden als Indikatoren das Ausmaß des Nationalstolzes sowie die Verbundenheit mit dem eigenen Land, der Region und der Stadt herangezogen.

Dabei ergaben Erhebungen des Eurobarometers sowie des World Values Survey, dass im Jahr 2006 etwa 90 Prozent der schwedischen Bürger stolz auf ihr Land waren.

Die Verbundenheit mit dem eigenen Land ist in Schweden, wie in den meisten europäischen Ländern, stark ausgeprägt. 94 Prozent der Bürger fühlten sich im Jahr 2010 mit ihrem Land am stärksten verbunden. Die Verbundenheit zur Region ist mit 78 Prozent am geringsten ausgeprägt, mit ihrer Stadt fühlten sich 82 Prozent der Schweden verbunden (Europäische Kommission 2010, S. 69). Damit liegen die Bewertungen der Schweden im europäischen Mittelfeld.

Zusammenfassend lässt sich bestätigen, dass in Schweden ein hoher Unterstützungsgrad der politischen Gemeinschaft besteht.

Politische Herrschaftsträger

Hinsichtlich der Bewertungen der politischen Herrschaftsträger lässt sich bemerkenswerterweise feststellen, dass sich das Vertrauen der Bevölkerung seit Beginn der Finanzkrise maßgeblich verbessert hat. Während im Jahr 2007 nur 41 Prozent der Schweden der nationalen Regierung und 57 Prozent dem Parlament ihr Vertrauen ausgesprochen haben, waren es im Frühjahr 2013 60 Prozent, die der Regierung vertrauten und 68 Prozent, welche dem nationalen Parlament vertrauten.

Ähnlich verhält es sich bei der Bewertung der politischen Parteien. Während den politischen Parteien 2007 etwa ein Viertel der schwedischen Bevölkerung vertraute, waren es 2013 bereits 43 Prozent.

Europäische Union

Schweden hat ein sehr spezielles Verhältnis zur Europäischen Union, das von Misstrauen und wirtschaftlicher Abhängigkeit geprägt ist. Umso überraschender ist das Ergebnis der Umfragen zu den Orientierungen der schwedischen Bürger hinsichtlich der Europäischen Union.

Auch wenn schwedische Politiker im Zuge der andauernden Eurokrise verkündeten, ihre Abhängigkeit von der EU zukünftig verringern und sich verstärkt auf die Schwellenländer konzentrieren zu wollen, hat sich die Haltung der Bevölkerung gegenüber der Union seit Beginn der Finanzkrise kaum verändert. So war 2007 wie auch 2013 nahezu die Hälfte der Schweden mit der Funktionsweise der Demokratie in der EU zufrieden, womit die Bewertung nicht weit entfernt von den Ergebnissen der Kernländer der EU liegt.

Indikatoren, welche die Orientierungen der Bürger hinsichtlich der europäischen politischen Gemeinschaft messen, unterlagen ebenfalls keinen auffälligen Schwankungen, wie sie sich etwa in Spanien in Folge der Krise ereigneten. So fühlte sich im Jahr 2006 sowie im Frühjahr 2013 über die Hälfte der schwedischen Bevölkerung sowohl als Schweden als auch als Europäer. Nur fünf Prozent der Bürger fühlten sich hingegen vorwiegend als Europäer. In der letzten Umfrage aus dem Jahr 2007 gaben darüber hinaus über ein Drittel der Schweden an, sich mit der EU insgesamt verbunden zu fühlen. Hier liegt Schweden – ähnlich wie Großbritannien – im EU-Vergleich im unteren Bereich.

Dahingegen waren in der letzten Umfrage aus dem Jahr 2006 jedoch fast 70 Prozent der Schweden stolz darauf, Europäer zu sein.

Ebenso haben die schwedischen Bürger – im Gegensatz zu den nationalen politischen Eliten – den politischen Herrschaftsträgern der EU seit 2006 ein konstant gleichbleibendes Vertrauen ausgesprochen. So vertrauten dem Europäischen Parlament 2007 wie 2012 fast 60 Prozent der Schweden. Der Europäischen Kommission sprach während dieser Zeit gleichbleibend über die Hälfte der schwedischen Bevölkerung das Vertrauen aus. Über ein Drittel der Schweden vertrauten sowohl 2008 als auch 2012 dem Rat der EU. Einzig das Vertrauen in die Europäische Zentralbank hat sich von 60 Prozent im Jahr 2007 auf 53 Prozent im Jahr 2012 verringert (Europäische Kommission 2012, S. 62).

Bei der Europäischen Union als Gesamtkonstrukt liegt das Vertrauen der Bevölkerung jedoch unterhalb des Durchschnitts, verglichen mit den restlichen EU-Staaten. Im Herbst 2012 haben über 60 Prozent der Schweden der EU ihr Misstrauen ausgesprochen, womit das Land den fünftletzten Platz nach Ländern wie Griechenland, Spanien oder Großbritannien einnimmt.

Zwischenfazit

In Schweden scheinen sich die Orientierungen der Bevölkerung gegenüber der Europäischen Union nicht ganz mit den Einstellungen der politischen Elite zu decken. Die Hälfte der schwedischen Bürger bewerten die Mitgliedschaft in der EU als positiv und fühlen sich in der EU gut vertreten (Europäische Kommission 2007, S. 103), wohingegen Politiker betonen, sich aus der Abhängigkeit von der EU befreien zu wollen.

Auch während der Eurokrise haben sich die Bewertungen kaum verändert und so ist das Vertrauen der Schweden in die politischen Herrschaftsträger der EU Ende 2013 höher als in den meisten anderen EU-Staaten. Gründe für die gleichbleibende Bewertung des politischen Systems der EU liegen vermutlich darin, dass Schweden die Wirtschaftskrise 2009 erfolgreich überstanden hat und über eine solide Haushaltslage verfügt.

So liefern die Indikatoren zu den Orientierungen der Schweden hinsichtlich der Europäischen Union derzeit keine Hinweise darauf, dass eine Abkehr von der EU gewünscht wird. Dennoch stehen die Zeichen auch nicht auf eine weitere Vertiefung der EU-Mitgliedschaft Schwedens. Fast 80 Prozent der Schweden haben sich in Umfragen gegen die Europäische Wirtschafts- und Währungsunion mit dem Euro als einheitliche Währung ausgesprochen (Europäische Kommission 2013, S. 147), was sicherlich auch auf die derzeitig starke schwedische Krone zurückzuführen ist. Schweden gilt seit Beginn der Schuldenkrise neben der Schweiz als sicherer Hafen für Investitionen in Europa. Auch gegen die Bildung einer europäischen Föderation von Nationalstaaten sprechen sich fast zwei Drittel der Schweden aus.

Doch eine weitere Vertiefung der Europäischen Integration würde den finalen Beitritt Schwedens zum Euro nötig machen, möchte Schweden langfristig nicht von den wirtschaftspolitischen Entscheidungen der EU ausgeschlossen werden.

6.3 Bereitschaft der europäischen Bevölkerung für eine stärkere Europäische Integration

Wie bereits diskutiert, kann nach Auffassung zahlreicher Europaexperten die Stabilität der Europäischen Wirtschafts- und Währungsunion auf lange Sicht nur wiederhergestellt werden, wenn ihre strukturellen Defizite durch die Schaffung einer Fiskalunion behoben werden. Die Errichtung einer politischen Union innerhalb der EU ist wiederum mit der Übertragung weiterer staatlicher Souveränitätsrechte auf die EU-Institutionen verbunden. Doch wie bereits festgestellt, ist in der bisherigen Verfasstheit der EU die demokratische Legitimation solcher tiefgreifenden Souveränitätsübertragungen nicht gegeben. Es stellt sich daher die Frage, inwieweit die Bevölkerung der EU einen solchen Schritt mittragen und die Harmonisierung weiterer Politikbereiche zulassen würde.

Um Antworten aus der Empirie auf diese Frage zu erhalten, werden erneut Erhebungen des Eurobarometers hinsichtlich der Bevölkerungsorientierungen zur Europäischen Union und ihren Projekten zur Überwindung der Eurokrise untersucht.

Dabei interessiert zunächst die Frage, welche politische Ebene die Bürger als am besten geeignet bewerten, um die Eurokrise effizient zu bekämpfen. Deutschland, Frankreich und Spanien sehen die EU an erster Stelle, gefolgt von der nationalen Regierung. Großbritannien und Schweden betrachten dahingegen die Regierung als wichtigste Institution zur Überwindung der Krise (Europäische Kommission 2013, S. 15).

Darüber hinaus ist die Bewertung des Projekts der Europäischen Wirtschafts- und Währungsunion mit dem Euro als einheitliche Währung für die weitere Europäische Integration – insbesondere in Ländern, die den Euro noch nicht eingeführt haben – von Bedeutung. Hier sind in allen fünf untersuchten EU-Staaten zwischen 2007 und 2013 Einbußen in der Zustimmung zu erkennen. In den Euroländern Frankreich und Spanien sank die Unterstützung der Bevölkerung im Durchschnitt um etwa zehn Prozentpunkte auf etwas mehr als die Hälfte der Bürger. In Großbritannien und Schweden sind noch gravierendere Einschnitte im Unterstützungsgrad festzustellen. Während sich in Großbritannien im Jahr 2007 noch 29 Prozent der Bürger für die EWWU und den Euro aussprachen, waren es im Herbst 2013 nur noch 19 Prozent. Ähnliches gilt für die schwedische Bevölkerung, hier sank die Zustimmung zur Währungsunion von 45 auf 23 Prozent (Europäische Kommission 2013, S. 27). Einzig in Deutschland blieb die Unterstützung der Währungsunion zwischen 2007 und 2013 stabil bei über 70 Prozent.

Als weiterer Indikator wird die Bewertung der Integrationsgeschwindigkeit in Europa herangezogen. Die Bürger wurden zum einen gefragt, wie sie den Integrationsfortschritt auf einer Skala von eins bis sieben bewerten und zum anderen, welche Geschwindigkeit ihrer Meinung wünschenswert wäre. Im europäischen Durchschnitt hat die Geschwindigkeit im Zuge der Krise nach Meinung der Bürger nachgelassen und wurde im Jahr 2013 auf der Skala bei 3,2 eingestuft. Für die Zukunft wünschten sie sich im Durchschnitt einen Wert von

Abb. 7: Europäische Wirtschafts- und Währungsunion mit dem Euro als einheitliche Währung

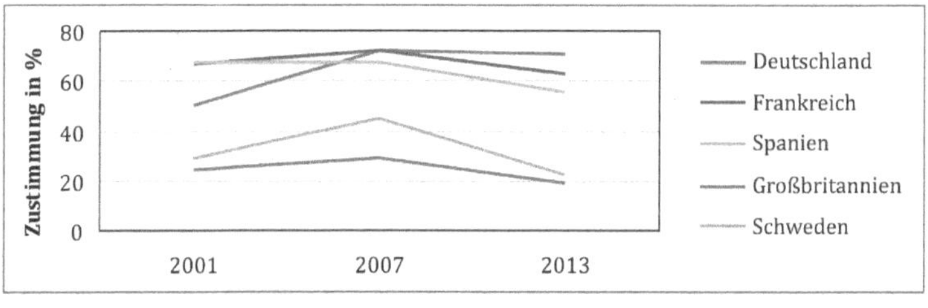

Eigene Graphik, Daten Eurobarometer, Europäische Kommission, abgerufen am 15.03.2014

fünf, wobei Frankreich eine Spitzenposition mit einer Geschwindigkeit von 5,6 einnahm und Deutschland das Schlusslicht mit einer Einstufung von 4,5 bildete. Insgesamt fordert die europäische Bevölkerung demnach ein zügigeres Voranschreiten der Europäischen Integration (Europäische Kommission 2013, S. 79).

Die Europäische Kommission befragte die EU-Bürger im Rahmen des jährlichen Eurobarometers, ob sich die EU weiter in Richtung einer Föderation von Nationalstaaten entwickeln sollte. Auch hier unterscheiden sich die Ergebnisse derjenigen Staaten, die Teil Eurozone sind, im Vergleich zu den EU-Staaten, welche den Euro noch nicht eingeführt haben. Knapp die Hälfte der befragten Bürger Deutschlands, Frankreichs und Spaniens unterstützen die Idee einer europäischen Föderation. In Großbritannien lag der Unterstützungsgrad 2013 bei etwa einem Viertel der Bevölkerung. In Schweden stimmten sogar nur 20 Prozent der befragten Bürger für dieses finale Ziel der Europäischen Integration (Europäische Kommission 2013, S. 128). Insgesamt sind innerhalb der EU große nationale Unterschiede im Hinblick auf diese Frage festzustellen. Die größte Zustimmung findet sich jedoch bei den Staaten der Eurozone.

Abb. 8: Entwicklung der EU in Richtung einer Föderation

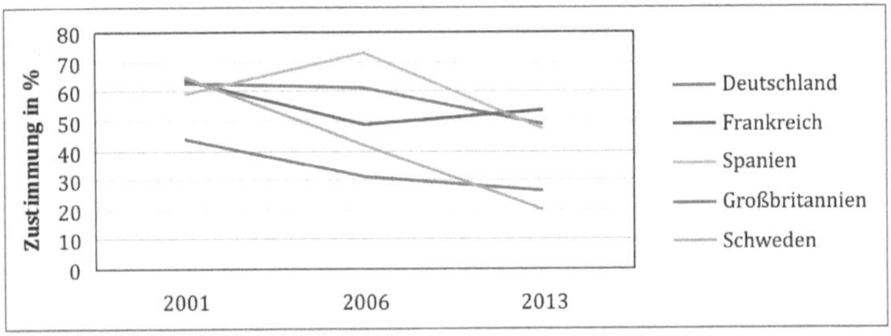

Eigene Graphik, Daten Eurobarometer, Europäische Kommission, abgerufen am 15.03.2014

Die EU-Staaten haben europaweite Maßnahmen zur Bekämpfung der Krise eingeleitet, welche weitere Abgaben von Souveränität und eine vertiefte Zusammenarbeit der Länder beinhalten. Diese umfassen etwa die verstärkte Koordination der Wirtschafts- und Finanzpolitik in der Eurozone sowie eine bessere Abstimmung der Wirtschaftspolitik in der EU. Ähnlich wie bei den vorangegangenen Fragen schneiden die Bewertungen zu diesen Maßnahmen in den Eurozonen-Staaten besser ab als in Großbritannien und Schweden.

Über drei Viertel der deutschen, spanischen und französischen Bevölkerung halten eine verbesserte wirtschafts- und finanzpolitische Koordination für sinnvoll, in Schweden waren es im Frühjahr 2013 etwa zwei Drittel der Bürger und in Großbritannien sprachen sich über die Hälfte der Bevölkerung dafür aus.

Vergleichbare Zahlen ergaben Umfragen zu dem Vorhaben, die EU mit mehr Rechten bei der Regulierung von Finanzdienstleistungen auszustatten.

Als letzter Indikator soll die Befragung der Bürger hinsichtlich der neuen Regelungen zur stärkeren Überwachung der nationalen Haushalte („Two-Pack") herangezogen werden, da dies ein gravierender Einschnitt in die Souveränitätsrechte der Staaten bedeutet. Mit Ausnahme Großbritanniens (40 Prozent) unterstützt knapp über die Hälfte der Bürger in allen EU-Staaten diese Maßnahmen, welche zukünftig Schuldenkrisen vorbeugen sollen (Europäische Kommission 2013, S. 27).

Zwischenfazit

Zusammenfassend werden in den empirischen Befunden zu den Bewertungen der europäischen Integration durch die EU-Bürger deutliche Unterschiede zwischen den Staaten innerhalb und außerhalb der Eurozone sichtbar. Die Briten sprechen sich mehr denn je gegen weitere Integrationsschritte aus und auch die schwedischen Bürger haben sich in den Krisenjahren von der EU entfernt und unterstützen die EU-Politik zur Vertiefung der Wirtschafts- und Finanzpolitik nur in begrenztem Maße. Die Entwicklung der EU in Richtung einer europäischen Föderation sowie die Einführung des Euros befürwortet in Schweden lediglich ein Fünftel der Bevölkerung.

6.4 Schlussfolgerungen aus der Länderanalyse

Der dritte Teil der vorliegenden Arbeit beschäftigt sich mit der Frage, ob weitere Harmonisierungsschritte zur Überwindung der strukturellen Defizite der Europäischen Wirtschafts- und Währungsunion gesellschaftlich durchsetzbar sind. In diesem Zusammenhang wurde die politische Kultur Europas analysiert und der Frage nach der Existenz einer europäischen Identität nachgegangen. Hier sollte zum einen beantwortet werden, ob die Unterschiede in den politischen Kulturen der EU-Länder der Problemlösung innerhalb der Europäischen Wirtschafts- und Währungsunion entgegenstehen. Ferner galt es herauszufinden, ob seit Gründung der EU eine Konvergenz der politischen Kulturen stattfindet, welche in der Zukunft womöglich in einer gemeinsamen europäischen Kultur münden wird.

Grundsätzlich konnte festgestellt werden, dass in den 65 Jahren seit Gründung der Europäischen Wirtschaftsgemeinschaft eine Konvergenz in den politischen Kulturen der EU-Mitgliedsstaaten stattgefunden hat. Mit der deutschen Wiedervereinigung und dem Ende des Kalten Krieges setzte sich die Demokratie als politische Ordnungsform in nahezu jedem europäischen Staat durch. Die christliche Prägung Europas und mit ihr ein mehrheitlich anerkannter Wertekodex erleichtern darüber hinaus die Annäherung der europäischen Staaten. Es besteht demnach im Kern eine gewisse europäische Identität, doch trotz der erhöhten Zusammenarbeit der Länder, auch im Zuge der Euroschuldenkrise, ist die Tendenz zu einer Annäherung aufgrund des erstarkenden Euroskeptizismus rückläufig. Zudem existieren noch immer gravierende Differenzen in den politischen Kulturen aufgrund verschiedener Traditionen, sprachlicher und kultureller Prägungen. Diese werden keineswegs durch eine gemeinsame europäische Politische Kultur ersetzt werden können, sie wird allenfalls parallel zur landesspezifischen Kultur entstehen und bestehen können.

Die bestehenden Unterschiede in den politischen Kulturen traten auch während der Eurokrise zu Tage. Die politische Orientierungen in jungen Demokratien, wie Spanien oder Italien, welche stark von der Krise betroffen waren, sind weit weniger stabil und gefestigt wie die Bevölkerungsorientierungen langbestehender Demokratien (Frankreich, Großbritannien). So nahm in Spanien während der Krise nicht nur das Vertrauen in die nationalen und europäischen politischen Entscheidungsträger, sondern auch in die politische Ordnung massiv ab. Einer Lösung der europäischen Probleme stehen die Unterschiede in den politischen Kulturen insofern entgegen, als dass es in der Bevölkerung aufgrund einer fehlenden Unterstützung der „europäischen" Gemeinschaft an Solidarität mangelt, welche für etwaige Umverteilungsmaßnahmen zur Herstellung eines wirtschaftlichen Gleichgewichts innerhalb der EU notwendig wäre. Unterschiede in den Einstellungen zu der Daseinsberechtigung des Staates als soziale Stütze der Gesellschaft sowie in den Orientierungen hinsichtlich der Arbeitsmarktpolitik erschweren zudem die Koordinierung einer gemeinsamen europäischen Wirtschafts- und Sozialpolitik. Darüber hinaus ist ein deutlicher Unterschied in den Orientierungen zwischen den Ländern innerhalb und außerhalb der Eurozone zu erkennen. So sprachen sich über 80 Prozent der Bürger Großbritanniens und Schwedens im Jahr 2013 gegen eine Europäische Wirtschafts- und Währungsunion aus und auch bei Umfragen zur vertieften Koordination der Wirtschafts- und Finanzpolitik schnitten die beiden Länder am schlechtesten ab (Europäische Kommission 2013, S. 27). Insgesamt schnitten die Länder außerhalb der Eurozone in den Umfragen zur erhöhten Koordination im Durchschnitt zehn Prozent schlechter ab als die Euroländer.

Weitere Harmonisierungsschritte in Richtung einer politischen Union scheinen demnach im Kern der EU, das heißt innerhalb der Eurozone, leichter durchsetzbar zu sein als in der gesamten EU. Einer weiteren Abgabe nationaler Souveränität stimmt die Bevölkerung jedoch auch hier nur zu, solange sie davon überzeugt ist, dass nationale Ziele mit Hilfe der EU leichter umgesetzt werden können und der wirtschaftliche Nutzen maximiert werden kann.

Ist die EU weiterhin darin bestrebt, eine Fiskalunion als Gegenpol zur supranationalen Geldpolitik zu schaffen, so wird die Entwicklung einer gemeinsamen politischen Kultur notwendig sein. Denn ein politisches System ist auf lange Sicht hin nur dann stabil, wenn das Vertrauen in die politische Ordnung und die politische Gemeinschaft ausreichend vorhanden ist.

TEIL III

7 Bedingungen für weitere Harmonisierungsschritte in der Europäischen Union

Ausgehend von der Annahme, dass der Europäischen Wirtschafts- und Währungsunion strukturelle Fehler zu Grunde liegen, die durch eine erhöhte Koordination der nationalen Wirtschafts- und Fiskalpolitiken innerhalb der EU ausgeglichen werden sollen, untersuchte die vorliegende Arbeit, unter welchen Bedingungen und in welchem Maße eine weitere Harmonisierung nationaler Politik in der Europäischen Wirtschafts- und Währungsunion institutionell und gesellschaftlich durchsetzbar ist. Die Asymmetrie zwischen supranationaler Geldpolitik und national gesteuerter Fiskalpolitik (vgl. Kapitel 4.4.2.) hat die realwirtschaftlichen Bedingungen innerhalb der Währungsunion in der Vergangenheit kaum in die europapolitischen Entscheidungen miteinbezogen. Dieses Ungleichgewicht kann durch die Schaffung einer politischen Union mit einer gemeinsamen wirtschaftspolitischen Steuerung bereinigt werden, um Schuldenkrisen zukünftig vorzubeugen beziehungsweise rascher bewältigen zu können.

Doch zur Überwindung der seit 2009 bestehenden Eurokrise ist eine vertiefte Europäische Integration keine Lösung. Denn solange eine Abweichung in den realen Wechselkursen der Eurostaaten besteht und die Wettbewerbsfähigkeit in den betroffenen Ländern nicht hergestellt wird, verschärft eine politische Union die soziale Krise in den PIIGS-Ländern (u.a. Scharpf 2013; Bontrup 2012). Denn die strikte Sparpolitik, die als Auflage für die Finanzhilfen der EU zur Überwindung der Staatskreditkrise angeordnet wurde, erhöht die realwirtschaftliche Krise durch Massenarbeitslosigkeit und Steuereinbußen aufgrund von Nachfrageeinbrüchen massiv und verhindert vielmehr den Abbau des Staatsdefizits, was eine immer größere Divergenz in den Leistungsbilanzsalden der Eurostaaten zur Folge hat (Scharpf 2013). Aufgrund der hohen Heterogenität der EU-Staaten müssen Lösungen zur Wiederherstellung der nationalen Wettbewerbsfähigkeit vielmehr spezifisch auf die betroffenen Länder zugeschnitten werden und von den nationalen, demokratisch legitimierten Regierungen umgesetzt werden.

Langfristig gesehen ist die Behebung der beschriebenen Asymmetrie sowie ein Fortschritt in der Europäischen Integration jedoch durchaus sinnvoll, um zum einen den Friedensgedanken für Europa fortzuführen und um zum anderen außenpolitischen Problemen, wie etwa Terroranschlägen und der Globalisierung, gemeinsam begegnen zu können. Die Krimkrise vom März 2014 hat die Notwendigkeit der außenpolitischen Zusammenarbeit der Union und die Bedeutung des europaweiten Zusammenschlusses für die Bewahrung des Friedens erneut sichtbar werden lassen.

Die Analyse der institutionellen und gesellschaftlichen Voraussetzungen zur erfolgreichen Durchsetzung weiterer Harmonisierungsschritte lieferte insbesondere ein Ergebnis. Damit ein geeintes Europa mit einer politischen Union und einer funktionierenden Währungsunion auf Dauer bestehen kann, ist die Schaffung einer europäischen Identität, basierend auf einem europäischen Demos, unabdingbar.

7.1 Institutionelle Voraussetzungen

Die Untersuchung der europäischen Institutionen sowie einiger ausgewählter EU-Staaten (Deutschland, Frankreich, Großbritannien, Spanien, Schweden) lässt in den 65 Jahren seit Gründung der Europäischen Gemeinschaft eine strukturelle Konvergenz erkennen. Die Staaten lernten bei der Optimierung ihrer nationalen EU-Koordinationssysteme voneinander und glichen sich auf der Suche nach dem effizientesten System mehr und mehr einander an. Die Zusammenarbeit in den europäischen Institutionen führte überdies zu einer Entwicklung gemeinsamer Werte und Vorstellungen. So gewann die integrale Koordination innerhalb der EU-Institutionen zunehmend an Gewicht und schien die intergouvernementale Koordination langsam abzulösen.

Mit der Euroschuldenkrise erfolgte jedoch eine Phase der Entpolitisierung, in welcher die Staaten verstärkt in die EU-Politik intervenierten und die integrale Koordinationsform wieder in den Hintergrund drängten (vgl. Kapitel 5.3.6.) Gründe für die zunehmenden Eingriffe der Staaten liegen zum einen in den hohen Vertrauensverlusten, welche die EU-Institutionen aufgrund der fehlenden Krisenvorkehrungen und des gescheiterten Stabilitäts- und Wachstumspakts erfahren haben. Zum anderen spielt die noch immer ungenügende demokratische Legitimation der EU eine Rolle. Doch das aus einem mangelnden europäischen Identitätsgefühl resultierende Demokratiedefizit sowie die fehlende Bereitschaft der Mitgliedsstaaten, weitere Souveränität abzugeben, verhindern den weiteren Integrationsfortschritt. Im ersten Schritt müssen daher die institutionellen Voraussetzungen zur Bildung einer europäischen Identität geschaffen werden. Insbesondere das Europäische Parlament und die nationalen Parlamente der Mitgliedsstaaten müssen verstärkt in politische Entscheidungen miteinbezogen werden. Zugleich sollte die Partizipation der Bevölkerung erhöht werden.

So ist die Schaffung einer europäischen Öffentlichkeit, welche einerseits Transparenz schafft und andererseits die EU-Bürger aufklärt, informiert und an der Meinungsbildung beteiligt, von großer Bedeutung. Auch die Koordination zwischen den nationalen und den europäischen Institutionen birgt noch immer Verbesserungspotenzial.

Darüber hinaus sollte geklärt werden, in welcher Form die „Differenzierte Integration“ zukünftig weiterverfolgt wird, denn die zunehmende Divergenz politischer Ziele und Einstellungen zwischen den Euroländern und den Staaten außerhalb der Eurozone birgt die Gefahr einer Zersplitterung der EU (vgl. Kapitel 5.2.1.).

7.2 Gesellschaftliche Voraussetzungen

Um weitere Integrationsschritte innerhalb der EU erfolgreich durchsetzen zu können und eine politische Union zu schaffen, die auf lange Sicht stabil und funktionsfähig ist, ist die Zugehörigkeit und die Akzeptanz der EU-Bürger sowie ein hoher Grad an Solidarität innerhalb der EU dringend notwendig. Vertrauen und Solidarität können nur entstehen, wenn die Bevölkerung sich mit der EU identifizieren kann, wenn die Bürger die EU, ihre Institutionen und politischen Entscheidungen verstehen und anerkennen.

Die Analyse der politischen Kulturen der EU-Mitgliedsstaaten hat gezeigt, dass im Kern zwar eine gewisse europäische Identität in Form eines mehrheitlich anerkannten Wertekodexes sowie eines demokratischen Ordnungsprinzips vorhanden ist. Doch es wurde auch deutlich, dass die politischen Kulturen in den EU-Ländern noch große Differenzen aufweisen. Sie unterscheiden sich in ihren Mentalitäten, Traditionen und Einstellungen zur politischen Gestaltung. Darüber hinaus existiert kein gemeinsamer europäischer Demos und kein starkes Zugehörigkeitsgefühl der europäischen Bevölkerung zur EU. Die Bürger halten an ihrem Land und den bekannten politischen Strukturen fest und akzeptieren weitere Integrationsschritte nur dann, wenn sie für das eigene Land von ökonomischem, politischem oder sozialem Nutzen sind.

Es hat sich darüber hinaus gezeigt, dass deutliche Unterschiede in den Einstellungen zur Europäischen Integration zwischen den Bürgern innerhalb und außerhalb der Eurozone bestehen. So stimmen die Bürger Großbritanniens oder Schwedens einem Beitritt zur Währungsunion nach wie vor nicht zu. Eine grundlegende These der Politischen-Kultur-Forschung lautet jedoch, dass ein politisches System auf Dauer nur stabil sein kann, wenn zwischen politischer Struktur und politischer Kultur eine Kongruenz besteht.

Um die gesellschaftlichen Voraussetzungen zur weiteren Vertiefung der EU, also der Entwicklung einer europäischen politischen Kultur, einer europäischen

Identität und eines europäischen Solidaritätsgefühls zu schaffen, ist in erster Linie die Aufklärung der Bevölkerung über die EU und ihr Funktionieren notwendig. Die Europäische Integration ist mehr denn je ein Elitenprojekt, das ohne Hilfestellung kaum noch zu Begreifen ist (vgl. Sturm 2013, S. 45).

Durch die verständliche und nachvollziehbare Begründung der europäischen Einigung sowie die verstärkte Einbeziehung der EU in die nationale Schul- und Bildungspolitik kann langfristig ein Verständnis der Bevölkerung für die EU entstehen (vgl. auch Thalmaier 2007). Darüber hinaus muss eine europäische Öffentlichkeit geschaffen werden, welche für Transparenz sorgt, um das Vertrauen in die EU und ihre Politikgestaltung wiederherzustellen. Ferner müssen die Bürger an der politischen Meinungs- und Entscheidungsfindung beteiligt werden, um die direkte Legitimation durch die Bevölkerung herzustellen. Zur Schaffung einer europäischen Öffentlichkeit muss eine Politisierung europäischer Politik erfolgen (Hix 2006) und institutionelle Reformen, die eine „Streitkommunikation" in der EU fördern, müssen umgesetzt werden (vgl. u.a. Meyer 2004, S. 169ff.; Fuchs 2000, S. 232; Thalmaier 2007, S. 186). Je besser die Bürger die EU und ihre Entscheidungsträger kennen und verstehen und sich an ihrer Politikgestaltung aktiv beteiligen, desto eher werden sie sich mit ihr verbunden fühlen und womöglich eine europäische Gemeinschaft mit einer gemeinsamen politischen Kultur bilden.

7.3 Durchsetzbarkeit

Vorschläge zur Schaffung einer europäischen Öffentlichkeit, zur Politisierung europäischer Politik, zur Intensivierung des europapolitischen Wahlkampfes, zu einer verstärkten medialen Präsenz der EU in den EU-Staaten, um eine transnationale europäische Willensbildung zu ermöglichen, sind nicht neu (vgl. Schlesinger 1999; Thalmaier 2007, S. 178ff.). Die Europäische Kommission hat seit 2005 zahlreiche Maßnahmen ergriffen, die direkte Kommunikation der EU mit seinen Bürgern zu verbessern (Europäische Kommission 2014), womit sie in der Regel jedoch nur eine Expertenöffentlichkeit erreicht. Eine direkte Kommunikation durch die Massenmedien ist in den Mitgliedsstaaten nur geringfügig vorhanden. Dies wird zum einen auf die mangelhafte europäische Koordination zurück geführt (Wulf-Mathies/Hüttemann 2005). Zum anderen wird die Kommunikationspolitik der nationalen politischen Eliten dafür verantwortlich gemacht, welche über europäische Themen unter rein nationalen Gesichtspunkten kommunizieren und der Gemeinwohlrhetorik europäischer Öffentlichkeitsarbeit damit entgegenstehen (Nissen 2010). Solange sich die Einstellung der Verantwortungsträger nicht ändert und die EU nur unter der Prämisse der nationalen Nutzenmaximierung betrachtet wird, scheint die Herstellung einer vielfältigen europäischen Öffentlichkeit zur Aufklärung und Einbeziehung der europäischen Bevölkerung und damit die Schaffung der Voraussetzungen zur weiteren Vertiefung der europäischen Zusammenarbeit in der Europäischen Währungsunion äußerst schwierig.

8 Schlussbetrachtungen

Aus gegebenem Anlass hat sich die vorliegende Untersuchung auf den Bereich der Wirtschaftspolitik in Europa konzentriert. Denn im Zuge der Euroschuldenkrise stand zum einen die Diskussion um eine Vergemeinschaftung der nationalen Wirtschaftspolitik auf europäischer Ebene im Zentrum der Diskussion und zum anderen spielten Maßnahmen der europäischen Geld- und Finanzpolitik sowie deren Auswirkungen auf die nationale Arbeitsmarkt- und Fiskalpolitik der europäischen Mitgliedsstaaten eine erhebliche Rolle. Die deskriptiv gehaltene Analyse des umfangreichen Themenkomplexes sollte dazu dienen, eine wissenschaftlich fundierte Synopse der politischen und ökonomischen Auswirkungen der Finanz- und der darauf gefolgten Euroschuldenkrise zu erstellen sowie ihre Ursachen zu beleuchten. Aus dieser Thematik heraus schien es reizvoll, einen sowohl makroökonomischen als auch politikwissenschaftlichen Blick auf die Europäische Währungsunion zu werfen und die Pläne und Ideen von einer vollständig integrierten EU kritisch zu hinterfragen sowie die Integrationsziele, insbesondere unter Berücksichtigung der politischen Orientierungen der europäischen Bevölkerung auf ihre Machbarkeit hin, zu untersuchen.

Es bleibt jedoch Raum, um thematisch weiter in die Tiefe zu blicken. So bleiben Fragen nach den Konsequenzen der jahrelangen Eurokrise offen, sowohl für die EU-Staaten und ihre Stellung innerhalb der Europäischen Union als auch für die EU insgesamt als Wirtschaftsmacht und politischer Akteur in der Welt. Auch das veränderte Rollenverständnis der Europäischen Zentralbank im Zuge der Krise und ihre neuen Einflussmöglichkeiten auf die Europäische Währungsunion sind weitere thematisch angeführte Betrachtungen wert. Im Hinblick auf die Weiterentwicklung des Forschungsfelds der europäischen Identität ist die Analyse der unzureichenden Umsetzung von Strategien der Identitätspolitik von Interesse. Des Weiteren drängt sich die Frage auf, ob durch die Diskussionen über eine Europäische Verfassung und das damit verbundene Veto in Frankreich und den Niederlanden, oder die aus den Entwicklungen der Finanz- und Euroschuldenkrise hervorgehende europaskeptische Haltung Großbritanniens sowie das Erstarken antieuropäischer rechtspopulistischer Bewegungen, wie etwa in Deutschland (AfD / Pegida) oder den Niederlanden (Partij voor de Vrijheid unter Geert Wilders), die bestehende europäische politische Kultur beschädigt wurde. Die Europäische Union befindet sich in einer widersprüchlichen Situation, in welcher sich die Staaten einerseits von der Europäischen Union distanzieren und Kompetenzen zurückfordern, andererseits jedoch weitere Kompetenzen der finanzpolitischen Koordination an die EU-Institutionen abgeben und an dem Ziel einer politischen Union festhalten.

Literatur

Ådahl, M./Eklund, J. (2003). *Allt om EMU.* Stockholm: SNS Förlag.

Almond, G./Verba, S. (1989). *The Civic Culture: Political Attitudes and Democracy in Five Nations.* London: Sage Publications.

Amblard, F./Laurent, D./Sanson, M./de Boisdeffre, M. (1994). *Le travail gouvernemental et l'Europe.* Paris: École nationale d'administration. Direction des études.

Ardant, P./Mathieu, B. (2005). *Institutions politiques et droit constitutionnel.* Paris: L.G.D.J.

Bach, M. (2005). *Europa als bürokratische Herrschaft. Verwaltungsstrukturen und bürokratische Politik in der Europäischen Union.* In G. Schuppert/I. Pernice/U. Haltern, Europawissenschaft. Baden-Baden. Nomos. 574-611

Bach, S. (2012). *DIW-Wochenbericht: Eurokrise, Staatsverschuldung und privater Reichtum.* http://www.diw.de/documents/publikationen/73/diw_01.c.405699.de/12-28.pdf [zuletzt aufgesucht im Februar 2014]

Baker, D. (2005). *Islands of the Mind: New Labour's Defensive Engagement with the European Union.* The Political Quarterly, *76* (1), 22-36.

Baker, D./Seawright, D. (1998). *Britain for and against Europe. British Politics and the Question of European Integration.* Oxford. Oxford University Press

Baldwin, R./Wyplosz, C. (2006). *The Economics of European Integration.* New York: McGraw Hill Education.

Barnier, M. (2013). *Commissioner Barnier welcomes trilogue agreement on the framework for bank recovery and resolution.* http://europa.eu/rapid/press-release_MEMO-13-1140_de.htm?locale=en [zuletzt aufgesucht am 22.02.2014]

Barroso, J. (2012). *Rede zur Lage der Union 2012.* http://ec.europa.eu/commission_2010-2014/president/news/archives/2012/09/20120912_1_de.htm [zuletzt aufgesucht am 19. 02.2014]

Bauer, M./Knill, C./Ziegler, M. (2007). *Wie kann die Koordination deutscher Europapolitik verbessert werden? Folgerungen aus einem Leistungsvergleich institutioneller Arrangements in Deutschland, Finnland und Großbritannien.* Zeitschrift für Parlamentsfragen, 4, 734-751.

Beichelt, T. (2007). *Die europapolitische Koordinierung der Bundesrepublik: einige weiterführende Thesen.* Zeitschrift für Parlamentsfragen, 38/4, 751-764.

Bertoncini, Y./Chopin, T. (2010). *Politique européenne: états, pouvoirs et citoyens de l'Union européenne* . Paris: Dalloz.

Bieling, H./Lerch, M. (2006). *Theorien der europäischen Integration.* Wiesbaden: VS Verlag für Sozialwissenschaften.

Bittner, J. (2012). *Uns gehts gut!* http://www.zeit.de/2013/01/Schweden-Euro [zuletzt aufgesucht im August 2013]

Bloss, M./Ernst, D./Häcker, J./Eil, N. (2008). *Von der Subprime-Krise zur Finanzkrise Immobilienblase: Ursachen, Auswirkungen, Handlungsempfehlungen.* München: Oldenbourg Wissenschaftsverlag.

Bofinger, P. (1994). *Is Europe an Optimum Currency Area?* CEPR Discussion Papers, 915.

Böhme, B./Mohr, M./Plottka, J. (2010). *Zur Zukunft der Wirtschafts- und Währungsunion: Integrationsschub wider Willen?* Integration, 4, 358-363.

Bollmann, R. (2012). *Angela Merkel – Europas eiserne Lady.* http://www.faz.net/aktuell/politik/inland/angela-merkel-europas-eiserne-lady-11629143.html [zuletzt aufgesucht im Januar 2014]

Brandt, W. (1969). *Erklärung von Willy Brandt auf dem Haager Gipfel.* http://www.cvce.eu/content/publication/2003/7/17/840ec5a1-a449-4822-9662-49e92450c706/publishable_de.pdf [zuletzt aufgesucht am 17.02.2014]

Bräuninger, M./Straubhaar, T./Vöpel, H.Wilke, C./Winkeljohann, N. (2013). *Chancen und Risiken einer Fiskalunion.* https://www.pwc.de/de/offentliche-unternehmen/assets/pwc_studie_chancen_und_risiken_einer_fiskalunion.pdf [zuletzt aufgesucht im Januar 2014]

Breuss, F. (2011). *FIW Policy Briefs Nr. 12. EU-Wirtschaftsregierung.* http://www.fiw.ac.at/fileadmin/Documents/Publikationen/Policy_Briefs/FIW_Policy_Brief_Nr_12_Breuss_EU-WiReg_Version_23_08_2011.pdf [zuletzt aufgesucht im Mai 2013]

Brunn, G. (2009). *Die Europäische Einigung. Von 1945 bis heute.* Leipzig: Reclam Verlag.

Buller, J./Smith, M. (1998). *Civil Service Attitudes towards the European Union.* In D. Baker/D. Seawright, *Britain for and against Europe.* Oxford: Oxford University Press.

Bulmer, S./Maurer, A./Paterson, W. (2000). *Das Entscheidungs- und Koordinationssystem deutscher Europapolitik: Hindernis für eine neue Politik?* http://www.uni-koeln.de/wiso-fak/powi/wessels/DE/PUBLIKATIONEN/texte/entscheidung.pdf [zuletzt aufgesucht im Juli 2012]

Bulmer, S. (1986). *The Domestic Structure of European Community Policy-Making in West Germany.* New York: Garland Publishing.

Bulmer, S./Burch, M. (2000). *Coming to Terms with Europe: Europeanisation, Whitehall and the Challenge of Devolution.* Queen's papers on Europeanisation, 9/2000.

Bulmer, S./Burch, M. (1998). *Organizing for Europe: Whitehall, the British State and European Union.* Public Administration, *76*, 601-628.

Bulmer, S./Wessels, W. (1987). *The European Coucil: Decision-Making in European Politics.* Basingstoke: Palgrave Macmillan.

Bundesfinanzministerium (2011). *Chronologie der Euro-Stabilisierung.* http://www.bundesfinanzministerium.de/nn_1270/DE/Wirtschaft__und__Verwaltung/Finanz__und__Wirtschaftspolitik/20100604-_20Chronologie-Euro-Stabilisierung.html [zuletzt aufgesucht am 03.11.2011]

Bundesverfassungsgericht (2014). *Hauptsacheverfahren ESM/EZB: Urteilsverkündung sowie Vorlage an den Gerichtshof der Europäischen Union.* https://www.bundesverfassungsgericht.de/pressemitteilungen/bvg14-009 [zuletzt aufgesucht am 12.02.2014]

Burley, A./Mattli, W. (1993). *Europe before the court: A political theory of legal integration.* International Organisation, 47, 41-76.

Busch, K./Hirschel, D. (2011). *Europa auf dem Scheideweg – Wege aus der Krise.* http://library.fes.de/pdf-files/id/ipa/07930.pdf [zuletzt aufgesucht im März 2012]

Chaigneau, C./Seidendorf, S. (2012). *Frankreich in der Europäischen Union.* In Kimmel A./Uterwedde, H., Länderbericht Frankreich. Bonn: Bundeszentrale für politische Bildung. 336-354.

Chang, M. (2009). *Monetary Integration in the European Union.* Basingstoke: Palgrave Macmillan.

Clemens, G./Reinfeldt, A./Wille, G. (2008). *Geschichte der Europäischen Integration.* Stuttgart: UTB.

Closa, C./Heywood, P. (2004). *Spain and the European Union.* Basingstoke: Palgrave Macmillan.

Conway, E. (2009). *Banks and Finance.* http://www.telegraph.co.uk/finance/newsbysector/banksandfinance/5995810/IMF-puts-total-cost-of-crisis-at-7.1-trillion.html [zuletzt aufgesucht im November 2011]

Corner, M. (2007). *The EU and the roots of British euroscepticism.* Contemporary Review, 289 (1687), 466-469.

Craig, S. (1993). *The Malevolent Leaders – Popular Discontent in America.* Boulder: Westview Press.

Döring, H. (1995). *Parliament and Majority Rule in Western Europe.* Frankfurt/New York: Campus Verlag.

Dastis, A. (1995). *La administración espanola ante la Unión Europea.* Revista de Estudios Políticos, 90, 323-350.

De Grauwe, P. (2009). *Economics of monetary union.* New York: Oxford University Press.

de Schoutheete, P. (2006). *The European Council.* In J. Peterson/M. Shackleton, The Institutions of the European Union. New York: Oxford University Press, 37-59.

Derlien, H. (2000). *Germany. Failing Successfully?* In Kassim, H./Peters G./Wright, V., The National Coordination of EU Policy: The Domestic Level. Oxford/New York: Oxford University Press, 54-78.

Deutscher Bundestag (2013). *Aufgaben der Ausschüsse.* http://www.bundestag.de/bundestag/ausschuesse17/a21/aufgaben_und_arbeit/index.html [zuletzt aufgesucht am 23.04.2013]

Deutscher Bundestag (2012). *Unverzichtbare Beteiligung des Bundestages bestätigt.* http://www.bundestag.de/dokumente/textarchiv/2012/39482178_kw09_bvg_esm/index.html [zuletzt aufgesucht im August 2013]

Deutscher Bundestag (2011). *Wissenschaftliche Dienste. Europäischer Stabilitätsmechanismus.* http://www.bundestag.de/dokumente/analysen/2011/europaeischer_stabilitaetsmechanismus.pdf [zuletzt aufgesucht am 04.11.2011]

Deutsche Wirtschaftsnachrichten (2013). *Schweden attackiert Brüssel: Europa wird zu zentralistisch.* http://deutsche-wirtschafts-nachrichten.de/2013/01/17/schweden-attackiert-bruessel-europa-wird-zu-zentralistisch/ [zuletzt aufgesucht im August 2013]

Devrim, D. (2010). *Die Spanische EU-Ratspräsidentschaft 2010 – eine Bilanz.* Aus Politik und Zeitgeschichte, 36-37/2010.

Diedrichs, U. (2007). *Europäische Kommission.* In Weidenfeld, W./Wessels, W., Jahrbuch der Europäischen Integration 2006. Baden-Baden: Nomos Verlag.

Diedrichs, U./Wessels, W. (2006). *The Commission and the Council.* In Spence, D./Edwards, G., The European Commission. London: John Harper Publishing, 209-234.

Eichengreen, B. (2010). *The Breakup of the Euro Area.* http://www.nber.org/chapters/c11654.pdf [zuletzt aufgesucht im Februar 2014]

Eichengreen, B./Bayoumi, T. (1996). *Ever Closer to Heaven? An Optimum-Currency-Area Index for European Countries.* http://escholarship.org/uc/item/5dt9501 s;jsessionid=2221B904F63E70E512BAB7DA5E52D0EE#page-6 [zuletzt aufgesucht am 01.12.2011]

Ekengren, M./Sundelius, B. (2002). *Sweden*. In Hocking, B./Spence, D. (2005), *Foreign* Ministries in the European Union. Integrating Diplomats. Basingstoke: Palgrave Macmillan, 238-249.

Emerson, M. (2013). *Seven Hazards in Cameron's Intended European Policy*. http://www.ceps.eu/book/seven-hazards-cameron's-intended-european-policy [zuletzt aufgesucht im Juli 2013]

EU-Kommission (2012). *Die EU-Bürger, die Europäische Union und die Krise*. http://ec.europa.eu/public_opinion/archives/eb/eb77/eb77_cri_de.pdf [zuletzt aufgesucht im September 2013]

EurActiv (2011). *Bankers, economists see eurobonds as inevitable: Poll*. http://www.euractiv.com/euro-finance/bankers-economists-see-eurobonds-news-507043 [zuletzt aufgesucht im Oktober 2013]

EurActiv (2013). *German economists say 'Nein' to 'disaster' eurobonds*. http://www.euractiv.com/euro-finance/german-economists-nein-disaster-news-507021 [zuletzt aufgesucht im Januar 2014]

Euro-Lex.europa.eu. *Vertrag über die Europäische Union*. http://eur-lex.europa.eu/LexUriServ/ LexUriServ.do?uri=OJ:C:2008:115:0013:0045:DE:PDF [zuletzt aufgesucht im Februar 2014]

Europa.eu. *Vertrag über eine Verfassung für Europa*. (2004). http://europa.eu/eu-law/decision-making/treaties/pdf/treaty_establishing_a_constitution_for_europe/treaty_establishing_a_constitution_for_europe_de.pdf [zuletzt aufgesucht im Februar 2014]

Europäische Kommission (2001). *Europäisches Regieren*. http://www.eu-bildungspolitik.de/uploads/dokumente_bildungspolitik/2001_07_kom_weissbuch_regieren.pdf [zuletzt aufgesucht im Mai 2012]

Europäische Kommission (2006). *Standard Eurobarometer 66*. http://ec.europa.eu/public_opinion/archives/eb/eb64/eb64_uk_nat.pdf [zuletzt aufgesucht im November 2013]

Europäische Kommission (2007). *Standard Eurobarometer 67*. http://ec.europa.eu/public_opinion/archives/eb/eb67/eb67_de.pdf [zuletzt aufgesucht im Dezember 2013]

Europäische Kommission (2009). *Arbeitsmobilität in der EU vor dem Hintergrund der Erweiterung und dem Funktionieren der Übergangsregelungen*. http://ec.europa.eu/social/main.jsp?langId=de&catId=89&newsId=497 [zuletzt aufgesucht am 24.11.2011]

Europäische Kommission (2010). *Standard Eurobarometer 73*. http://ec.europa.eu/public_opinion/archives/eb/eb73/eb73_first_de.pdf [zuletzt aufgesucht am 19.03.2012]

Europäische Kommission (2010). *Spezial Eurobarometer 346. New Europeans*. http://ec.europa.eu/public_opinion/archives/ebs/ebs_346_en.pdf [zuletzt aufgesucht im November 2013]

Europäische Kommission (2011). *EU-Wirtschaftsregierung: Ein großer Schritt in die richtige Richtung*. http://presseeuropa.de/press-releases/eu-wirtschaftsregierung-ein-grosser-schritt-in-die-richtige-richtung [zuletzt aufgesucht im Juni 2013]

Europäische Kommission (2012). *Europa 2020 im Überblick*. http://ec.europa.eu/europe2020/europe-2020-in-a-nutshell/index_de.htm [zuletzt aufgesucht im Juni 2013]

Europäische Kommission (2012). *José Manuel Barrosso: Rede zur Lage der Union 2012*. http://ec.europa.eu/commission_2010-2014/president/news/archives/2012/09/20120912_1_de.htm [zuletzt aufgesucht im Juni 2013]

Europäische Kommission (2013). *Standard Europabarometer 79, European, the European Union and the Crisis.* http://ec.europa.eu/public_opinion/archives/eb/eb79/eb79_cri_en.pdf [zuletzt aufgesucht im Dezember 2013]

Europäische Kommission (2013). *Standard Eurobarometer 79.* http://ec.europa.eu/public_opinion/archives/eb/eb79/eb79_publ_en.pdf [zuletzt aufgesucht im November 2013]

Europäische Kommission (2013). *Standard Eurobarometer 79: Europeans, the European Union and the Crisis.* http://ec.europa.eu/public_opinion/archives/eb/eb79/eb79_cri_en.pdf [zuletzt aufgesucht im Januar 2014]

Europäische Kommission. (2014). *Kommunikation – Was wir tun.* http://ec.europa.eu/dgs/communication/about/what_we_do/index_de.htm [zuletzt aufgesucht im Februar 2014]

Europäisches Parlament (1997). *Bericht über die Beziehungen zwischen dem Völkerrecht, dem Gemeinschafts recht und dem Verfassungsrecht der Mitgliedstaaten.* http://www.europarl.europa.eu/sides/getDoc.do?type=REPORT&reference=A4-1997-0278&language=DE#Contentd153265e450 [zuletzt aufgesucht im Januar 2014]

Europäisches Parlament. *Europäisches Parlament / Ausschüsse: Wirtschaft und Währung.* http://www.europarl.europa.eu/committees/de/econ/home.html [zuletzt aufgesucht im Februar 2014]

Europäisches Parlament (2011). *Europäisches Parlament / Ausschüsse: Finanz-, Wirtschafts- und Sozialkrise.* http://www.europarl.europa.eu/committees/de/cris/home.html [zuletzt aufgesucht im Februar 2014]

Europäisches Parlament (2012). *Die Delegationen.* http://www.europarl.de/view//parlament/Organisation/Delegationen.html [zuletzt aufgesucht im Mai 2012]

Europäisches Parlament (2011). *Europa heute – Währungsunion.* http://www.europarl.europa.eu/brussels/website/content/modul_06/zusatzthemen_04.html [zuletzt aufgesucht im November 2011]

Europäischer Rat (2012). *Vertrag über Stabilität, Koordinierung und Steuerung in der Wirtschafts- und Währungsunion.* http://european-council.europa.eu/media/639244/04_-_tscg.de.12.pdf [zuletzt aufgesucht im August 2013]

Europaforum (2008). *Der Vertrag von Lissabon.* http://www.europaforum.public.lu/fr/dossiers-thematiques/2008/traite-lisbonne/Traite_Lisbonne_DE_08-04-2008_def_SIP.pdf [zuletzt aufgesucht im Mai 2012]

Eurostat (2006). *Government finance statistics, Summary tables, 2006 Edition.* http://epp.eurostat.ec.europa.eu/cache/ITY_OFFPUB/KS-EK-07-001/EN/KS-EK-07-001-EN.PDF [zuletzt aufgesucht im November 2011]

EZB (1992). *Protokoll über die Satzung des Europäischen Systems der Zentralbanken und der Europäischen Zentralbank.* http://www.ecb.europa.eu/ecb/legal/pdf/de_statute_2.pdf [zuletzt aufgesucht im Januar 2014]

EZB (1998). *Konvergenzbericht 1998.* http://www.ecb.int/pub/pdf/conrep/cr1998de.pdf [zuletzt aufgesucht im November 2011]

EZB (2000). *Konvergenzbericht 2000.* http://www.ecb.int/pub/pdf/conrep/cr2000de.pdf [zuletzt aufgesucht im November 2011]

Färm, G. (1992). *Sverige och EG. Det nya Europa – Hot eller Möjlighet?* Stockholm: Brevskolan.

Favaro, E./Li, Y./Pradelli, J./Van Doorn, R. (2011). *Europe's Crisis: Origins and Policy Challenges.* In Braga,C./Vincelette, G., Sovereign Debt and the Financial Crisis. Washington: The World Bank.

Favero, C./Missale, A. (2010). *EU Public Debt Management and Eurobonds.* http://www.europarl.europa.eu/document/activities/cont/201106/20110607ATT20897/20110607ATT20897EN.pdf [zuletzt aufgesucht im Februar 2014]

FAZ (29. August 2012). *Kritik am Föderalismus.* 201/4

Fidrmuc, J./Korhonen, I. (2001). *Similarity of Supply and Demand Shocks between the Euro Area and the Accession Countries.* BOFIT Discussion Paper, 14/2001

Fischer, J. (2000). *Vom Staatenverbund zur Föderation – Gedanken über die Finalität der europäischen Integration.* http://pdf.zeit.de/reden/europapolitik/200106_20000512_fischer.pdf [zuletzt aufgesucht im August 2012]

Focus online (2011). *Chronologie: Krise bei Banken, Finanzmarkt und Euro.* http://www.focus.de/politik/deutschland/eu-chronologie-krise-bei-banken-finanzmarkt-und-euro_aid_676497.html [zuletzt aufgesucht im November 2011]

Focus online (2011). *Angela Merkel – Scheitert der Euro, dann scheitert Europa.* http://www.focus.de/politik/weitere-meldungen/angela-merkel-scheitert-der-euro-dann-scheitert-europa_aid_678420.html [zuletzt aufgesucht im November 2011]

Focus online (2013). *Harmonisierung europäischer Finanzmärkte unverzichtbar.* http://www.focus.de/finanzen/news/wirtschaftsticker/ezb-chef-draghi-harmonisierung-europaeischer-finanzmaerkte-unverzichtbar_aid_943081.html [zuletzt aufgesucht im August 2013]

Fuchs, D. (2000). *Demos und Nation in der Europäischen Union.* In Klingemann, H./Neidhardt, F., Zur Zukunft der Demokratie. Herausforderungen im Zeitalter der Globalisierung. Berlin: edition sigma, 215-136.

Fuchs, D. (2002). *Das Demokratiedefizit der Europäischen Union und die politische Integration Europas: Eine Analyse der Einstellungen der Bürger in Westeuropa.* In Brettschneider, F./van Deth, J./Roller, E., Europäische Integration in der öffentlichen Meinung. Leverkusen: Leske + Budrich, 29-56.

Gäditz, K./Hillgruber, C. (2011). *Gralshüter des Grundgesetzes?* In Guérot, U./Hénard, J., Was denkt Deutschland?. Wiesbaden: Kommunal- und Schul-Verlag, 47-56.

Gabriel, O. (1994). *Politische Einstellungen und politische Kultur – Zur Klärung der Begriffe und ihrer politikwissenschaftlichen Bedeutung.* In Gabriel, O./Brettschneider, F., Die EU-Staaten im Vergleich – Strukturen, Prozesse, Politikinhalte. Wiesbaden: Springer Fachmedien, 96-131.

Gabriel, O. (2009). *Politische Kultur.* In Kaina, V./Römmele,A., Politische Soziologie. Wiesbaden: VS Verlag für Sozialwissenschaften, 17-53.

Gaitskell, H. (1962). *Hugh Gaitskell's speech at the annual Labour Party Conference.* http://www.cvce.eu/content/publication/1999/1/1/05f2996b-000b-4576-8b42-8069033a16f9/publishable_en.pdf [zuletzt aufgesucht im Februar 2014]

Gauweiler, P. (2012). *Presseerklärung Peter Gauweiler.* http://www.peter-gauweiler.de/pdf/PM%2009.09.12.pdf [zuletzt aufgesucht im Februar 2014]

Gehardt, P. (2010). *Schwarze Tage an den Börsen und staatliche Intervention.* Norderstedt: Grin Verlag.

Gerhardt, V. (1999). *Immanuel Kants Entwurf „Zum Ewigen Frieden": Eine Theorie der Politik.* Darmstadt: WBG Wissenschaftliche Buchgesellschaft.

Görmez, Ö./Heise, A. (2010). *Auf dem Weg zu einer Europäischen Wirtschaftsregierung.* http://library.fes.de/pdf-files/id/ipa/07427.pdf [zuletzt aufgesucht im August 2011]

Grädel, M. (2007). *Vereint marschieren – getrennt schlagen! Die Schweiz, Österreich, Norwegen und Schweden zwischen EWR und Beitritt zur Europäischen Union.* Bern: Haupt Verlag.

Grimmel, A. (2013). *Was den Motor antreibt: Der EuGH als Wegbereiter der europäischen Integration?* http://www.verfassungsblog.de/de/was-den-motor-antreibt-der-eugh-als-weg bereiter-der-europaischen-integration/#.UgzTjaUR6-g [zuletzt aufgesucht im August 2013]

Große Hüttmann, M. (2007). *Die Koordination der deutschen Europapolitik.* http://www.bpb.de/apuz/30626/die-koordination-der-deutschen-europapolitik?p=0 [zuletzt aufgesucht im Juli 2012]

Guérot, U. (2013). *Zur Zukunft der europäischen Demokratie.* Aus Politik und Zeitgeschichte, 6-7, 3-10.

Guigou, E. (2000). *Une femme au coeur de l'État.* Paris: Fayard.

Haas, E. (1958). *The Uniting of Europe.* Stanford: Stanford University Press.

Haas, E. (1976). *Obsolescence of Regional Integration Theory* (Vol. 25). Berkeley: Research series – Institute of International Studies, University of California.

Hacker, B. (2011). *Konturen einer Politischen Union.* http://library.fes.de/pdf-files/id/ipa/08542.pdf [zuletzt aufgesucht im Juni 2012]

Hallstein, W. (1979). *Die Europäische Gemeinschaft.* Düsseldorf: Econ Verlag.

Harmsen, R. (1999). *The Europeanization of National Administrations: A Comparative Study of France and the Netherlands.* Governance, 12/1, 81-113.

Hartwich, H. (2011). *Die Euro-Krise im Deutschen Bundestag im Herbst 2011.* Budrich Journals – Gesellschaft, Wirtschaft, Politik, 4/2011, 431-438.

Hasse, R. (1997). *Wieviel politische Union braucht eine EWU?* Internationale Politik, 52 (5), 47-52.

Hassemer, W. (2012, Juni 28). *Dalli, dalli das Haus brennt!* http://www.faz.net/aktuell/feuille ton/debatten/europas-zukunft/das-verfassungsgericht-in-zeitnot-dalli-dalli-das-haus-brennt-11801245.html [zuletzt aufgesucht im Januar 2013]

Hayes-Renshaw, F./Wallace, H. (2006). *The Coucil of Ministers.* Basingstoke: Palgrave Macmillan.

Heise, A. (2008). *European Economic Governance: what is it, where are we and where do we go?* International Journal of Public Policy, 3 (1/2), 1-16.

Heise, A. (2002). *Währungsunion und Koordinierung.* Berliner Debatte Initial, 13/1: 1-10.

Henkel, H. (2010). *Rettet unser Geld!: Deutschland wird ausverkauft – Wie der Euro-Betrug unseren Wohlstand gefährdet.* München: Heyne Verlag.

Heywood, P./Molina, I. (2000). *A quasi-presidential premiership: administering the executive summit in Spain.* In Peters, B./Rhodes, R/Wright, V., Administering the Summit. Basingstoke: Palgrave Macmillan, 110-133.

Hilz, W. (2013). *Getriebewechsel im europäischen Motor: Von „Merkozy" zu „Merkollande"?* Aus Politik und Zeitgeschichte, 1-3, 23-29.

Hix, S. (2005). *The Political System of the European Union.* Basingstoke: Palgrave Macmillan.

Hix, S. (2006). *Why the EU needs (Left-Right) Politics? Policy Reform and Accountability are Impossible without it.* In Hix, S./ Bartolini,S., Politics: The Right or the Wrong Sort of Medicine for the EU? Policy Paper 19, Notre Europe, April, 1-26.

Hochedez, D./Patriarche, V. (1998). *L'Assemblée Nationale et l'Union Européenne.* In S. G. Nationale, Connaissance de l'Assemblée (Vol. 9). Paris: Assemblée Nationale.

Hornung, M. (2013). *Die Politische Union – warum der Ruf nach „mehr Europa" sinnvoll ist.* http://www.bpb.de/internationales/europa/europa-kontrovers/168363/standpunkt-marcus-hornung [zuletzt aufgesucht im Februar 2014]

Huldt, B. (1996). *Schweden und die Europäische Union.* Aus Politik und Zeitgeschichte: Beilage zur Wochenzeitung Das Parlament, 10, 18-26.

Hüther, M. (2012). *Eurobonds sind keine Lösung.* http://www.bpb.de/internationales/europa/europa-kontrovers/51731/standpunkt-michael-huether [zuletzt aufgesucht im Januar 2014]

Ifo Institut (2010). *Fakten zu Griechenland und anderen Schuldnerstaaten der EU* http://www.cesifo-group.de/portal/page/portal/ifoContent/N/politikdebatte/ifospezial/spezialgreekcont/special-greek-facts.pdf [zuletzt aufgesucht im November 2011]

Imbs, J. (2004). *Trade, Finance, Specialization and Synchronization.* Review of Economics and Statistics, 86 (3), 723-34.

Jürgen, M. (2007). *Die Europapolitik der Bundesrepublik Deutschland seit 1990.* München/Ravensburg: Grin Verlag.

Jahn, D. (1999). *Das politische System Schwedens.* In Ismayer, W., Die Politischen Systeme Westeuropas. Wiesbaden: VS Verlag für Sozialwissenschaften, 93-127.

Jamet, J. (2011). *EU economic governance: the French view.* Center for European Studies, 6-42.

Jubin, M. (2008). *Die internationale Finanzkrise: Auslöser und Gefahren für die deutsche Realwirtschaft.* Hamburg: Diplomica Verlag.

Judge, D./Earnshaw, D. (2008). *The European Parliament.* Basingstoke: Palgrave Macmillan.

Kalina, O. (2009). *Ein Kontinent – eine Nation? Prologema zur Bildung eines supranationalen Demos im Rahmen der EU.* Wiesbaden: VS Verlag für Sozialwissenschaften.

Kantner, C. (2004). *Kein modernes Babel. Kommunikative Voraussetzungen europäischer Öffentlichkeit.* Wiesbaden: VS Verlag für Sozialwissenschaften.

Kassim, H. (2000). *The national Coordination of EU-Policy: Confronting the Challenge.* In Kassim, H./Peters, G./Wright, V., The National Coordination of EU-Policy. The Domestic Level. Oxford: Oxford University Press, 235-264.

Kassim, H. (2000). *The United Kingdom.* In Kassim,H./Peters,B./Wright, V., The National Co-ordination of EU-Policy. The Domestic Level. Oxford: Oxford University Press, 22-53.

Kassim, H. (2004). *The United Kingdom and the Future of Europe: Winning the Battle, Losing the War.* Comparative European Politics, 2, 261-281.

Kassim, H./Menon, A. (2003). *The Pricipal-Agent Approach and the Study of the European Union: A Provisional Assessment.* Journal of European Public Policy, 10 (1), 121-139.

Kauffmann, P./Uterwedde, H. (2010). *Verlorene Konvergenz? Deutschland, Frankreich und die Euro-Krise.* Politik und Zeitgeschichte, 43, 13-19.

Kempf, U. (2007). *Das politische System Frankreichs.* Wiesbaden: VS Verlag für Sozialwissenschaften.

Kenen, P. (1969). *The Theory of Optimum Currency Areas: An Eclectic View.* In Mundell, R./Swoboda, A., Monetary Problems of the International Economy. Chicago: University of Chicago Press, 41-59.

Kennedy, T. (2006). *The European Court of Justice.* In Peterson, J./Shackleton, M., The Institutions of the European Union. Oxford: Oxford Univeersity Press, 125-143.

Kimmel, A. (2012). *Der Vefassungstext und die lebenden Verfassungen.* In Kimmel, A./Uterwedde, H. Länderbericht Frankreich. Bonn: Bundeszentrale für politische Bildung, 68-92.

Knauß, F. (2012). *Vom Scheitern einer europäischen Währungsunion.* http://www.wiwo.de/politik/europa/essay-vom-scheitern-einer-europaeischen-waehrungsunion/6986728.html [zuletzt aufgesucht am 3. Februar 2014]

Koch, E. (1996). *Das deutsche Bundesverfassungsgericht als Europäischer Gerichtshof höchster Instanz?* In Immenga, U./Möschel, W./Reuter, D., Festschrift für Ernst-Joachim Mestmäcker. Baden-Baden: Nomos Verlag, 397-409.

Kohl, H. (1991). *Solidarität und Bereitschaft zur Verantwortung – Die Rolle Deutschlands in Europa.* http://www.bundeskanzler-helmut-kohl.de/index.php?menu_sel=17&menu_sel2=&menu_sel3=&menu_sel4=&msg=1387 [zuletzt aufgesucht im Juli 2010]

Kohler-Koch, B./Conzelmann, T./Knodt, M. (2004). *Europäische Integration – Europäisches Regieren.* Wiesbaden: VS Verlag für Sozialwissenschaften.

Krax, M. (2009). *Nationalstaatliche Koordination der europapolitischen Willensbildung: Politikformulierung in Deutschland, Frankreich und dem Vereinigten Königreich im Vergleich.* Leverkusen/Berlin: Barbara Budrich Verlag.

Krax, M. (2010). *Nationalstaatliche Koordination der europapolitischen Willensbildung. Politikformulierung in Deutschland, Frankreich und dem Vereinigten Königreich im Vergleich.* Leverkusen/Berlin: Barbara Budrich Verlag.

Lamoureux, F. (1995). *Les administrations nationales vues de Bruxelles.* In Mény, Y./Muller, P./Quermonne, J., Politiques publiques en Europe. Paris: L'Harmattan, 171-180.

Lanceron, V. (2007). *Du SGCI au SGAE. Évolution d'une administration de coordination au coeur de la politique de la France.* Paris: L'Harmattan.

LBBW Credit Research (2007). *Subprime – Vom Anfang bis zum Niedergang – Was bleibt?* Stuttgart: LBBW

Le Goff, J. (2004). *Die Geburt Europas im Mittelalter.* München: C. H. Beck.

Lee, J./Jones, G./Burnham, J. (1998). *At the Centre of Whitehall. Advising the Prime Minister and Cabinet.* Basingstoke: Palgrave Macmillan.

Lehmkuhl, U. (2001). *Theorien internationaler Politik.* München: Oldenbourg Verlag.

Lenz, R. (2011). *Die Krise in der Eurozone – Finanzmanagement ohne Finanzpolitik.* http://library.fes.de/pdf-files/id/ipa/08168.pdf [zuletzt aufgesucht im Juni 2010]

Lequesne, C. (1995). *L'Administration centrale de la France et le système politique européen. Mutations et adaptions depuis l'Acte unique.* In Mény, Y./Muller,P./Quermonne, J., Politiques publiques en Europe. Paris: L'Harmattan, 143-153.

Lhotta, R./Ketelhut, J. (2006). *Bundesverfassungsgericht und Europäische Integration.* In van Ooyen, R./Möllers, M., Das Bundesverfassungsgericht im politischen System. Wiesbaden: VS Verlag für Sozialwissenschaften, 465-476.

Lieb, J./Maurer, A. (2009). *Der Vertrag von Lissabon.* http://www.swp-berlin.org/fileadmin/contents/products/arbeitspapiere/Vertrag_Lissabon_Kurzkommentar_3rd_edition_090421_KS.pdf [zuletzt aufgesucht im Mai 2012]

Louis, J./Ronse, T. (2002). *Lòrdre juridique de lÙnion européenne.* Dossiers de droit européen 13.

Ludlow, P. (2013). *Das Gefangenendilemma.* http://www.faz.net/aktuell/politik/die-gegenwart/europa-das-gefangenendilemma-12058114.html [zuletzt aufgesucht im Juni 2013]

Luif, P. (2007). *Österreich, Schweden, Finnland: Zehn Jahre Mitgliedschaft in der Europäischen Union.* Budapest: Böhlau Verlag.

Müller-Brandeck-Bocquet, G. (2004). *Frankreichs Europapolitik.* Wiesbaden: VS Verlag für Sozialwissenschaften.

Majone, G. (2002). *Delegation and Regulatory Powers in a Mixed Polity.* European Law Journal, 8 (3), 319-339.

Marschall, D/Storbeck, O. (2012, Mai). *Die Bedingungen für Griechenland liegen auf dem Tisch.* http://www.handelsblatt.com/politik/oekonomie/nachrichten/wirtschaftsweise-claudia-buch-die-bedingungen-fuer-griechenland-liegen-auf-dem-tisch/6629444.html [zuletzt aufgesucht im Januar 2014]

Marsh, D. (2009). *Der Euro – Die geheime Geschichte der neuen Weltwährung.* Hamburg: Murmann Verlag.

Maurer, A. (2003). *Germany: Fragmented structures in a complex system.* In Wessels, W./Maurer, A./Mittag, J., Fifteen into one? The European Union and its member states. Manchester: Manchester University Press, 115-149.

Maurer, A./Wessels, W. (2003). *Das Europäische Parlament nach Amsterdam und Nizza: Akteur, Arena oder Alibi?* Baden-Baden: Nomos Verlag.

McCormick, J. (1999). *Understanding the European Union.* Basingstoke: Palgrave Macmillan.

McKinnon, R. (1963). *Optimum Currency Areas.* The American Economic Review, 53, 717-724.

McLaren, L. (2002). *Public Support for the European Union: Cost/Benefit Analysis or Perceived Cultural Threat?* The Journal of Politics, 64 (2), 551-566.

Meier-Walser, R. (2004). Die wissenschaftliche Untersuchung Internationaler Politik http://www.hss.de/downloads/aa35.pdf [zuletzt aufgesucht im Juli 2012]

Menon, A. (2000). *France.* In Kassim, H./Peters, G./Wright, V., The National Co-ordination of EU Policy: The Domestic Level. Oxford: Oxford University Press, 79-98.

Menon, A. (2001). *The French Administration in Brussels.* In Kassim, H./Peters, G./Wright, V., The National Co-ordination of EU Policy. The European Level. Oxford: Oxford University Press, 75-100.

Menon, A./Wright, V. (1999). *The Paradoxes of „Failure": British EU Policy Making in Comparative Perspective.* Public Policy and Administration, 13/4, 46-66.

Merkel, A. (2011). *Regierungserklärung von Bundeskanzlerin Dr. Angela Merkel zum Europäischen Rat und zum Eurogipfel am 26. Oktober 2011 in Brüssel vor dem Deutschen*

Bundestag am 26. Oktober 2011 in Berlin. http://www.bundesregierung.de/nn_1272/Content/DE/Bulletin/2011/10/111-1-bk-bt.html [zuletzt aufgesucht im August 2013]

Metcalfe, L. (2004). *Managing in the European Administrative Space: Developing capacities for effective integration.* In Siedentopf, H., Der Europäische Veranstaltungsraum. Beiträge einer Fachtagung vom 21. bis 23. Oktober 2002 in Speyer (Schriften der Deutschen Sektion des Internationalen Instituts für Verwaltungswissenschaften, 29/151-169). Baden-Baden: Nomos Verlag.

Meyer, D. (2011). *Stabilität durch Nord-Süd-Teilung der Währungsunion.* Orientierungen zur Wirtschafts- und Gesellschaftspolitik, 130 (4), 19-21.

Meyer, T. (2004). *Die Identität Europas – Der EU eine Seele?* Berlin: Suhrkamp Verlag.

Miles, L. (2000). *Sweden and the European Union Evaluated.* New York: Continuum.

Miles, L. (2005). *Fusing with Europe? Sweden in the European Union.* Farnham: Ashgate Publishing Limited.

Miller, V. (2012). *How the UK Government deals with EU Business.* http://www.qub.ac.uk/schools/SchoolofPoliticsInternationalStudiesandPhilosophy/FileStore/Europeanisation Files/Filetoupload,38438,en.pdf [zuletzt aufgesucht am 23. März 2013]

Mittag, J./Wessels, W. (2003). *The „One" and the „Fifteen"? The Member States between Procedural Adaption and Structural Revolution.* In Wessels, W./ Maurer, A./ Mittag, J., Fifteen into One? The European Union and its Member States. Manchester: Manchester University Press, 414-457.

Molina, I. (2013). *After bottoming out: a new European policy for Spain.* Elcano Royal Institute. Madrid: Elcano Royal Institute.

Molina, I. (2001). *La adaptación a la Unión Europea del poder ejecutivo espanol.* In Closa, C., La Europeización del sistema político espanol. Madrid: Ediciones Istmo, 162-197.

Molina, I. (2000). *Spain.* In Kassim, H./Peters, G./Wright, V., The National Co-ordination of EU Policy: The Domestic Level. Oxford: Oxford University Press, 114-140.

Molina, I. (1999). *The Impact of EU Membership on Domestic Policy-Making Processes: Multi-level Policy-networks and Central Co-ordination in Spain.* Center of European Studies, Harvard University. Cambridge: Harvard University Press.

Mongelli, F. (2002). *Working Papaer No. 138: New Views on the Optimum Currency Area Theory: What is EMU telling us?* http://www.ecb.int/pub/pdf/scpwps/ecbwp138.pdf [zuletzt aufgesucht im November 2011]

Moravcsik, A. (1998). *The Choice for Europe: Social Purpose and State Power from Messina to Maastricht.* Ithaca: Cornell University Press.

Müller-Brandeck-Bocquet, G. (2004). *Frankreichs Europapolitik.* Wiesbaden: VS Verlag für Sozialwissenschaften.

Mundell, R. (1961). *A Theory of Optimum Currency Areas.* The American Economic Review, 51, 657-665.

Mussler, W. (2010). *Das Endspiel um den Euro.* http://www.faz.net/aktuell/wirtschaft/europas-schuldenkrise/nach-dem-eu-gipfel-das-endspiel-um-den-euro-1978408.html [zuletzt aufgesucht im März 2012]

Mussler, W. (2011). *EU Economic Governance: The German View.* Center for European Studies, 43-86.

Napoleon, C. (2007). *Vom Europa der Reiche zum Europa der Bürger.* http://www.napoleoncities.eu/index.php?article_id=9&clang=2 [zuletzt aufgesucht im Februar 2014]

Nissen, S. (2010). *Kommunikation in der Krise. Entwicklung und Erfolgsbedingungen der EU-Informationspolitik.* http://www.uni-leipzig.de/~sozio/mitarbeiter/m26/content/dokumente/532/Nissen.pdf [zuletzt aufgesucht im Februar 2014]

Nohlen, D./Hildenbrand, A. (2005). *Spanien: Wirtschaft – Gesellschaft – Politik. Ein Studienbuch.* Wiesbaden: VS Verlang für Sozialwissenschaften.

Oberreuter, H. (2012). *Substanzverluste des Parlamentarismus.* Aus Politk und Zeitgeschichte, 38-39, 25-31.

OECD (1999). *EMU: Facts, Challenges and Policies.* Paris: OECD.

Ohr, R. (2007). *Monetäre Integration in der Europäischen Gemeinschaft: Vom Werner-Plan zum Euro.* Wirtschaftsdienst, 87 (2), 106-113.

Orosz, A. (2009). *Mehr Europa oder mehr Spanien? Spaniens Europapolitik unter González und Aznar.* Baden-Baden: Nomos Verlag.

Pahre, R. (1997). *Endogenous Domestic Institutions in Two-Level Games and Parliamentary Oversight of the European Union.* Journal of Conflict Resolution, 41, 147-174.

Parliament (2014). *EU Select Committee.* http://www.parliament.uk/business/committees/committees-a-z/lords-select/eu-select-committee-/ [zuletzt aufgesucht im Januar 2014]

Payno Galvarriato, J. (1984). *Espana: características de la economía y motivos para la adhesión.* In Payno, J./Sampedro, J., La Segunda ampliación de la C.E.E.: Grecia, Portugal y España ante la Comunidad . Madrid: Servicio de Estudios Económicos, Banco Exterior de España.

Pedersen, T. (1994). *European Union and the EFTA Countries: Enlargement and Integration.* London: Continuum.

Pedler, R./Bradley, K. (2006). *The Commission, Policy Management and Comitology.* In Spence, D./Edwards, G., *The European Commission.* London: John Harper Publishing, 235-262.

Peterson, J. (2002). *The College of Commissioners.* In Peterson, J./Shackleton, M., The Institutions of the European Union. Oxford: Oxford University Press, 71-94.

Peterson, J./Bomberg, E. (1998). *ENLARGEMENT. Northern Enlargement and EU Decision-making.* In Laurent, P./Maresceau, M., The State of the European Union, Volume 4: Deepening and Widening. Boulder: Lynne Rienner, 43-65.

Pfetch, F. (2005). *Die Europäische Union: Geschichte, Institutionen, Prozesse.* München: UTB Verlag.

Pusch, T. (2012). *Kann ein Schuldentilgungspakt Europa aus der Krise führen?* http://library.fes.de/pdf-files/id/ipa/08920.pdf [zuletzt aufgesucht im Juni 2013]

Rübel, G. (2009). *Grundlagen der Monetären Außenwirtschaft*. München: Oldenbourg Wissenschaftsverlag.

Richards, D. (2003). *The Civil Service in Britain: A Case Study in Path Dependency.* In Halligan, J., Civil Service Systems in Anglo-American Countries. Cheltenham: Edward Elgar Publishing Limited, 27-69

Rohe, K. (1990). *Politische Kultur und ihre Analyse. Probleme und Perspektiven der politischen Kulturforschung.* Historische Zeitschrift, 250, 321-346.

RP online (2013). *Schäuble: EU wird nie EU-Vollmitglied sein können.* http://www.rp-online.de/politik/eu/schaeuble-tuerkei-wird-nie-eu-vollmitglied-sein-1.3452906 [zuletzt aufgesucht im Januar 2014]

Ruchet, O. (2011). *Cultural Diversity, European Identity and Legitimacy of the EU: A Review of the Debate.* In Fuchs, D./Klingemann, H., Cultural Diversity, European Identity and the Legitimacy of the EU. Cheltenham: Edward Elgar Publishing, 3-26.

Süddeutsche Zeitung online (2012). *EU Gipfel – Merkel will politische Union in Europa vorantreiben.* http://www.sueddeutsche.de/politik/eu-gipfel-merkel-will-politische-union-in-europa-vorantreiben-1.1376097 [zuletzt aufgesucht im November 2013]

Süddeutsche Zeitung online (2012). *Euro-Austritt der Krisenländer könnte 17 Billionen kosten.* http://www.sueddeutsche.de/wirtschaft/prognos-studie-euro-austritt-der-krisenlaen der-koennte-billionen-kosten-1.1498292 [zuletzt aufgesucht im Februar 2014]

Sabathil, G./Joos, K./Keßler, B. (2008). *The European Commission: An Essential Guide to the Institution, the Procedures and the Policies.* London: Kogan Page.

Sachverständigenrat für Wirtschaft (2012). *Jahresgutachten 2011/2012: Euroraum in der Krise.* http://www.sachverstaendigenratwirtschaft.de/fileadmin/dateiablage/download/gutachten/ga11_iii.pdf [zuletzt aufgesucht im Februar 2014]

Schäfer, A. (2002). *Zeittafel der Rechtsgeschichte: von den Anfängen über Rom bis 1919 : mit Schwerpunkt Österreich und zeitgenössischen Bezügen.* Dornbirn: Edition Europa Verlag.

Scharpf, F. (1972). *Komplexität als Schranke der politischen Planung.* Politische Vierteljahresschrift (4), 168-192.

Scharpf, F. (2013). *Entmündigung als Lösung?* http://www.ipg-journal.de/schwerpunkt-des-monats/die-zukunft-der-europaeischen-union/artikel/detail/entmuendigung-als-loesung/ [zuletzt aufgesucht im Dezember 2013]

Schiavo, S. (2008). *Financial integration, GDP Correlation and the Endogeneity of Optimum Currency Areas.* Economica, 75 (297), 168-189.

Schieder, S./Spindler, M. (2006). *Theorien der Internationalen Beziehungen.* Leverkusen/Berlin: Barbara Budrich Verlag.

Schild, J. (2005). *Barrossos „blind date" in Brüssel – Auf dem Weg zu einer Parlamentarisierung der Kommissionsinvestitur.* Integration, 1, 33-46.

Schild, J. (2002). *Europäisierte Nationalstaaten. Deutschland und Frankreich im europäisierten Mehrebenensystem.* In Schild, J./Meimeth, M., Die Zukunft von Nationalstaaten in der europäischen Integration. Leverkusen: Leske + Budrich, 11-80.

Schild, J. (2005). *Eine Republik im Wandel.* In Schild, J./Uterwedde, H., Frankreichs V. Republik. Wiesbaden: VS Verlag für Sozialwissenschaften, 15-23.

Schild, J. (2012). *Jenseits von links und rechts? Zur Transformation der französischen politischen Kultur.* In Kimmel, A./Uterwedde, H., Länderbericht Frankreich. Bonn: Bundeszentrale für politische Bildung, 52-68.

Schlich, A. (2004). *Das Bild der Europäischen Union in der schwedischen Öffentlichkeit.* Uelvesbüll: Der Andere Verlag.

Schmale, W. (2000). *Geschichte Europas.* Wien: Böhlau Verlag.

Schmidt, S. (2001). *Die Einflussmöglichkeiten der Europäischen Kommission auf die europäische Politik.* Politische Vierteljahresschrift, *42* (2), 173-191.

Schneider, H. (2011). *Die Europäische Union 2011: Nach der Krise oder noch mittendrin?* http://www.aies.at/download/2011/AIES-Studie-2011_01.pdf [zuletzt aufgesucht im Juni 2013]

Schreyer, M. (2011). *Endspiel um den Euro.* http://library.fes.de/pdf-files/wiso/08540.pdf [zuletzt aufgesucht im Mai 2012]

Schubert, K./Bandelow, N. (2003). *Lehrbuch der Politikfeldanalyse.* München: Oldenbourg Verlag.

Schwall-Düren, A. (2007). *Prüfstein für die bundesstaatliche Ordnung: Die Europafähigkeit Deutschlands.* In Holtschneider, R./Schön, W., Die Reform des Bundesstaats. Baden-Baden: Nomos Verlag, 215-224.

Schwarzer, D. (2013). *Deutschland und Frankreich und die Krise im Euro-Raum.* Aus Politik und Zeitgeschehen, 1-3, 30-36.

Scottish Government (2010). *Memorandum of Understanding and Supplementary Agreements.* http://www.scotland.gov.uk/Resource/Doc/918/0097101.pdf [zuletzt aufgesucht im Februar 2014]

Sebaldt, M. (2004). *Demokratie als Auslaufmodell? Politische Willensbildung und Regierungstechnik in der neuen EU.* In Bierling, S./Herb, K./Maćków, J., Politischen Wandel denken. Herausforderungen der Demokratie in europäischer und globaler Perspektive. Münster: LIT Verlag, 48-63

Sinn, H. (2013). *Euro-Umfrage.* http://www.faz.net/aktuell/wirtschaft/eurokrise/euro-umfrage-hans-werner-sinn-12567273.html [zuletzt aufgesucht im Februar 2014]

Sinn, H./Soros, G. (2013). *Saving the European Union: Are Eurobonds the Answer?* CES ifo Forum, 14 (2), 41-48.

Smith, M./Marsh, D./Richards, D. (1995). *Central Government Departments and the Policy Process.* In Rhodes, R./Dunleavy, P., Prime Minister, Cabinet and Core Executive. New York: St. Martin's Press, 38-60.

SNB (2008). *Bericht zur Finanzstabilität.* http://www.snb.ch/de/mmr/reference/stabrep_2008/source/stabrep_2008.de.pdf [zuletzt aufgesucht im Oktober 2011]

Spiegel online (2009). *Finanzmärkte verlieren Vertrauen in Griechenland.* http://www.spiegel.de/wirtschaft/soziales/0,1518,667726,00.html [zuletzt aufgesucht im Oktober 2009]

Spiegel online (2010). *Historischer Deal: Mitterrand forderte Euro als Gegenleistung für die Einheit.* http://www.spiegel.de/politik/ausland/historischer-deal-mitterrand-forderte-euro-als-gegenleistung-fuer-die-einheit-a-719608.html [zuletzt aufgesucht im Oktober 2012]

Spiegel online (2013). *Wahl des EU-Kommissionspräsidenten: Schäuble widerspricht Merkel in der Europapolitik.* http://www.spiegel.de/politik/deutschland/spiegel-cdu-streitet-ueber-europapolitik-a-907325.html [zuletzt aufgesucht im Januar 2014]

Stüwe, K. (2002). *Das Bundesverfassungsgericht als verlängerter Arm der Opposition?* Aus Politik und Zeitgeschichte (37-38), 34-44.

Staab, A. (2011). *The European Union Explained.* Bloomington: Indiana University Press.

Starbatty, J. (2007). *F.A. von Hayek und die „Bubble Economy"* http://wirtschaft.wiweb.at/wp-content/plugins/downloads-manager/upload/001_Starbatty_Vortrag_12_2007.pdf [zuletzt aufgesucht im Oktober 2011]

Staseve (2013). *Eurokrise – EU-Parlament will bei Euro-Rettung mitreden.* http://staseve.wordpress.com/2013/06/11/eurokrise-eu-parlament-will-bei-euro-rettung-mitreden/ [zuletzt aufgesucht im August 2013]

Straubhaar, T./Vöpel, H. (2012). *Euro- und Finanzkrise: Sollte die EZB ihre Aufgabe über die Inflationsbekämpfung hinaus erweitern?* http://www.hwwi.org/fileadmin/hwwi/Publikationen/Externe_PDFs/ifosd_2012_2_2.pdf [zuletzt aufgesucht im August 2013]

Sturm, R. (2009). *Politik in Großbritannien.* Wiesbaden: VS Verlag für Sozialwissenschaften.

Sturm, R./Dieringer, J. (2010). *Regional Governance in EU-Staaten.* Leverkusen/Berlin: Barbara Budrich Verlag.

Sturm, R./Pehle, H. (2011). *Das neue deutsche Regierungssystem.* Wiesbaden: VS Verlag für Sozialwissenschaften.

Tägil, S. (1990). *Schweden und Europa. Kontakt und Isolierung in einer historischen Perspektive.* In Krüger, K., Schweden in Europa. Hamburg, 25-37.

Tagesschau online (2009, April 21). *IWF warnt vor weiteren Problemen – 4,1 Billionen Dollar Verlust durch Finanzkrise.* http://www.tagesschau.de/wirtschaft/iwf162.html [zuletzt aufgesucht am 01.11.2011]

Tagesschau online. (2011). *Glossar zum Rettungsschirm – Das Geheimnis der Abkürzungen.* http://www.tagesschau.de/inland/rettungsschirm124.html [zuletzt aufgesucht im November 2011]

Tagesschau online (2013). *Spaniens Wirtschaft schrumpft weiter.* http://www.tagesschau.de/wirtschaft/spanien-wirtschaftskrise100.html [zuletzt aufgesucht im Juni 2013]

Thaidigsmann, S. (2009). *Aspekte politischer Kultur in Deutschland – Legitimitätsvorstellungen und Legitimitätsurteile: Politische Ordnung.* In Westle, B./Gabriel, O., Politische Kultur. Eine Einführung. Baden-Baden: Nomos Verlag, 97-137.

Thalmaier, B. (2007). *Möglichkeiten und Grenzen einer europäischen Identitätspolitik.* In J. Nida-Rümelin, J./Weidenfeld, W., Europäische Identität: Voraussetzungen und Strategien. Baden-Baden: Nomos Verlag, 169-195.

Theurl, T. (1992). *Eine gemeinsame Währung für Europa. 12 Lehren aus der Geschichte.* Innsbruck: StudienVerlag.

Thomas, A./Wessels, W. (2006). *Die deutsche Verwaltung und die Europäische Union. Beteiligungs- und Einwirkungsmöglichkeiten deutscher Verwaltungsbediensteter im politischen System der Europäischen Union.* Brühl: Bundesakademie für öffentliche Verwaltung.

Tricot, B./Hadas-Lebel, R./Kessler, D. (1995). *Les institutions politiques francaises.* Paris: Presses de Sciences Po & Dalloz.

Tschubarjan, A. (1998). *Europakonzepte von Napoleon bis zur Gegenwart. Ein Beitrag aus Moskau.* Berlin: Quintessenz Verlag.

van Rompuy, H. (2012). *Auf dem Weg zu einer echten Wirtschafts- und Währungsunion.* http://www.consilium.europa.eu/uedocs/cms_data/docs/pressdata/de/ec/131294.pdf [zuletzt aufgesucht im Juni 2013]

Vetter, S. (2013). *EU-Monitor Europäische integration – Alle Wege führen in die Fiskalunion?* https://www.dbresearch.de/PROD/DBR_INTERNET_DE-PROD/PROD0000000000302608/Alle+Wege+führen+in+die+Fiskalunion%3F+Optionen+für+.pdf [zuletzt aufgesucht im Juni 2013]

Voßkuhle, A. (2012). *Verfassungsgericht stärkt Bundestag in Euro-Krise.* http://www.sueddeutsche.de/politik/euro-rettungsschirm-bundesverfassungsgericht-staerkt-rechte-des-bundestags-1.1386757 [zuletzt aufgesucht im August 2013] von Hagen, J./Mundschenk, S. (2002). *Koordinierung der Geld- und Fiskalpolitik in der EWU.* Vierteljahrshefte zur Wirtschaftsforschung, 3/325-338.

von Hayek, F. (1929). *Geldtheorie und Konjunkturtheorie.* Wien: Hölder-Pichler-Tempsky Verlag.

von Ondarza, N. (2012). *Zwischen Integrationskern und Zerfaserung – Folgen und Chancen einer Strategie differenzierter Integration.* http://www.swp-berlin.org/fileadmin/contents/products/studien/2012_S20_orz.pdf [zuletzt aufgesucht im August 2013]

Wagener, H./Eger, T. (2009). *Europäische Integration Wirtschaft und Recht, Geschichte und Politik*. München: Verlag Franz Vahlen.

Wallace, H. (1973). *National Governments and the European Communities.* London: Chatham House Publications.

Walter-Rogg, M. (2009). *Aspekte politischer Kultur in Deutschland – Legitimitätsvorstellungen und Legitimitätsurteile: „Politische Herrschaftsträger".* In Westle, B./Gabriel, O., Politische Kultur. Eine Einführung. Baden-Baden: Nomos Verlag, 138-199.

Weber, C. (2012). *EZB: Mehr Transparenz wagen.* Wirtschaftsdienst, 92 (12), 827-832.

Weidenfeld, W. (2001). *Europa-Handbuch.* Gütersloh: Verlag Bertelsmann-Stiftung.

Welt online (2011). *Wirtschaftsweise schlagen Schuldentilgungspakt vor.* http://www.welt.de/wirtschaft/article13707095/Wirtschaftsweise-schlagen-Schuldentilgungspakt-vor.html [zuletzt aufgesucht im August 2013]

Welter, P. (2013). *Euro-Befürworter Mundell warnt vor Fiskalunion.* http://www.faz.net/aktuell/wirtschaft/wirtschaftspolitik/oekonomen-konferenz-euro-befuerworter-mundell-warnt-vor-fiskalunion-12017336.html [zuletzt aufgesucht im August 2013]

Wessels, W. (1996). *Verwaltung im EG-Mehrebenensystem: Auf dem Weg zur Megabürokratie.* In Jachtenfuchs, M./Kohler-Koch, B., Europäische Integration. Leverkusen: Leske + Budrich.

Wessels, W. (2001). *Jean Monnet – Mensch und Methode.* http://www.ihs.ac.at/publications/pol/pw_74.pdf [zuletzt aufgesucht am 21. November 2011]

Wessels, W. (2007). Gesetzgebung in der EG. In W. Ismayr, *Gesetzgebung in den Staaten der EU* (pp. 653-684). Wiesbaden.

Wessels, W. (2008). *Das politische System der Europäischen Union.* Wiesbaden: VS Verlag für Sozialwissenschaften.

Wessels, W./Rometsch, D. (1996). *German Administrative Interaction and European Union: The Fusion of Public Policies.* In Mény, Y./Muller, P./Quermonne, J., Adjusting to Europe: The Impact of the European Union on National Institutions and Policies. London: Routledge Verlag, 73-110.

Westle, B. (2009). *Aspekte Politischer Kultur im internationalen Vergleich – Legitimitätsvorstellungen und Legitimitätsurteile: „Politische Gemeinschaft".* In Westle, B./Gabriel, O., Politische Kultur: Eine Einführung. Baden Baden: Nomos Verlag, 247-293.

Westle, B./Gabriel, O. (2009). *Politische Kultur – Eine Einführung.* Passau: Nomos Verlag.

Widfeldt, A. (2003). *Elite Collusion and Public Defiance: Sweden's Euro Referendum in 2003.* West European Politics, 27 (3), 503-517.

Wiener, A./Diez, T. (2009). *European Integration Theory.* Oxford: Oxford University Press.

Wilde, Jaap H. de (2007): *The Poverty of EU Centrism.* In: Ehrhardt, H./Jaberg, S./Rinke, B./Waldmann, J.: Die Europäische Union im 21. Jahrhundert: Theorie und Praxis europäischer Außen-, Sicherheits- und Friedenspolitik. Wiesbaden: VS Verlag für Sozialwissenschaften

World Values Survey Association. (2006). *World Values Survey 5th wave, Online Data Analysis.* http://www.worldvaluessurvey.org [zuletzt aufgesucht im November 2013]

Wright, V. (1996). *The National Coordination of European policy-making.* In Richardson, J., European Union: Power and Policy-making. London: Routledge Verlag, 147-169.

Wulf-Mathies, M./Hüttemann, B. *Der deutsche Patient im Lazarett Europa.* http://www.netzwerk-ebd.de/fileadmin/files_ebd/eu-in-brief/EBD_EU-in-BRIEF_05-2.pdf [zuletzt aufgesucht am 28. Januar 2014]

Zeit online (2010). *EU-Finanzminister stellen griechischen Etat unter Zwangskontrolle.* http://www.zeit.de/wirtschaft/2010-02/griechenland-sparplan-bruessel-etatkontrolle [zuletzt aufgesucht am 03. November 2011]

Zeit online (2011). *Euro-Staaten einigen sich auf Rettungspaket für Griechenland.* http://www.zeit.de/wirtschaft/2011-07/eu-gipfel-griechenland [zuletzt aufgesucht am 04. November 2011]

Zeit online (2011). *Merkel und Barroso auf Konfrontationskurs.* http://www.zeit.de/wirtschaft/2011-11/euro-bonds-haushaltskontrolle [zuletzt aufgesucht am 07. Juni 2013]

Zeit online (2012). *Schäuble will EU zur Fiskalunion umbauen.* http://www.zeit.de/wirtschaft/2012-10/schaeuble-eu-reform-euro [zuletzt aufgesucht am 15. Oktober 2013]

Zeit online (2012). *Hintergrund: Fiskalpakt und ESM – das letzte Wort hat Karlsruhe* http://www.zeit.de/news/2012-06/28/eu-hintergrund-fiskalpakt-und-esm---das-letzte-wort-hat-karlsruhe-28234837 [zuletzt aufgesucht am 12.09.2012]

Zeit online (2013). *Präsident Hollande fordert Wirtschaftsregierung für die Eurozone.* Abgerufen im Oktober 2013, in Zeit online: http://www.zeit.de/politik/ausland/2013-05/frankreich-hollande-krise [zuletzt aufgesucht im Oktober 2013]

Ziebura, G. (2003). Frankreich: Geschichte, Gesellschaft, Politik; ausgewählte Aufsätze. In A. Kimmel, *Frankreichstudien* (Vol. 5). Leverkusen: Leske+Budrich.

Kolibri 360 GmbH
Ferdinand-Jühlke-Straße 7
99095 Erfurt, Deutschland
produktsicherheit@kolibri360.de